PAUL ZSOLNAY VERLAG

JOSEF HICKERSBERGER

Die Fußballweltmeisterschaft in Italien 1990

Das offizielle Buch des ÖFB

PAUL ZSOLNAY VERLAG
WIEN – DARMSTADT

Umschlag und Einband: Werner Sramek, Wien
Satz: Typographische Anstalt, 1190 Wien
Druck: Goldmann-Druck AG, Tulln
Printed in Austria
ISBN 3-552-04220-2

CIP-Titelaufnahme der Deutschen Bibliothek
Football World Championship ‹14, 1990›:
Die Fußball-Weltmeisterschaft in Italien 1990: das offizielle Buch des ÖFB / Josef Hickersberger. –
Wien/Darmstadt: Zsolnay, 1990
ISBN 3-552-04220-2
NE: Hickersberger, Josef; Österreichischer Fußball-Bund;
Die Fußball-Weltmeisterschaft in Italien neunzehnhundertneunzig

Die Fußball-Weltmeisterschaft in Italien 1990

Ich über mich

Ich über mich

Noch heute klingt mir ein Satz meines Vaters im Ohr: „Die werden dir einmal nichts zahlen!" Die – damit meinte er die vom Fußball. Und doch wurde Fußball mein Lebensinhalt und -unterhalt.

Angefangen hat alles beim ASK Amstetten. Die Anlage dieses Klubs war von meinem Elternhaus in der Amstettener Invalidenstraße nur hundert Meter Luftlinie entfernt. Vor dem Training der Großen kickte ich dort mit einigen Unermüdlichen. Manche waren mir zwar körperlich überlegen, aber das mußte ich eben durch mehr Geschicklichkeit und bessere Technik wettmachen.

Mit zehn Jahren bekam ich meinen ersten Vertrag! Damals war vieles ein wenig anders als heute, und so bestand dieser Vertrag aus einem Paar Fußballschuhen, die ich nun für den ASK Amstetten zerreißen sollte. Ich trug sie unter der Jacke nach Hause und versteckte sie im Keller. Meine Eltern, Vater Josef und Mutter Frieda, durften von meiner heimlichen Liebe nichts wissen.

Mein Vater besaß gemeinsam mit seinem Bruder eine Schuhfabrik, in der er später nur noch Prokurist war. Wie bei vielen meiner genauso fußballverrückten Freunden wurde auch von meinem Elternhaus verlangt, daß ich etwas Ordentliches lernen sollte.

Hickersberger im Österreichischen Junioren-Team gegen die ČSSR.

Ich hatte das Glück, daß ich mich in der Volksschule ebenso leicht tat wie dann im Amstettener Realgymnasium.

Schon als Fünfzehnjähriger spielte ich in der Ersten. Im Bezirk wurde man auf mein Talent aufmerksam, ich wurde in diverse Auswahlmannschaften berufen und schließlich ins österreichische UEFA-Juniorenteam. Dann fiel ich auch den Beobachtern Wiener Großklubs wie Admira, Austria, Rapid und Sportklub auf.

Eines Tages läutete es an der Wohnungstür. Draußen stand mein Idol: Ernst Ocwirk. Er überredete mich, zur Wiener Austria zu kommen. Obwohl ich von Kindesbeinen an ein Rapid-Anhänger war, konnte ich diesem Angebot, noch dazu aus dem Mund von Österreichs Modellfußballer Ocwirk, nicht widerstehen. Ich war förmlich erschlagen, daß dieser Held meiner Kindheitsträume plötzlich leibhaftig vor mir stand.

Der junge Nationalliga-Spieler bei der Austria: Torerfolg gegen Eisenstadt.

Amateur oder Profi?

Die Austria bot mir ein monatliches Fixum von zweitausend Schilling netto, plus Prämien, sollte ich in der Kampfmannschaft eingesetzt werden. Das war ein verlockendes Angebot. Amstetten hatte damals einen sehr cleveren Funktionär, den heutigen Vorsitzenden des ÖFB-Cup-Komitees Ing. Augustin. Auf sein dringendes Anraten hin blieb ich zunächst Amateur, um mir eine etwaige Rückkehr nach Amstetten nicht zu versperren. Der ASK bekam für mich eine stattliche Ablösesumme: zwei gebrauchte VW-Busse.

Kampfgeist und Einsatz – Meisterschaftsspiel gegen den GAK.

Anfangs fuhr ich zweimal pro Woche zum Training nach Wien, dann zog ich in eine Wohnung im neunten Bezirk. Als Maturant bekam ich Arbeit in der Stroh-Tankstelle von Ernst Ocwirk in Strebersdorf, wo ich ab sieben Uhr früh Tankstellenberichte kontrollierte.

Diese Doppelbelastung hielt ich nicht lange aus, und außerdem machte mir die Steigerung des Trainingsumfanges und der Trainingsintensität zu schaffen. Ich war ständig verletzt. So entschloß ich mich, statt neben dem Fußballspielen zu arbeiten, Jus zu studieren. In der Zwischenzeit hatte ich mit dem österreichischen Amateurteam auf Mallorca sogar die Europameisterschaft gewonnen. Damals war Georg Schmidt, der spätere Assistent von Leopold Stastny und einer der Nachfolger des „weißen weisen Riesen" als Teamtrainer, mein Betreuer. Er blieb mir stets ein väterlicher Freund und Förderer.

Der Freund und Förderer: Leopold Stastny.

Das traditionsreiche Wiener Derby: Austria – Rapid (6:0). Walter Glechner kann bei diesem Gewaltschuß Hickersbergers nicht mehr eingreifen.

Unter Ernst Ocwirk, der aus Italien nach Österreich zurückkehrte und im Training neue Maßstäbe setzte, wurde ich mit der Austria zweimal Meister und einmal Cupsieger. Dann begann meine Teamkarriere.

Der Legionär aus der Bundesliga im österreichischen Teamdreß.

1970 bestritt ich mein erstes Länderspiel, in Linz gegen Rumänien. Als ich eingewechselt wurde, hatte ich gleich eine Riesenchance – und vergab sie. Insgesamt habe ich im Nationalteam fünf Tore erzielt, davon drei in einem Spiel gegen Malta. Diese Treffer brachten mir 1972 einen Vertrag bei den Kickers Offenbach, die damals in die deutsche Erste Bundesliga aufgestiegen waren. Vier Jahre lang spielte ich in Frankfurt, bis zum Wiederabstieg der Kickers.

Mein bestes Engagement scheiterte daran, daß der berühmte Bayern München-Manager bis über beide Ohren verliebt war. Er hatte damals seine heutige Frau kennengelernt und einfach übersehen, daß statt der zulässigen zwei nun drei Ausländer engagiert waren. Einer war zuviel, und so wurde ich also nicht deutscher Meister, Europacup- und Weltcupsieger, sondern landete bei Fortuna Düsseldorf.

Österreich gegen Malta – ein Hickersberger-Festival.

Und wieder mußte ich um den Klassenerhalt kämpfen. Das deutsche Pokalfinale 1978 war da auch nur ein schwacher Trost.

Zurück nach Österreich

Nach den erfolgreichen sieben Jahren in der BRD wieder zurück nach Österreich: Sieg und Niederlage mit Wacker Innsbruck.

Nach der Weltmeisterschaft in Argentinien kehrte ich nach Österreich zurück, zu Wacker Innsbruck. Unter dem glücklosen Trainer Hans Eigenstiller wurden wir zwar Cupsieger, mußten aber im selben Jahr absteigen. Im zweiten Jahr bei Innsbruck war ich

Walter Skocik – der Teamkamerad als Rapid-Trainer.

häufig verletzt und saß meistens als Co-Trainer von Franz Wolny auf der Bank. Ich machte die Trainerausbildung, wurde aber von Leopold Stastny ermuntert, meine Karriere als Aktiver nicht sang- und klanglos zu beenden. Er vermittelte mich über Walter Skocik zu Rapid. Wegen meiner bekannten Verletzungsanfälligkeit war der Vertrag jeweils zu Monatsende von beiden Seiten kündbar.

Aber es wurden noch zwei schöne Jahre bei meinem ursprünglichen Lieblingsklub. Im ersten Jahr qualifizierten wir uns für den UEFA-Cup, im zweiten wurden wir nach fünfzehn Jahren wieder österreichischer Fußballmeister. Stastny verdanke ich, wie so vieles, auch diesen Abschluß.

Zum Abschied der Laufbahn als aktiver Fußballer noch ein Meistertitel mit Rapid.

In der Nationalmannschaft feierte ich einen ähnlich ruhmreichen Abschied: Mein 39. und letztes Länderspiel war der 3:2-Sieg über Deutschland in Cordoba bei der Weltmeisterschaft 1978.

WM 1978 in Argentinien: Österreich – Italien (0:1). Zaccarelli schießt, von Hickersberger bedrängt, auf das österreichische Tor.

WM 1978 in Argentinien: Zwischen den Spielen ist Zeit für einen Erholungsausflug. Rechts im Bild: Teamchef Helmut Senekowitsch.

WM 1978 in Argentinien: Der große Erfolg über die BRD (3:2). Hickersberger im Zweikampf gegen Rainer Bonhof.

Der verkörperte Teamgeist: 6 Spieler bilden beim Freistoß die „Mauer".

Die zweite Karriere

Mein Ziel war es nun, Trainer zu werden, doch zunächst begann es gar nicht vielversprechend. Hannes Nouza wollte mich zum Wiener Sportklub holen, doch scheiterte dieses Engagement am Veto von Erich Hof. Er meinte, ohne Praxis könne ich doch nicht gleich den Sportklub übernehmen! Also wechselte ich ins andere Lager und schrieb Kolumnen beim *Kurier.* Schon in meiner Zeit als Spieler hatte ich mich in der *Presse* als Schreiber versucht. Gleichzeitig ging ich als Trainer zu Casino Baden, aber der Verein konnte meine Bezüge nach zehn Monaten nicht mehr bezahlen, und ich suchte mir einen zivilen Beruf als Mitarbeiter im Sport des ORF-Teletexts. Zum Hobby verdingte ich mich noch als Wochenendfußballer und Spielertrainer im Burgenland. An diese Zeit erinnert mich heute noch mein Swimming-Pool in Hütteldorf, zu dem mir damals der UFC Pama verhalf.

Anfang bei minus Null

Ich ging auch als Spielertrainer nach Niederösterreich zu Traisen, denn dadurch hatte ich häufiger Gelegenheit, meine Mutter in Amstetten zu besuchen. Doch auch in Traisen hielt es mich nicht lange. Ein halbes Jahr später bot mir Branko Elsner an, Co-Trainer bei der Nationalmannschaft zu werden und das Unter-21-Team zu betreuen. Ausgerechnet jener Branko Elsner, der vorübergehend meine Teamkarriere unterbrochen hatte. Als er mich als Legionär aus der deutschen Bundesliga 1975 zu einem EM-Qualifikationsspiel gegen Luxemburg einberufen und dann auf der Ersatzbank sitzen gelassen hatte, verweigerte ich aus gekränkter Eitelkeit weitere Berufungen. Heute weiß ich, daß man als Spieler die Dinge anders sieht als als Teamchef. Ich verdanke es meinem geplatzten Engagement bei Bayern München und Helmut Senekowitsch, daß diese Trotzreaktion ohne große Bedeutung blieb.

Auf dem Weg zur zweiten Karriere: Teamchef Branko Elsner und Co-Trainer Josef Hickersberger.

Und nun mit Elsner zusammenarbeiten! Aber es klappte, und ich bewährte mich als Unter-21-Betreuer. Als Elsner schließlich nach der gescheiterten EM-Qualifikation für Deutschland seinen Hut nehmen mußte, war die Reihe an mir. ÖFB-Präsident Beppo Mauhart fragte mich, ob ich mir diesen Job zutrauen würde. Ich war davon überzeugt, mehr als ein Großteil der Öffentlichkeit und der Journalisten, die von Otto Baric und seinem Erfolg, mit Rapid ins Europacup-Finale vorzustoßen, hingerissen waren.

Der Teamchef und der ÖFB-Präsident: Josef Hickersberger und Beppo Mauhart.

Nach außen mußte ich bei minus Null anfangen und ein neues Team aufbauen. Ich wußte aber, daß meine Arbeit mit der Unter-21-Mannschaft auf lange Sicht Früchte tragen würde. Schließlich hatten wir gegen Fußballnationen von Rang Erfolge gefeiert. Bei einer normalen Weiterentwicklung durfte man also erwarten, daß sich diese Spieler auch in einer Weltmeisterschaftsqualifikation durchsetzen könnten.

Ein großer Fußballer beendete seine Teamkarriere: Herbert Prohaska.
(Alle Photos in Kap. 1: Votava, Wien)

Mit von der Partie waren damals Spieler wie Konrad, Schöttel, Artner, Aigner, Stöger, Herzog, Glatzmayer, Rodax, Pfeifenberger und Pecl. Ich konzentrierte mich auf diesen Stamm. Mein Vorbild war der italienische Teamchef Azeglio Vicini. Ich wollte den gleichen Weg gehen. Allein, auf Grund des geringen Potentials an österreichischen Klassespielern mußte ich mich auf den kleinen Kreis von Persönlichkeiten beschränken und auf den Teamgeist hoffen.

Die WM-Qualifikation hat mir da recht gegeben.

Österreichs Abschneiden bei der Fußball-WM

Die Tage vor dem Italien-Spiel
Immer wieder quälende Fragen

Wir reisten als eine erfolgreiche Mannschaft nach Italien. Sechs Spiele hintereinander waren wir ungeschlagen geblieben. 3:0 gegen die DDR im letzten Qualifikationsspiel, 0:0 in Ägypten, 3:2 gegen Spanien in Malaga, 3:0 gegen Ungarn in Salzburg und zur Krönung ein 1:1 gegen Weltmeister Argentinien und ein 3:2-Sieg über Europameister Holland in den Vorbereitungsspielen im Wiener Stadion. Werden wir auch ähnlich erfolgreich wiederkehren?

Wir, die Spieler, das Publikum, die Presse, waren hin- und hergerissen zwischen Euphorie und Zweifel. Zwei Tage vor der Abreise ertappte ich mich selbst dabei. Sollte ich überhaupt noch einmal unseren dritten Vorrunden-Gegner, die USA, in St. Gallen beobachten, oder konnte ich nicht eigentlich darauf verzichten? Zuletzt flog ich aber doch nach Zürich – mehr der Optik wegen als aus Überzeugung.

Es durfte einfach nicht der Eindruck aufkommen, daß wir uns schon als die großen Sieger fühlten und die USA unbeachtet lassen. Und es hat sich natürlich dann auch gelohnt. Nicht nur dank eines netten Zusammenseins mit der Familie Jara, sondern weil mir die 1:2-Niederlage der Amerikaner gegen die ersatzgeschwächte Schweiz die Gewißheit verschaffte, daß wir in Normalform die USA schlagen müßten.

Die ÖFB-Delegation vor dem Abflug in Wien-Schwechat.

Worum dreht sich das Gespräch im Flugzeug – natürlich um Fußball!

Am Sonntag abend ging es dann noch einmal hoch her. Mit Schweinsbraten, Kraut und Knödel nahmen wir Abschied von der heimischen Küche. Als Dessert wurde die Nachricht serviert, daß die Niederlande in Jugoslawien mit 2:0 gewonnen hatten, was unseren Sieg noch einmal aufzuwerten schien.

Und dann tauchten sie schon wieder auf, die Zweifel: Was sind unsere Resultate in den Vorbereitungsspielen wirklich wert? Sind wir wirklich so stark – oder haben wir nur Glück gehabt?

Ich versuche, solche Gedanken immer wieder zu verjagen und klammere mich an die beständig guten Leistungen. Glück allein bringt noch keine Erfolgsserien. Es gilt, Zuversicht zu verbreiten und für eine positive Stimmung zu sorgen. Wer sich selbst für stark hält,wird auch stark sein, wer an sich zweifelt, wird versagen.

Die Verabschiedung am 4. Juni in Wien-Schwechat beweist der Mannschaft, daß in Österreich auf sie gesetzt wird, daß das Land hinter ihr steht. Rotweiß-rot sind nicht nur Farben. Glücksjetons und Maskottchen werden verteilt. Eine Musikkapelle spielt auf. Die Spieler sind beeindruckt und nehmen es als zusätzliche Motivation.

Als die AUA-Maschine Richtung Pisa abhebt, schwebe ich im Glücksgefühl. Zehntausend Meter über der Erde wird mir noch einmal bewußt, welchen Höhenflug wir mit dieser jungen Mannschaft, der zu Beginn der Qualifikation niemand etwas zugetraut hatte, geschafft haben. Doch das zählt jetzt nur noch für uns. Im Fußball vergehen Erfolge gleichsam im Fluge. Und sollten wir als geschlagene Mannschaft zurückkehren, dann wird alles, was vorher war, vergessen sein.

Von Pisa geht's mit dem Autobus zur Akkreditierung nach Florenz. Bei der ersten Pressekonferenz prasseln immer wieder die gleichen Fragen in verschiedenen Sprachen auf uns nieder. Chancen, Erwartungen? Und Verwunderung über die letzten Resultate. Die österreichische Mannschaft gilt etwas, wir werden beachtet, und das wirkt wie erlaubtes Doping. Vertreibt aufkommende Müdigkeit und ist Labsal für die österreichische Fußball-Seele, die ja Kummer gewohnt ist.

Auf der Fahrt in unser Quartier, rund dreißig Kilometer außerhalb von Florenz in Artimino, taucht mit den Weinbergen der Toskana die Frage auf, wie den Spielern wohl unser Hotel gefallen würde. Fußballer haben schließlich immer etwas zu mäkeln – ich war lange genug selbst Spieler, um das genau zu wissen. Und auf den engen Serpentinen von Comeano hinauf zur Villa Medicea La Ferdinanda werden auch prompt die ersten Nörgler wach.

Doch beim ersten Blick auf unser Quartier ist alle Kritik weggeblasen. Von der baulichen Schönheit ebenso wie von der Weite des Geländes, das alles bietet, was einen längeren Aufenthalt abwechslungsreich machen und aufkommenden Lagerkoller verhindern kann: Schwimmbad, Tennisplätze, weite Spazierwege und Ruhe, die Nervosität vertreiben kann. Bevor aber irgendein Gedanke an Urlaubsstimmung aufkommen kann, erinnern wir uns mit einem ersten Training an den Sinn und Zweck unseres Da-Seins. Die prachtvolle Umgebung läßt an einen Blick vom Kahlenberg auf die Weingärten von Grinzing denken. In Wahrheit sind wir mit den Gedanken aber schon beim ersten Spiel.

Nach einer herzlichen Begrüßung durch den Bürgermeister von Artimino, mit Trachtengruppen in stilvollen historischen Gewändern, halte ich die erste Besprechung ab und gebe die Verhaltensregeln aus, die sich nicht von jenen in bisherigen Trainingslagern unterscheiden sollen. Dabei kommt es mir besonders auf ein normales Verhalten an, das die Spieler nicht zu früh in eine Streß-Situation bringt, die dann der Konzentration auf die Spiele schadet. Alkoholische Getränke sind verboten, außer ein Glas Bier oder ein Glas Wein beim Abendessen. Rauchen ist während des Essens verboten, Schwimmen nur bis Mittag erlaubt. Am Swimming-Pool dürfen keine

Photos gemacht werden, um nicht ein mißverständliches Bild von unserem Aufenthalt zu vermitteln. Und die Bettruhe muß striktest eingehalten werden, auch wenn dadurch eine Kartenpartie oder eine heiße Pokerrunde abgebrochen werden muß.

Mit großer Freude stelle ich der Mannschaft eigens die beiden Leiter der Delegation, Hans Reitinger und Dr. Fritz Wendl vor, um ihnen auch das Gefühl zu vermitteln, tatsächlich in unser Team integriert zu sein. ÖGB-Vizepräsident Hans Reitinger hat als Vorsitzender der Ligakommission bei der Termingestaltung der Bundesliga-Meisterschaft den Bedürfnissen des Teams voll Rechnung getragen und dadurch viel zu unserer idealen Vorbereitung in der Qualifikation und für die Weltmeisterschaft getan. Dafür gebührt ihm unser aufrichtiger Dank.

Den italienischen Fans gefallen die österreichischen Fußballer gut – bald allerdings spielen die Teams gegeneinander.

Das erste Problem:
Die Spieler als Journalisten

Nichts soll das Mannschaftsklima stören. Deshalb gehe ich am Dienstag vor dem Italien-Spiel noch besonders auf die journalistischen Funktionen ein, die einige Spieler übernommen haben. Kolumnen sind verboten. Die Umgehung dieses Verbotes durch sogenannte Exklusivinterviews scheint mir zwar riskant, andererseits will ich den Spielern die Chance, nebenbei Geld zu verdienen, nicht nehmen. Und außerdem – die vielen Fans in der Heimat haben auch ein Anrecht auf uns. Allerdings nur, solange es die Konzentration nicht stört. Toni Polster und Andreas Herzog sind da vorgeprescht. Bei dem herrschenden Konkurrenzkampf auf dem österreichischen Zeitungsmarkt werden Summen angeboten, für die man Schlagzeilen erwartet. Vor allem, wenn Erfolge ausbleiben, und so weise ich nochmals darauf hin, daß äußerste Aufmerksamkeit angebracht ist, um eine künftige Zusammenarbeit nicht in Frage zu stellen.

Aus Österreich muß ich dann erfahren, daß sich Klaus Lindenberger nicht an unsere Richtlinien hält und in den *Oberösterreichischen Nachrichten* eine Kolumne schreibt. Nach dem Training in Comeano muß ich ihn deshalb darauf aufmerksam machen, daß ich ihn nicht nominieren würde, sollte er diese Tätigkeit nicht sofort einstellen. Er und vor allem auch der Sportchef der Zeitung, Leo Strasser, zeigen Einsicht und Verständnis und wandeln die Kolumne in eine Interviewform um.

Auch mir selbst wird ein Verstoß gegen die Vereinbarung vorgeworfen, weil im *Kurier* unter dem Titel „Ein Mann will nach oben!" eine Serie über mich erscheint und als „Exklusiv" angekündigt wird. Ich stelle klar, daß es sich dabei nicht um eine Bevorzugung einer Zeitung handelt und ich dafür auch kein Geld bekomme. Meinen Lebenslauf erzähle ich je-

Klaus Lindenberger

dem, der danach fragt. Der Zwischenfall verdeutlicht uns allen, wie schnell ein Wort uns alle ins Zwielicht rücken kann.

Ich beschließe, nicht zuletzt auch deshalb, weil die über FAX übermittelten Sportseiten der österreichischen Zeitungen schlecht lesbar sind, auf die Lektüre weitgehend zu verzichten, und rate auch den Spielern, von dem, was auf sie zukommt, nichts auf die Goldwaage zu legen und sich nicht verrückt machen zu lassen. Unser Ziel muß es sein, mit Sieg und Niederlage umgehen zu können, ohne uns von außen beeinflussen zu lassen.

Wir müssen an uns glauben und nicht an Artikel in Zeitungen. Es ist ohnehin schwierig genug, sich den permanenten Verschiebungen, die eine Weltmeisterschaft mit sich bringt, mental anzupassen. Es darf weder zu großer Jubel aufkommen, noch dürfen wir in Begräbnisstimmung verfallen. Wir müssen uns solange neue Ziele stecken, solange das theoretisch möglich ist. Selbst im Falle eines Sieges über Italien wird es daher kein großes Feiern geben. Am Ende der Weltmeisterschaft werden wir uns zu einer Abschlußfeier treffen, ganz egal, wie die Spiele ausgegangen sein werden, werden Bilanz ziehen und den nächsten Abschnitt, die EM-Qualifikation, in Angriff nehmen. Bis dahin soll uns die Weltmeisterschaft Herausforderung, Spaß und Freude sein.

Toni Polster als Kapitän Manfred Zsak ist schwer getroffen

Bei der ersten Pressekonferenz erwischt mich die Frage nach dem Teamkapitän sozusagen auf dem falschen Bein. Ich wollte diese Entscheidung mit Toni Polster und Manfred Zsak noch in Ruhe erörtern, aber in meiner Unkonzentriertheit und Müdigkeit nach einer Stunde Frage-Antwort-Spiel rutscht mir die Antwort „Polster" heraus. Ich merke, wie weh ich damit dem neben mir sitzenden Zsak tue. Ich hätte mich lieber noch sammeln sollen, um die Entscheidung besser begründen und formulieren zu können. Aber nun ist es passiert. Hoffentlich reagiert Zsak jetzt gelassen und trägt sein Herz nicht auf der Zunge. Ich hielt zu diesem Zeitpunkt Polster für die Symbolfigur unseres Erfolges und für den richtigen Mann, um in der Mannschaft ebensolches Feuer zu entfachen wie vielleicht im gegnerischen Strafraum.

Die Pressekonferenz.

Manfred Zsak riß sich zusammen und erklärte, er wolle erst nach der Weltmeisterschaft weiter über die Kapitänsrolle nachdenken. Da fiel mir ein Stein vom Herzen, vor allem, weil ich daran bei ihm die Einstellung erkannte, die wir alle hier dringend brauchen: Nur keine internen Reibereien!

Eine weitere Entscheidung wurde mir nach dem Training abgerungen. Gerhard Rodax wollte wissen, ob er gegen Italien zum Einsatz käme. Sein Manager Amhof hatte ihn wissen lassen, daß der Präsident von Atlètico Madrid nur dann nach Rom fliegen würde, wenn Rodax auch tatsächlich von Beginn an eingesetzt werde. Rodax versicherte mir, daß er so wie in Malaga nicht darüber reden und daß – sollte er nicht nominiert werden – sich auch nichts an seiner positiven Einstellung ändern würde. Aus meinen Schilderungen der Italiener und ihrer zu erwartenden Taktik dürfte er bereits geahnt haben, daß ich ihm

Ogris vorziehen werde. Der Mann, der in dieser Saison in der österreichischen Meisterschaft 35 Tore geschossen hatte, akzeptierte meine Entscheidung. Und ich konnte ihm zugleich auch sagen, daß er in meinen Überlegungen gegen die ČSFR und die USA erste Wahl sei.

Das Training in Comeano war in vieler Hinsicht beeindruckend. Zuschauer und Schaulustige wie bei einem Meisterschaftsspiel. Und die Spieler legten einen Eifer an den Tag, daß ich sie einbremsen mußte, um keine Verletzungen zu riskieren. Herbert Prohaska spielte in einer Gruppe mit, und ich wünschte mir, er wäre noch ein paar Jahre jünger und könnte gegen Italien spielen. Einen Mann mit seiner Ballbehandlung, mit seiner Übersicht, mit seinen Ideen und seinem Gefühl, das Tempo aus dem Spiel zu nehmen, habe ich leider nicht in meinem 22-Mann-Kader. Solche Spieler gibt es nicht alle Tage.

Die Italiener beschäftigten uns in all den Tagen vor dem ersten Spiel. Schon Mittwoch abend wollte ich mir endgültige Klarheit über unsere Aufstellung verschaffen und diskutierte das Problem mit meinen Trainerkollegen Gebhardt, Hitzel, Koncilia und Prohaska.

Als Attaché mit in Italien und beim Team dabei: Herbert Prohaska.

Toni Polster vor der Villa in Florenz . . .

. . . und bei der Lektüre.

Italia '90 – zwei Symbole??

Die Mannschaftsaufstellung für Italien

Wir hatten die Italiener genau im Griff, wußten um die Stärke jedes einzelnen und um ihre Gesamtwirkung. Es galt, die österreichische Antwort auf Italien zu finden. Und dafür kamen zwei Varianten in Frage: eine mit zwei Vorstoppern, Pecl und Pfeffer, vor Libero Aigner; dazu zwei Außendecker, Russ und Streiter, ein defensiver Mittelfeldspieler, Artner, zwei offensive, Herzog und Linzmaier sowie die beiden Spitzen Ogris und Polster.

Einhellig verwarfen wir diesen Plan. Pfeffer war zwar gut in Form, schien uns aber nicht der richtige Manndecker für Vialli. Vialli würde den Linksfüßer zu oft auf unsere rechte Abwehrseite verschleppen.

Also entschieden wir uns für Variante zwei, nämlich für die Spielanlage wie zuletzt beim 3:2-Sieg gegen Holland in Wien. Mit einem Libero, Aigner, mit drei Abwehrspielern im Raum, Russ, Pecl und Streiter, zwei defensiven Mittelfeldspielern Artner und Schöttel, zwei offensiven Linzmaier und Herzog sowie den Spitzen Ogris und Polster.

Wir hatten auch überlegt, bei der ersten Variante einfach Artner statt Pfeffer gegen Vialli spielen zu lassen. Er wäre zwar von seiner Antrittsschnelligkeit und Wendigkeit der geeignete Gegenspieler, würde aber im Kopfballspiel den kürzeren ziehen.

Für den ersten Plan sprach noch, daß es in einem solchen System eine klare Aufgabenverteilung geben kann und es die vielleicht sicherste Variante für ein Unentschieden wäre. Die Spieler bräuchten nicht zuviel improvisieren und wären nicht so sehr auf gegenseitige Kommandos, die im Hexenkessel des Olympiastadions von Rom leicht untergehen können, angewiesen. Dennoch waren wir zum Risiko entschlossen. Wir wollten von Haus aus flexibler sein und auch nicht gezwungen, bei einem Rückstand sofort austauschen zu müssen. Ich diskutierte noch mit Aigner und Polster über das Für und Wider. Um mit der entsprechenden Überzeugung ins erste Spiel zu gehen, sollte man im voraus eine möglichst große Übereinstimmung erzielen. Auch die Spieler sprachen sich für die Holland-Variante aus, weil sie auch für unseren Spielaufbau und den Angriff mehr Möglichkeiten versprach.

Während der Eröffnungsfeier der Weltmeisterschaft absolvierten wir ein leichtes Training im Olympiastadion. Die Spieler sollten sich nur mit dem Ball unterhalten und das Spielfeld kennenlernen. Nach der Rückkehr sahen wir im Hotel die letzten dreißig Minuten von Kamerun gegen Argentinien. Ich merkte, wie meine Spieler mit dem Außenseiter mitzitterten und den „zehn kleinen Negerlein“ die Daumen drückten. Den 1:0-Sieg feierten sie, als wäre er ein Fingerzeig für die Kleinen dieser Weltmeisterschaft.

Bei aller Hochachtung vor den beherzten Spielern aus Kamerun – mir schossen andere Gedanken durch den Kopf. War unser 1:1 gegen Argentinien doch nicht soviel wert, sind wir vielleicht doch nicht so stark? ÖFB-Präsident Beppo Mauhart kam und wollte unsere Aufstellung wissen. Das lenkte mich ab. Ich begründete ihm die Nominierung von Ogris und das Fehlen von Zsak und Pfeffer. Auch er war einverstanden und überzeugt.

Noch vor dem Einschlafen dachte ich an meinen argentinischen Kollegen Dr. Carlos Bilardo und die Schlagzeilen nach der „Blamage von Mailand“. Da wurde bestimmt schon nach dem ersten Spiel sein Kopf gefordert. Trainerschicksal? Und einen Moment träumte ich, daß wir der Favorit gegen Italien sind und die Gastgeber dieser Weltmeisterschaft froh sein können, wenn sie gegen uns einen Punkt erringen. Wir sind nämlich auch Kamerun.

Es geht los

Samstag, 9. Juni, der Tag des Spiels gegen Italien. Für 12 Uhr hatte ich die letzte taktische Besprechung angesetzt. Während sich die Spieler nach bewährter Art selbst aktivierten und locker bewegten, bereitete ich mich intensiv auf die letzten Instruktionen vor. Sie müssen kurz und präzise ausfallen, dürfen die Konzentration der Spieler nicht mehr stören und müssen doch das Wesentliche beinhalten.

Zur Besprechung erscheint dann auch der Präsident, und obwohl ich gewöhnlich Funktionäre bei Spielerbesprechungen nicht dulde, bin ich ganz froh darüber. Wir haben nichts zu verbergen. Hier wird kein Bla-Bla dahergeredet. An der Tafel charakterisiere ich noch einmal die zu erwartende italienische Mannschaft, deren genaue Aufstellung mir schon seit zwei Tagen bekannt ist, erläutere ihre und unsere Ziele und baue dann meine Mannschaft zum letzten Mal auf.

Wir stehen vor der größten Herausforderung, seit wir miteinander arbeiten. Sechsmal hintereinander sind wir jetzt ungeschlagen geblieben. Man kann einmal Glück haben, aber nicht sechsmal hintereinander. Und wir werden auch heute ungeschlagen bleiben. Die ganze Welt wird uns heute auf die Beine schauen, nicht nur ganz Österreich. Und wir werden dem mit einer guten Leistung und dem entsprechenden Auftreten Rechnung tragen. Für uns alle wird es ein einmaliges Erlebnis werden. Dann fordere ich die Spieler noch auf, sich nach dem Mittagessen psychisch mit der Situation auseinanderzusetzen, der sie im Olympiastadion von Rom begegnen werden. Damit sie dann von nichts, aber schon von gar nichts überrascht werden können.

Tausende österreichische Schlachtenbummler begleiten die Mannschaft ins Olympiastadion.

Die einzelnen Spiele Österreichs

Andreas Ogris

Zwei Stunden zu früh im Stadion
Die traurigen Augen von Manfred Zsak

Die Fahrt ins Olympiastadion wird vorverlegt. Man befürchtet ein Verkehrschaos in Rom. Gestaut haben sich nur die Menschenmassen auf den Gehsteigen, die uns zwar als dem Gegner der über alles geliebten Squadra Azzurra applaudieren, die uns aber auch unmißverständlich mit dem Finger nach unten den Weg in eine 1:0- oder 2:0-Niederlage weisen.

Entlang den alten Stadtmauern kommen wir auf der Via Appia Antica zum Tiber. Vorbei an der Engelsburg. Im Bus herrscht fröhliche Stimmung. Boris Bukowski singt seinen „Fandango", und die Spieler stimmen in den Refrain ein. Und selbst der melancholische Text von „Wenn bei Capri die rote Sonne im Meer versinkt..." bringt keinen zum Verstummen.

In Rom tauchen die ersten Fans mit rot-weiß-roten Fahnen auf. Fast unbemerkt von ihnen rollt der von zwei Polizeiautos eskortierte österreichische Mannschaftsbus an ihnen vorbei. Die Tifosi besitzen offenbar doch einen ausgeprägteren Instinkt für alles, was mit Weltmeisterschaft zu tun hat. Nichts hält uns auf, und wir sind zwei Stunden zu früh im Olympiastadion.

Hoffentlich bekommen wir auf dem Spielfeld keine Verspätung! Das umgebaute Olympiastadion erinnert ein wenig an das Wiener Stadion. Ich versuche, die Ähnlichkeit zu einer positiven Stimmung zu nutzen. Da kann doch nichts schiefgehen. Mit Plaudereien lockere ich die Spieler auf. Nur Manfred Zsak verbirgt sich hinter einer dunklen Brille. „Zsaki, gib die Brillen herunter, ich möchte dir in die Augen schauen, wenn ich mit dir rede!" Er ist maßlos enttäuscht und traurig. „Trainer, es hat keinen Sinn, mit mir zu reden!" Aber ich möchte wenigstens sehen, ob ich ihn einwechseln kann. „Es geht schon", wispelt er.

Für mich ist in diesem Job nichts schwieriger, als Spieler enttäuschen zu müssen. Aber es können eben nur elf beginnen. Und elf weitere müssen noch unterteilt werden. In „substitutes", Ersatzspieler, und „non players". Wir Teamchefs haben beim „Workshop" in Zürich angeregt, auf diese Unterscheidung zugunsten des Teamgeistes zu verzichten. Aber die FIFA beschäftigte sich nicht weiter damit. Vordringlicher schien ihr, den Leibchentausch auf dem Spielfeld zu verhindern und hohe Geldstrafen für gelbe und rote Karten festzulegen.

In Einzelgesprächen vergewissere ich mich noch einmal, ob die Aufgaben verstanden wurden. Eine Stunde vor dem Spiel geben wir unsere Aufstellung bekannt und bekommen von FIFA-Funktionären fünfzig Minuten vor dem Anpfiff die italienische Mannschaft. Sie überrascht uns in keinem Punkt. Eine kleine Beruhigung inmitten vieler Fragezeichen. Besitzt meine Mannschaft genügend Erfahrung? Wie wird die Abwehr mit Vialli und Carnevale zurechtkommen? Kann das Mittelfeld mit den italienischen Stars mithalten? Setzen sich die Sturmspitzen Ogris und Polster gegen Bergomi und Ferri durch?

Während die Mannschaft zum Aufwärmen hinausgeht, werde ich zum ORF-Interview geholt. Aber ich bin mehr bei den Fragen, die mich beschäftigen, als bei den von Erich Weiss gestellten. Auch zieht es mich aufs Spielfeld. Dorthin gelange ich erst gleichzeitig mit dem FIFA-Überwacher, der genau fünfundzwanzig Minuten vor Spielbeginn das Feld räumen läßt.

Auf dem Weg in die Kabine bemerkt Friedl Koncilia, daß die Spieler nervöser sind als normal. Wir treffen die letzten Vorbereitungen, erinnern uns noch einmal an unser Vorhaben und vertiefen uns ins bevorstehende Spiel. Da klopft auch schon ein FIFA-Mann an die Tür und ruft uns hinaus. Im Tunnel werden die Schuhe und Schienbeindeckel kontrolliert. Auch werden die Spieler nach gefährlichen Gegenständen abgesucht.

Ein orkanartiger Jubel empfängt die Mannschaften. Ich habe eine solche Stimmung noch in keinem Stadion der Welt erlebt. Und ich merke, daß meine Spieler trotz aller Vorbereitungen auf diesen Moment wie von einem Blitz gestreift werden. Die Hymnen verschaffen eine Erholungspause. Einige Italiener pfeifen bei der österreichischen Bundeshymne. Spontaner Applaus erstickt die Geschmacklosigkeit. Tausende österreichische Fans stimmen in das „Heimat, bist du großer Söhne . . .!" ein.

Es werden noch Fotos gemacht, um die Zeit bis punkt 21 Uhr zu nutzen. Spieluhr gibt es keine, aber durch den exakten Beginn kann wohl jeder im Stadion die 45 Minuten „nachzählen". Warum also nicht gleich eine laufende Matchuhr? Eine der vielen seltsamen Weisungen der FIFA!

Die Italiener nicht wiederzuerkennen
Wir kommen nicht ins Spiel

Dann geht es endlich los. Anpfiff durch den brasilianischen Schiedsrichter José Ramiz Wright, einen 45jährigen Lehrer aus Rio de Janeiro. Und die Italiener legen los, als wären ihre Darbietungen in den Vorbereitungsspielen nur Bluff gewesen. Lauffreudig, einsatzfreudig, bissig, kompromißlos. Und spielerisch von der ersten Minute an wie in Trance. Uns merkt man die Nervosität an. Wir kommen nichts ins Spiel. Alle guten Vorsätze wie vom Anpfiff weggeblasen. Nur die Verteidigung kann hin und wieder den Ball halten. Aber zu Aktionen reicht es nicht.

Carnevale taucht schon in der vierten Minute vor Lindenberger auf, die Abseitsfalle hat zwar funktioniert, aber der Linienrichter hat nicht auf abseits entschieden. Lindenberger rettet bravourös.

Peter Artner macht nach sechzehn Minuten einen Rückpaß, der ein ideales Zuspiel für Vialli ist. Vialli schießt am langen Eck vorbei. Angelotti trifft aus zwanzig Meter Entfernung nur die Stange. Eine Flanke von Donadoni befördert Carnevale freistehend in der 36. Minute über das Tor.

Wir sind nicht vorhanden. Ich hätte doch die Sicherheitsvariante mit zwei Innen- und zwei Außenverteidigern wählen sollen. Soll ich schon eingreifen? Ich scheue mich, einen zu frühen Wechsel vorzunehmen, um nicht am Ende mit nur zehn Mann dazustehen. Die Mannschaft wird schon die Nervosität ablegen.

Peter Artner zerbricht an seinem mißglückten Rückpaß. Er ist kaum noch zu sehen, gewinnt keinen einzigen Zweikampf. Linzmaier kommt nicht zur Geltung. Herzog, der schon in der 6. Minute nach einem Foul an Donadoni die Gelbe Karte gesehen hat, macht schreckliche Fehlpässe. Und die Sturmspitzen Ogris und Polster sind bei Ferri und Bergomi aufgehoben.

Es dauert bis zur 41. Minute, ehe wir eine erste Torchance herausholen. Durch eine Spielverlagerung von Herzog kommt Russ außerhalb des Fünfers frei zum Ball, zögert aber mit dem Schuß aus spitzem Winkel und wird schließlich abgeblockt.

Zsak statt Artner drängt sich auf. Ich lasse Zsak in der Pause aufwärmen. In der Kabine sind die Spieler von Italiens Chancen gezeichnet, obwohl es noch 0:0 steht. Fragen nach dem Grund von Übernervosität und Angst bleiben unbeantwortet. Ich fordere die Spieler energisch auf, sich mehr einzusetzen, den Mitspielern entgegenzulaufen, Bälle zu verlangen und nicht vor dem Spiel und der Verantwortung davonzulaufen. Kürzere Pässe zu spielen und nicht mit weiten von der eigenen Unsicherheit abzulenken.

Als Doping versuche ich, die zweite Hälfte gegen Spanien in Erinnerung zu rufen, als wir nach der Pause mit engerer Deckung und energischerem Attackieren sogar ein 0:2 in ein 3:2 verwandelt haben.

Zehn Minuten nach der Pause fängt die Mannschaft auch zu spielen an. Der Ball läuft über mehrere Stationen. Wir bekommen die Italiener besser unter Kontrolle. Ein Volley-Schuß von Herzog nach einer Flanke von Russ drückt die Verbesserung aus. Trotzdem soll Zsak ins Spiel. Linzmaier kommt auf Touren. Herzog gelingt mehr. Und jede Minute warte ich auf eine starke Szene von Polster.

Das Spiel nimmt mehr den Charakter eines offenen Schlagabtausches an. Die Italiener bleiben aber

Österreich – Italien vor dem Anstoß. Die österreichische Mannschaft: (hinten, v. l.) Artner, Herzog, Aigner, Polster, Pecl, Schöttel; (vorne) Russ, Linzmaier, Lindenberger, Streiter, Ogris.

Die italienische Mannschaft: (hinten) Zenga, Maldini, Carnevale, Ancelotti, Ferri, Bergomi; (vorne) Giannini, de Napoli, Donadoni, Vialli, Baresi.

Schiedsrichter José Wright mit den beiden Mannschaftskapitänen, Giuseppe Bergomi und Anton Polster. Kurt Russ gegen Andreas Carnevale (o. r.) Toni Polster (u. l.) Polster, Bergomi, Schöttel, Ogris (u. r., v. l.)

Pecl, Carnevale, Aigner (o. l.), Donadoni gegen Streiter (o. r.), Lindenberger richtet bei diesem Freistoß von Donadoni die Mauer (u. l.), Andreas Ogris (u. r.).

torgefährlicher. Giannini köpfelt nach einer Ecke vom Fünfer daneben. Vialli schießt und verfehlt ebenso. Zsak kommt in der 61. Minute für Artner. Wir haben Glück, daß Wright bei einem Foul von Russ an Donadoni keinen Elfmeter gibt.

Azeglio Vicini und ich bereiten einen weiteren Wechsel vor. Bei den Italienern war gleich nach der Pause de Agostini statt Ancelotti gekommen. Nun ist Schillaci an der Reihe. Ich will es mit Rodax versuchen. Schließlich muß es sich ja rächen, daß Italien soviele Chancen ausgelassen hat.

Die Einwechslung von Rodax verzögert sich, weil er keine Schienbeindeckel trägt. Da kippt Linzmaier um und verlangt seinen Austausch. Rodax ist enttäuscht, versteht aber den taktischen Zwang, Hörtnagl ins Spiel zu bringen. Bei den Italienern ist Schillaci zwei Minuten früher auf dem Spielfeld und ersetzt Carnevale.

Drei Minuten nach seinem Eintreten köpfelt Schillaci das entscheidende Tor. Vialli wird rechts eingesetzt, dribbelt, verfolgt von Aigner, der ihn schließlich zu wenig energisch beim Flanken stört. Vialli zirkelt den Ball über Pecl hinweg, der schon Aigner absichern wollte. Lindenberger, der nur noch mit einer Flanke rechnen konnte, bleibt auf der Linie und hat keine Chance gegen den Kopfball des Sizilianers von Juventus Turin. Uns allen war sofort klar, das war die Entscheidung. Da gab es keine Ausgleichschance mehr. Die Italiener verlegten sich prompt auf die Absicherung. Meine Spieler waren leer. Nicht deprimiert, aber doch getroffen. Schließlich war es die erste Niederlage seit Istanbul in der Qualifikation. Ich gratulierte meinem Kollegen Vicini und merkte, wie gezeichnet er von dem Spiel war. Auf ihm lastete ein noch größerer Druck als auf uns. Und wir gewannen der Niederlage bald ihre gute Seite ab. Mit 0:1 war in unserer Gruppe A nichts verloren.

Die Spieler tauschten Leibchen. Walter Zenga kam sogar in die Kabine, um sich auch die Hose von Lindenberger zu holen. Linzmaier und Schöttel mußten zur Dopingkontrolle. Gerade ihn mußte es erwischen. Er hatte uns von einem homöopathischen Mittel erzählt, das er genommen hatte, ohne den Namen des Präparates nennen zu können. Nicht auszudenken, wenn da etwas passiert.

Präsident Beppo Mauhart und Delegationsführer Hans Reitinger kommen und versuchen, mich aufzuheitern. Mir ist die Niederlage unter die Haut gegangen, obwohl es keinen Zweifel geben konnte, daß der Sieg Italiens verdient war.

Endlose Rückfahrt ins Hotel
Ein erster Fehler in unserer Planung

Unsere Rückfahrt ins Hotel Diana-Park in Nemi verzögerte sich. Linzmaier hatte sich bei der Dopingkontrolle endlos lang bemüht. Erst kurz vor Mitternacht saßen wir wieder im Bus. Der Fahrer mußte eine richtige Irrfahrt machen, um dem Jubel und der Ausgelassenheit auf Roms Straßen auszuweichen. Irgend einmal kamen wir sogar in Castel Gandolfo, der Sommerresidenz des Papstes, vorbei.

Ich hatte also genug Zeit, über das Spiel nachzudenken. Das 0:1 war gar nicht so schlecht, wie ich es momentan empfand. Seit Oktober 1989 ist diese italienische Mannschaft ohne Gegentreffer geblieben. Das letzte Tor hat ihr am 14. Oktober 1989 der Brasilianer Andre Cruz aus einem Freistoß geschossen. Und trotzdem war unsere Taktik nicht auf Zerstörung ausgerichtet gewesen, wie es nach dem Spiel aus einigen Journalisten-Fragen herauszuhören war.

Gerade weil Italien sich beim Toreschießen in letzter Zeit so schwer getan hatte, wollten wir jede Chance zum Angriff nutzen. Es gelang nicht. Die Italiener waren einfach zu gut. Sie strahlten eine Selbstsicherheit aus, die uns fehlte. Sie wurden als Heimmannschaft dank ihrer Erfahrung bei der Europameisterschaft mit der speziellen Turniersituation besser fertig, sie fanden viel schneller zu ihrem Spiel und befanden sich in einer hervorragenden Tagesverfassung.

Das österreichische Tor in Bedrängnis (o. l.) – und jetzt hat es eingeschlagen: Schillaci (nicht im Bild) erzielt das 1:0 für Italien.

Mit dem Spiel gegen Österreich beginnt für den eingewechselten Schillaci der Aufstieg zum Schützenkönig dieser Weltmeisterschaft.

Hier liegt der Ball für den amerikanischen Tormann Tony Meola noch auf dem Tor drauf –, aber im Spiel gegen die ČSFR muß er ihn fünfmal aus dem Netz holen.

Nur dreizehn Minuten fehlten uns zu einem Start, der uns für das ganze Turnier ungemein beflügelt hätte. Zu einem Zeitpunkt, als sich die Italiener schon mit einem 0:0 anzufreunden begannen, bewies mein Kollege Vicini eine glückliche Hand beim Tausch, während ich zum Wechsel gezwungen wurde. Andererseits durften wir mit dem Schicksal nicht hadern. Wir waren doch glimpflich davongekommen.

Auf das Abendessen um 1.30 Uhr hatte jedenfalls kaum noch einer Appetit.

Die italienischen Morgenzeitungen jubelten. Und die Kommentare fielen auch für uns positiv aus. Wir wären ein hohes Tempo mitgegangen und hatten uns nicht versteckt. Den Italienern wurde die beste Leistung seit langem bescheinigt, und sie wurden schon als künftiger Weltmeister gefeiert. Nicht nur von der heimischen Presse.

Wir flogen zurück nach Florenz und fuhren in unser Quartier in Artimino. Es wäre wahrscheinlich klüger gewesen, in Nemi zu bleiben und von dort direkt zum zweiten Spiel in unserer Gruppe, zu ČSFR – USA, nach Florenz zu reisen. Da war uns ein Fehler in der Planung unterlaufen, der uns zwang, an einem Tag dreimal die gleiche Strecke zurückzulegen.

Das 5:1 der ČSFR war eine zweite Niederlage innerhalb von 24 Stunden

Im Stadion Communale von Florenz sahen meine Spieler zum ersten Mal die Amerikaner live. Und sie waren beeindruckt von ihrem offensiven Spiel. Die ČSFR ging nach einem Zusammenspiel von Knoflicek und Skuhravy in der 25. Minute 1:0 in Führung und legte damit den Grundstein zu einem klaren Erfolg. Die Amerikaner riskierten nach diesem 0:1 zuviel und liefen in die 1:5 (0:2)-Niederlage.

Von der Aufstellung her überraschte nur die Position von Ivan Hasek, der rechts den Raum deckte. Auf Julius Bielik verzichtete Jozef Venglos und setzte im Mittelfeld auf Kubik und Chovanec. Nach dem Foul von Windischmann an Hasek war die Partie durch einen von Bilek verwandelten Elfmeter in der 30. Minute praktisch entschieden.

Nach der Pause erhöhte Hasek nach einem Eckball von Chovanec per Kopf auf 3:0. Zuvor hatte der Amerikaner Wynalda wegen Tätlichkeit die Rote Karte gesehen. Mit zehn Mann erzielten die Amerikaner ihr erstes Tor durch Caliguni, der nach einem Paß von Vermes alles ausspielte. Tab Ramos hatte noch eine Chance zum 2:3, ehe Skuhravy in der 81. Minute per Kopf und Luhovy gar erst in der 93. Minute das 5:1 besorgten.

Für uns war es eine zweite Niederlage innerhalb von 24 Stunden. Unser größter Rivale am Platz zwei, die ČSFR, hatte vor allem einen nicht zu verachtenden Vorsprung in der Tordifferenz. Und die Amerikaner erwiesen sich als nicht so schwach, wie es das Ergebnis vortäuschte. Die Tore, die die Tschechoslowaken so leicht und vor allem in günstigen Augenblicken schossen, mußten uns erst gelingen.

Die ČSFR maß ihrem Sieg noch nicht die Bedeutung zu, die er tatsächlich hatte. Sie war sich über die wahre Stärke der Amerikaner nicht ganz im klaren und stand auch unter dem Eindruck des tempogeladenen und inhaltsschweren Spiels Italien – Österreich vom Vortag. Sie schätzte wiederum unser knappes 0:1 als ungünstig ein und hielt die amerikanische Moral durch das 1:5 für schwer angeschlagen.

Ich dachte an unsere letzten Begegnungen mit der ČSFR. Und die waren keinesfalls ermutigend. Die beiden letzten Länderspiele waren in Prag mit 2:4 und in Graz mit 1:2 verloren gegangen. In der Olympiaqualifikation gewannen wir zwar in Salzburg 2:0, verloren aber in Nitra 0:1. Das ČSFR-Olympiateam war damals in vielen Positionen identisch mit der heutigen Nationalmannschaft. Im Tor spielte Stejskal, Kadlec, Kocian. Bilek, Skuhravy und Moravcik waren ebenfalls dabei.

An Routine mangelte es auch nicht. Acht Legionäre verfügen über große internationale Erfahrung. Kocian und Knoflicek von St. Pauli sowie Straka von Bo-

Ernst Aigner

russia Mönchengladbach bringen Erfahrung aus der deutschen Bundesliga, Chovanec kommt von PSV Eindhoven, Griga von Feyenoord und Kubik von Fiorentina.

Es wurde doch noch ein netter Abend
Ablenkung war notwendig

Vier Tage blieben Zeit vor dem Match gegen die ČSFR am 15. Juni in Florenz. Es galt, die Mannschaft von dem mißglückten Beginn abzulenken, nur ja keine negative Stimmung aufkommen zu lassen. Montag nachmittag fuhr ein Großteil der Spieler zum Stadtbummel nach Florenz. Und am Abend lud Walter Nettig im Namen der Bundeswirtschaftskammer ein.

Die Spieler zeigten zuerst wenig Lust, der Einladung zu folgen, wollten sich lieber England gegen Irland im Fernsehen ansehen. Vienna-Präsident Nettig, in der Bundeswirtschaftskammer für Sport zuständig, bewies Verständnis. Der offizielle Teil wurde in der Pause erledigt.

Auch an diesem Abend wurde uns bewußt, welchen Stellenwert wir in Österreich erlangt hatten. Schon zum Match nach Rom waren Bundeskanzler Franz Vranitzky und Unterrichtsministerin Hilde Hawlicek gekommen, in unserem Camp besuchte uns jetzt auch Vizekanzler Josef Riegler. Bei soviel Anerkennung dürfen wir einfach nicht enttäuschen. Wir spürten diese große Verpflichtung und die einmalige Chance für den gesamten Fußball.

So manches Gespräch drehte sich auch um dieses Thema. Natürlich auch um den Ehrengast Petra Kronberger. Die Ski-Weltcupsiegerin eroberte mit ihrer natürlichen Art die Herzen und Sympathien der Fußballer. Eine andere Frau tat sich da schwerer, obwohl sie es sich leicht machen wollte. Die Reporterin vom *Kurier* wollte unbedingt die sexuelle Form der Spieler überprüfen. Diese zeigten mehr Verlangen nach Schmäh, und so wurde es noch ein netter Abend.

Prohaska immer bei den Siegern
Die Attacke von Linzmaier

Dienstag wurde hart trainiert. Und es fiel mir auf, daß bei internen Spielchen immer die Mannschaft von Herbert Prohaska gewinnt. Er versteht es noch immer am besten, die Mitspieler zu führen und anzutreiben. Wenn der Roger Milla noch spielt, warum dann nicht mehr der „Schneckerl"?

Ein Fanatiker wie Prohaska ist auch Andreas Ogris. Wegen einer leichten Gehirnerschütterung nach einem Zusammenstoß mit Baresi hatte er von Teamarzt Ossi Schwinger Trainingsverbot erhalten. Mit der Bemerkung, eine Gehirnerschütterung sei bei ihm keine schwere Verletzung, drängte er zum Training.

Ein anderer Verletzter sorgte für einen kleinen Wirbel. Manfred Linzmaier warf dem Teamarzt vor, er könne nur Tabletten verschreiben, und wollte zur Behandlung seiner Sprunggelenksverletzung nach München zu Bayern-Arzt Müller-Wohlfahrt fliegen. Letzteres scheiterte nur, weil sich der anerkannte Sportmediziner auf Urlaub befand. Die erste Diagnose von Ossi Schwinger, die Bänderzerrung und Kapselverletzung im rechten Sprunggelenk wären während der Weltmeisterschaft nicht auszukurieren, erwies sich leider als richtig. Mit Linzmaier fehlte mir vor dem ČSFR-Spiel einer der wichtigsten Spieler. Zum einen genießt er innerhalb der Mannschaft großes Ansehen, zum anderen kann er mit seinem Laufvermögen und seiner Ballsicherheit im Mittelfeld sehr viel bewirken. Da die Oberschenkelverletzung von Christian Keglevits wieder akut wurde, konnte er diesen Ausfall nicht ersetzen.

Ich war also in einem Punkt zur Umstellung gezwungen. Hörtnagl war Ersatzmann für Linzmaier. Eine zweite Änderung war schon vor dem Italien-Spiel beschlossen: Rodax anstelle von Ogris. Mit Pfeffer statt Streiter wollte ich einen kopfballstarken Spieler in die Abwehr bringen. Und Manfred Zsak schien mir in besserer Verfassung als Artner, zudem auch torgefährlicher. Über die Mannschaft der ČSFR

Italien schlägt die USA auch nur mit 1:0 durch ein Tor von Giannini (oben). Jetzt brauchen wir volle Konzentration für das Spiel gegen die ČSFR.

wurde natürlich viel gesprochen. Und wir richteten uns präzise auf die Erfordernisse dieses Entscheidungsspiels ein. Bei Ballverlust wollten wir mit dem Forechecking erst in der Nähe der Mittellinie beginnen, um Raum für schnelle Gegenangriffe zu bekommen. In der Zone zwischen unserem Strafraum und der Mittellinie mußte aber um so energischer attakkiert werden, damit wir das Kopfball-Ungeheuer Skuhravy möglichst von unserem Strafraum fernhalten. Im Mittelfeld könnte die größere Schnelligkeit unserer Spieler im Vergleich zu Chovanec, Kubik und Co. den Ausschlag geben.

Das erste Zuspiel nach Balleroberung muß schnell und genau erfolgen, um der Verteidigung keine Zeit zu geben, sich zu organisieren. Nach dem Paß müssen mehrere Spieler im Sprint nachrücken, um die Spitzen zu unterstützen. Besonders eindringlich rufe ich das Umschalten auf Defensive im Augenblick des Ballverlustes in Erinnerung. Da darf sich niemand die Haare raufen, keiner den Kopf über einen Fehlpaß schütteln, sondern da muß im Augenblick des Ballverlustes umgeschaltet werden.

Und oberstes Gesetz für die Verteidigung ist in einem Entscheidungsspiel Sicherheit. Da gibt es keine überflüssigen Spielereien, da dürfen keine leichtsinnigen Ballverluste passieren, weil alle Fehler in diesem Bereich, auch wenn sie wie bei Artners Rückpaß zu keinem Verlusttor führen, Unruhe und Nervosität in die Mannschaft bringen. Kein Spieler darf sich in Bedrängnis zu gut sein, den Ball einfach auf die Tribünen zu jagen.

Sieg war für dieses Spiel unser oberstes Gebot. Mit kontrolliertem Risiko wollten wir auf Angriff spielen. Mit besseren Kombinationen als gegen Italien, mit kurzen Pässen, Doppelpässen und Dribblings vor allem im Zentrum die Unbeweglichkeit der Innenverteidiger ausnutzen. Bei diesen Angriffen durch die Mitte sollten aber stets die Außenpositionen besetzt bleiben, um die Abwehr auseinanderzuziehen.

Für nicht zielführend hielt ich weiche und gehobene Flanken, weil sie bei der Kopfballstärke der Tschechoslowaken mit Ballverlust gleichzusetzen waren. Nicht mit der Brechstange agieren. Wenn Flanken, dann scharf und angeschnitten.

Die USA bereiten uns Sorgen
Italien gewinnt nur 1:0

Am Abend vor dem Spiel sahen wir Italien gegen USA. Ich legte besonderen Wert auf gemeinsames Fernsehen, um volle Konzentration auf die Beobachtung des letzten Gegners zu gewährleisten. Die Amerikaner hatten aus den Fehlern des ČSFR-Matches gelernt. Sie waren ganz defensiv auf- und eingestellt. Und sie verloren gegen Italien auch nicht höher als wir, nämlich 0:1 (0:1).

Was uns aber noch mehr zu denken gab, war die Tatsache, daß sich die Italiener vor 83.000 Zuschauern im Olympiastadion mehr abmühten, zu Chancen zu kommen, als gegen uns. Dabei gingen sie bereits in der 12. Minute durch Giannini mit 1:0 in Führung. Vialli hatte die amerikanische Abwehr getäuscht, indem er einen Paß zwischen den Beinen durchließ. Aber es war gerade Vialli, der mit einem Elfmeter an den linken Pfosten in der 30. Minute den Amerikanern eine höhere Niederlage ersparte.

Die Amerikaner waren jedenfalls nur auf Defensive aus, ließen den Italienern wenig Raum und entnervten sie durch langes Ballhalten. Zwanzig Minuten vor Schluß hatten sie sogar eine Chance zum Ausgleich. Walter Zenga wehrte aber einen Nachschuß von Bruce Murray bravourös ab.

Bei dieser Abwehrstärke der Amerikaner wurde ein Sieg gegen die ČSFR noch vordringlicher.

Sogar der Pfarrer winkte
Bei der ČSFR fiel Strake aus

Die Aufstellung gab ich meinen Spielern diesmal erst am Vormittag des Spieltages bekannt. Ich wollte

Die österreichische Mannschaft vor dem Spiel gegen die ČSFR. Von links (hinten): Hörtnagl, Polster, Aigner, Pecl, Schöttel, Rodax; (vorne): Russ, Zsak, Lindenberger, Pfeffer, Herzog.

Pfeffer und Schöttel verlassen nach dem Aufwärmen noch einmal das Spielfeld (oben). Die österreichischen Schlachtenbummler sind von einem guten Spiel ihrer Mannschaft überzeugt.

Kocian und Rodax im Zweikampf (o. l.), Nemecek gegen Peter Schöttel (o. r.), Nemecek gegen Toni Polster (u. l.), Kocian foult Alfred Hörtnagl (u. r.).

sie vor bohrenden Fragen der Journalisten schützen und sich möglichst ungestört auf das alles entscheidende Match vorbereiten lassen. Getroffen war Peter Artner, der nicht verstehen wollte, daß ihn eine einzige schlechte Leistung aus der Nationalmannschaft geworfen hatte. Erst nach dem Match wollte ich mit ihm über die Hintergründe meiner Entscheidung sprechen.

Sehr zuversichtlich fuhren wir nach Florenz. In Comeana, wo wir trainierten, kam sogar der Pfarrer vor die Kirche, um uns zuzuwinken. Mit Gottes Segen kamen wir also ins Stadion Comunale. Dort fanden wir in der Kabine noch Spuren von dem Spiel USA – ČSFR in Form von taktischen Zeichnungen von Bob Gansler. Wir versuchten sie zu deuten und hatten unseren Spaß daran. Nicht ungelegen kam uns, daß Frantisek Straka vor meinen Augen den Fitneßtest nicht bestand und gegen uns ausfiel. Vaclav Nemecek wird ihn ersetzen, ein defensiver Mittelfeldspieler und kein harter Vorstopper-Typ. Das könnte ein Vorteil für Rodax werden.

Mit einem guten Angriff begann's
Der verhängnisvolle Fehler von Toni Pfeffer

Wir beginnen gut. Gleich die erste gelungene Aktion. Hörtnagl setzt Russ rechts ein. Als dieser flanken will, pfeift George Smith ein Foul an Hörtnagl. Der hat schon einmal meinen Freund Otto Rehhagel mit Werder Bremen aus dem Europacup geworfen! Hasek erwischt gegen Schöttel und Aigner einen Kopfball. Das darf doch nicht wahr sein, der ist ja um zwanzig Zentimeter kleiner! Der Raum auf unserer linken Abwehrseite wird schlecht kontrolliert. Pfeffer wird immer wieder verschleppt, Herzog läuft Hasek und Moravcik nur nach. Pfeffer anstelle von Streiter scheint doch keine gute Lösung, vor allem auch deshalb, weil es wenig hohe Bälle gibt.

Bei einem Freistoß von Kubik prallt der Ball von der Mauer zu Skuhravy, der vermag aber das Ballglück nicht auszunützen, Knoflicek geht links durch, spielt Moravcik an, dessen Schuß aber von Schöttel und Aigner abgeblockt wird. Knoflicek ist halblinks wieder frei. Russ ist merkwürdig langsam bei der Drehung. Ist er doch nicht so fit, wie er sagt? Für Pecl gibt es die Gelbe Karte wegen eines Fouls an Skuhravy. Dann ist Pfeffer in Ballbesitz, dreht sich um – nein, bitte kein Rückpaß, schieß den Ball ins Out! – und schon ist es passiert. Chovanec erläuft den viel zu leichten Rückpaß und muß von Lindenberger gefoult werden. Lindenberger errät zwar dann die Ecke, ist aber gegen Bileks Elfer machtlos.

Jetzt wird es ganz schwer, der ČSFR ein Tor zu schießen. Und eines brauchen wir zumindest. Ich muß umstellen. Und zwar radikal und mit vollem Risiko. Streiter statt Pfeffer und Ogris statt Schöttel sofort nach der Pause!

Doch schon zum zweiten Mal durchkreuzt eine Verletzung meine Absicht. Russ kommt in der Pause zu mir: „Trainer, es geht nicht mehr. Ich habe solche Schmerzen bei jeder Bewegung!“ Eine alte Leistenverletzung ist wieder akut geworden. Pfeffer muß weiterspielen. Streiter kommt statt Russ, Ogris für Schöttel.

Die Umstellungen bringen nur eine optische Überlegenheit. Wir sind fast ständig in der gegnerischen Hälfte, aber wir kommen zu keiner Torchance. Endlich ein Paß von Zsak zu Rodax, der ist alleine vor Stejskal. Ausgleich? Nein. Mit dem linken Fuß trifft er den Ball nicht richtig. Aus, vorbei. Wir machen aus dem Spiel kein Tor mehr. So nicht. Vielleicht mit Weitschüssen. Ich versuche, zu mehr Schußfreudigkeit anzuhalten. Klappt auch nicht. Eher schießen uns noch die Tschechoslowaken ein zweites Tor.

Die Weltmeisterschaft ist eigentlich vorbei. Das Achtelfinale nicht mehr zu erreichen. Warum? Wieso? Die Fragen prasseln auf mich nieder, und ich finde auch nur Erklärungen, aber orte nicht die wahren Ursachen unseres Fiaskos. Und ein solches ist es mit der Leistung im ČSFR-Match wohl geworden.

Getümmel vor dem Tor (o.). Nach einem mißlungenen Rückpaß muß Lindenberger Chovanec foulen – Elfmeter.

Was soll ich sagen?
Selbst Jozef Venglos war sprachlos

Und sofort wieder zum sogenannten „Flash-Interview" für das Fernsehen. Gleichsam blitzschnell verlangt man von mir eine Erklärung. Aber ich bin selbst sprachlos. Am liebsten würde ich mich in Luft auflösen. Ich gratuliere Jozef Venglos. Der nimmt sich einen Anlauf, um mich zu trösten. Aber schon beim Ausholen sieht er die Sinnlosigkeit aller Worte in einer solchen Situation ein und bricht ab.

Ich werfe noch einen Blick auf die rund 7.000 österreichischen Fans, die nicht einmal dazugekommen sind, unsere Mannschaft anzufeuern. Welche Fehler sind gemacht worden? Wenn ich das nur wüßte! Ich rette mich über zwei Minuten, ohne daß ich mich selbst verstehe.

In der Kabine herrscht Friedhofsstimmung. Da ist auch jedes Wort überflüssig. Ich könnte loslegen und all die Fehler auf dem Spielfeld anprangern. Doch wem würde es nützen? Und abputzen darf sich in diesem Moment keiner.

Gefaßt sind nur die Journalisten. Treten Sie zurück? Konsequenzen? Fehler? Warum dieser Unterschied zu den Leistungen in den Vorbereitungsspielen? Wüßte ich auf all das eine Antwort, die ungeschehen machte, was auf dem Spielfeld passierte, ich würde zurücktreten, alle Schuld auf mich nehmen, mich mit Schimpf und Schande davonjagen lassen! Ich komme mir ähnlich ohnmächtig vor wie zuvor die Spieler gegen die ČSFR.

Irgendwie rette ich mich über die Pressekonferenz, ohne zu wissen, wie. Die Spieler warten schon im Autobus. Zurück in die Villa Medicea. Aus dem Ausgangspunkt für unsere Triumphe ist ein Zufluchtsort geworden. Unser Koch, Georg Pesek, bietet all seine Künste auf. Aber der Appetit ist uns allen vergangen.

Die Spieler verdrücken sich auf ihre Zimmer. Nur die Austrianer mit Herbert Prohaska diskutieren weiter. Und entfernen sich bald vom Spiel hin bis zu Fragen von Glück, Gerechtigkeit und Schicksal. Warum mußte gerade Pfeffer diesen stümperhaften Rückpaß machen? Die Runde befindet sich bald in seiner Situation. Sie findet keinen Ausweg.

Der einzige Ausweg bleibt ein Sieg gegen die USA und Hoffen. Wir müssen eine Mannschaft bleiben. Niemand darf ausscheren, keiner die Nerven verlieren. Daran erinnere ich die Spieler auch beim Training am nächsten Vormittag. Die Weltmeisterschaft ist schließlich noch nicht vorbei. Auch nicht für uns.

An diesen Strohhalm klammern wir uns in den nächsten Tagen. Schon in der Qualifikation waren wir in ähnlichen Situationen und haben sie gemeistert. Auch mit zwei Punkten ist das Achtelfinale zu erreichen.

Wenn Argentinien und Rumänien nicht unentschieden spielen, wenn Brasilien gegen Schottland gewinnt, wenn Deutschland Kolumbien klar schlägt, wenn Uruguay gegen Südkorea nicht gewinnt, wenn in der Gruppe F nicht mehr unentschieden gespielt wird. Fünf Chancen im Falle eines Sieges gegen die USA!

Das Spiel gegen die USA findet am Dienstag, dem 19. Juni, also vier Tage nach dem ČSFR-Match statt. Am Tag davor besucht mich Präsident Mauhart und ermuntert mich, meinen Vertrag zu verlängern. Aber wie kann ich mit eventuell drei Niederlagen Teamchef bleiben? Ich bitte, das Match gegen die USA abzuwarten. Mauhart vertritt die Meinung, daß ich im Falle einer Niederlage gegen die Amerikaner erst recht weitermachen müßte.

Wir wollen gegen die USA mit drei Spitzen spielen, um unsere Entschlossenheit zu signalisieren. Die Spieler sind damit nicht einverstanden. Rodax und Ogris kamen schon nach dem Training am Sonntag zu mir und baten, davon Abstand zu nehmen. Beide bräuchten Platz und wollten sich ihn nicht gegenseitig wegnehmen. Ich sagte zu, mir die Sache zu überlegen. Aber was sollte ich mir überlegen. Linzmaier, Keglevits und Russ fallen auf der rechten Seite aus. Michael Baur erscheint mir noch zu unroutiniert. So-

Julius Bilek verwandelt den Elfmeter zum 1:0 für die ČSFR.

wohl Ogris als auch Rodax wollen spielen, stellen aber ihre persönlichen Interessen hintan.

Nach einer weiteren Analyse der amerikanischen Spielweise und unserer Zielsetzung bleibe ich bei Rodax, Polster und Ogris. Die Sturmspitzen müssen sich nun mehr bewegen als in den beiden bisherigen Spielen zusammen. Der Eindruck, wir hätten nicht unser letztes gegeben, darf nicht mehr entstehen. Eine der drei Sturmspitzen soll sich zurückfallen lassen, um die Amerikaner herauszulocken.

0:1 gegen Italien und 0:1 gegen die ČSFR ist noch lange kein Grund, die Köpfe hängen zu lassen. Zum ersten Mal gehen wir als die eindeutig bessere Mannschaft ins Spiel. Und daraus müssen wir Kapital schlagen.

Ein Telegramm des Bundeskanzlers
Geht's wirklich um meinen Kopf?

Am Spieltag erhalte ich ein Telegramm des Bundeskanzlers, das sich wohltuend von dem unterscheidet, was wir in den letzten Tagen zu hören und zu lesen bekommen haben:

Lieber Herr Hickersberger,

viel Glück und Erfolg für das heutige Spiel wünsche ich Ihnen und der Mannschaft von ganzem Herzen. Schwierig heißt nicht hoffnungslos, jedes Risiko ist auch eine Chance. Laßt Euch nicht von denen beeindrucken, die Euch nur dann gut kennen und Eure strahlende Nähe suchen, wenn ihr gewinnt. Laßt den Kampf um jeden Ball zu einer Antwort an die Nörgler in schlechten Zeiten und an die Anbiederer in guten Zeiten werden. Alles Gute und beste Grüße an Sie und die ganze Mannschaft, Ihr Franz Vranitzky.

Aus diesen Zeilen sprach nicht der Bundeskanzler, sondern der Mensch und Sportler Vranitzky. Ich las dieses Telegramm mehrmals und verkraftete so auch manche Schlagzeile in den österreichischen Zeitungen. Da hieß es zum Beispiel, es ginge heute nicht nur um Millionen, sondern auch um die Ehre und den Kopf des Teamchefs.

Auf der Fahrt zum Stadion sehen wir die zweite Hälfte von Deutschland gegen Kolumbien. Noch immer 0:0. Das ist nicht die richtige Einstimmung auf das Match. Und weil auch der Empfang schlecht ist, lasse ich das Gerät abschalten. Plötzlich sagt Herzog: „Deutschland führt 1:0!" Wir drehen wieder auf, sehen aber keine Wiederholung eines Tores. Herzog hatte im Radio mitgehört. Und jetzt sagt's auch der Kommentator: „Uno Zero". Das erhöht unsere Aufstiegschancen. Doch dann verliert Völler den Ball in der gegnerischen Hälfte, Valderrama spielt mit einem Paß die ganze deutsche Abwehr aus, Illgner kommt so komisch aus dem Tor, und Rincon schießt ihm durch die Beine – 1:1. Um eine Hoffnung ärmer. Abdrehen, abschalten!

Gleich zu Beginn eine Chance für die USA
Peter Artner wird ausgeschlossen

Das Spiel gegen die USA in Florenz beginnt wie die anderen österreichischen zuvor. Vermes kommt in der 3. Minute allein vor unser Tor. Gott sei Dank, drüber! Schon bald ist zu merken, daß meine Spieler kämpfen, obwohl spielerisch nicht viel läuft. Der erste Torschuß kommt von Pecl, Meola hält. Manfred Zsak erhält vom syrischen Schiedsrichter Al-Sharif die Gelbe Karte. Wofür eigentlich? Die Variante mit drei Stürmern funktioniert nicht. Selbst Ogris, der in Form ist, kommt nicht zur Geltung. Aber jetzt einen Mittelfeldspieler statt eines Stürmers bringen? Wenn das schief geht, zerreißen sie mich in der Luft.

Der Schiedsrichter verteilt Gelbe Karten. An Caliguri für ein Foul an Herzog, an Banks für ein Foul an Ogris, an Pecl für ein Foul an Murray. Artner findet zu seinem Spiel, gewinnt Zweikämpfe. Aber da kommt er zu einer Attacke gegen Vermes zu spät und trifft den Gegner. Es sah schlimm aus. Hoffentlich nur

Es ist nicht möglich, bei der Pressekonferenz unsere Enttäuschung zu verbergen. Das Telegramm von Bundeskanzler Vranitzky ist eine Wohltat – vielleicht schaffen wir es noch gegen die USA.

Gelb! Es ist ja nichts passiert. Aber der Syrer zieht die Rote Karte. Ich lasse Schöttel aufwärmen. Nur ein automatischer Befehl. Wir müssen mit zehn Mann gewinnen. Wie stelle ich um? Einen Sololauf schließt Herzog zu schwach ab. Gelbe Karte für Murray wegen eines Fouls an Aigner? Die wievielte eigentlich? Der Schiedsrichter verliert völlig das Augenmaß.

Noch vor der Pause vergibt Herzog nach einem neuerlichen Solo das 0:1. In der Pause lasse ich alle Ersatzspieler aufwärmen. Doch schon auf dem Weg in die Kabine weiß ich, daß ich Polster aus der Mannschaft nehme. Ich spekuliere, daß die Amerikaner nach der Pause gegen zehn Österreicher auf Angriff spielen werden. Wir können vielleicht kontern. Also mit Ogris und Rodax. Reisinger kommt statt Polster und spielt linken Verteidiger, Streiter geht nach rechts. So könnte es funktionieren. Aber nur wenn die Amerikaner angreifen.

Bald nach der Pause wird klar, daß sich die Amerikaner nicht mit einem Remis zufriedengeben, sondern die Chance auf einen Sieg wahrnehmen wollen. Sie greifen an. Wir kontern. Einer über Ogris. Windischmann kann ihm nicht folgen. Nur noch Meola. „Bitte, bitte, bitte..." Wunderbar gemacht. 1:0 für Österreich in der 50. Minute. Wir sind wenigstens nicht mehr die einzige Mannschaft ohne Torerfolg. Immerhin etwas. Streiter bewährt sich auf der rechten Seite, treibt den Ball nach vorne, Querpaß zu Rodax – 2:0 in der 62. Minute. Jetzt bin ich mir sicher – wir gewinnen. Rodax hat eine Chance zum 3:0 nach einem Solo von Herzog und klugem Paß zurück. Mit dem linken Fuß schießt er drüber. Wir brauchen jeden Treffer wie einen Bissen Brot. Nur nicht leichtfertig Chancen vergeben. Jetzt, wo wir plötzlich da sind!

Der Schiedsrichter greift nach wie vor fleißig nach der Gelben Karte. Die Amerikaner geben nicht auf, greifen unverdrossen an. Bei uns merkt man den Kräfteverschleiß. Murray kommt zum Schuß, zwischen den Beinen von Aigner und Lindenberger, der den Ball gar nicht gesehen hat, geht der Ball ins Tor – nur noch 1:2. Lindenberger bekommt die Gelbe Karte. Er reklamiert, weil er von dem Tor genauso irritiert ist wie wir alle. Noch sieben Minuten. Die Amerikaner sind gefährlich, wir angeschlagen.

Der Schlußpfiff erlöst uns. Wir freuen uns, obwohl wir einen höheren Sieg gebraucht hätten. Aber wir haben mit zehn Mann gewonnen, und elf Italiener haben schließlich die Amerikaner auch nur mit einem Tor Differenz geschlagen. Kehrt vielleicht doch noch das Glück zu uns zurück? Vielleicht erhalten wir jetzt die Chance, zu zeigen, daß wir besser sind als wir bisher in Italien gespielt haben?

Die Italiener feiern weiter
Ein neues Stürmerduo geboren

Zur gleichen Zeit feierte Italien einen 2:0 (1:0)-Sieg im Olympia-Stadion in Rom gegen die ČSFR. Für die Spieler von Azeglio Vicini ging es vor allem darum, durch einen Sieg in der Gruppe A weiter in Rom bleiben und Deutschland bis zum Finale ausweichen zu können. Die 73.000 Zuschauer bildeten wieder eine gewaltige Kulisse, vor der auch die routinierteren Tschechoslowaken in die Knie gingen. Erst nach der Pause fand die ČSFR zu ihrem Spiel, obwohl der gesperrte Kubik und die Verletzten Kocian und Straka fehlten. Ein reguläres Kopftor von Griga wurde beim Stande von 1:0 für Italien in der 68. Minute von dem französischen Schiedsrichter Quiniou nicht anerkannt. Die Italiener haben eben alle Unterstützung.

Gefeiert wurde nachher die Geburt eines neuen Stürmer-Duos. Toto und Baggio! Das hatte Klang in den Ohren der Italiener. Schillaci hatte für das 1:0 in der 9. Minute gesorgt, als er nach einem Eckball einen Schuß von Giannini per Kopf verlängerte. Und Baggio gelang ein Kunststück von einem Tor, nach Doppelpaß mit Giannini und einem Solo an drei Gegnern vorbei! Elegant schlenzte er den Ball von links mit dem rechten Fuß ins Tor (78. Minute).

Auf Trainer Vicini kam ein Problem zu: Baggio und Schillaci waren nicht seine erste Wahl und wurden ihm von der Presse aufgedrängt.

Die österreichische Mannschaft gegen die USA: (v. l.) Artner, Ogris, Rodax, Aigner, Zsak, Streiter, Pfeffer, Herzog, Pecl, Lindenberger, Polster. Andi Ogris durchbricht mit seinem 1:0 die österreichische Torsperre.

Meine und unsere Fehler
Nicht zu jung, aber zu unerfahren

Österreichs Ausscheiden in der Vorrunde bedeutete für mich die größte Enttäuschung meiner Trainer-Laufbahn. Das endgültige „Aus" traf mich noch härter als das volle Mißtrauen, das mir bei meiner Bestellung zum ÖFB-Teamchef entgegengebracht worden war. Obwohl mir immer wieder vorgeworfen wird, in der Einschätzung der Chancen der eigenen Mannschaft zu realistisch und damit zuwenig optimistisch zu sein, hatte ich fest mit dem Achtelfinale kalkuliert und auf das Viertelfinale spekuliert. Ja, ich habe der Mannschaft auf Grund echter Klasseleistungen in den Vorbereitungsspielen sehr viel zugetraut. Einen solchen Absturz hatte ich für ausgeschlossen gehalten.

Ich wäre heute auch zufriedener, wäre sie mit den selben Resultaten nach hervorragenden Leistungen ausgeschieden. Das Bittere an unseren Vorstellungen bei der Endrunde war, daß wir verloren, weil wir versagten. Wir machten Fehler, die in der Summe die Ursache für das frühe Ausscheiden waren. Ich nehme mich dabei selbst nicht aus, kann aber auch die Spieler nicht freisprechen.

Um gleich mit meinen Fehlern zu beginnen. Es war sicher unklug, in den Länderspielen im Frühjahr zuwenig den Ernstfall der Weltmeisterschaft zu proben. Obwohl bei der Weltmeisterschaft nur der Wechsel von zwei Spielern erlaubt ist, nahm ich zumeist vier Spielerwechsel vor. Die eingewechselten Spieler erzielten die entscheidenden Tore. Rodax gegen Spanien, Ogris und Keglevits gegen Ungarn, Zsak und Pfeffer gegen Holland. Ich schöpfte alle Mittel aus und erreichte Erfolge, die auf diese Art bei einer Weltmeisterschaft unmöglich sind.

Auch die Planung der Vorbereitungsspiele erwies sich im nachhinein als ungünstig. Wir spielten zuerst zweimal auswärts, in Kairo und Malaga, und dann dreimal zu Hause. Statt des Heimspiels gegen Argentinien wäre es wahrscheinlich besser gewesen, auswärts gegen einen starken Gegner anzutreten. Schließlich fand ja die Weltmeisterschaft in Italien statt, und unser erstes Match war ein Auswärtsspiel schwierigsten Grades. Gegen den Gastgeber der Endrunde in Rom! Eine Niederlage gegen einen renommierten Gegner im Ausland hätte uns sogar mehr genützt als das 1:1 daheim gegen den Titelverteidiger und heurigen Vizeweltmeister.

Ich habe absichtlich starke Gegner für die letzten Tests vor der Endrunde ausgewählt. Die Mannschaft sollte nach der Qualifikation mit dem zu erwartenden Standard des Weltfußballs konfrontiert werden. Durch den Heimvorteil reduzierte ich den Schwierigkeitsgrad und trug damit zur Täuschung bei. Allerdings rechnete ich auch nicht mit der Bilanz von 3 Siegen und 2 Unentschieden. Sie zog eine Euphorie nach sich, die bei den Spielern die Befürchtung aufkommen ließ, in Italien den großen Erwartungen nicht gerecht werden zu können.

Diese Angst hemmte dann die Spieler. Sie waren keinesfalls zuwenig motiviert, sondern zu sehr belastet. Sie spielten mit angezogener Handbremse. Wären sie als unterschätzter Außenseiter zur Weltmeisterschaft gekommen, als eine Mannschaft, die nichts zu verlieren gehabt hätte, sie hätten leichter über sich hinauswachsen können. Etwa so wie in den Vorbereitungsspielen. So aber wollten sie zuviel und erstickten mit zuviel Ehrgeiz und Nervosität ihre Fähigkeiten.

Nach den Spielen ist man stets klüger als vorher. Und nach den Matches muß ich auch zugeben, daß sich von mir begründete Maßnahmen als falsch erwiesen. Besonders eklatant stellte sich das beim Spiel gegen die ČSFR heraus. Die Aufstellung von Toni Pfeffer anstelle von Michael Streiter brachte die Mannschaft durcheinander. Der Rückpaß war so auch die Folge eines Fehlpasses von mir.

Die Planung des Trainings hingegen stimmte. Wir gingen gegen Italien neunzig Minuten lang ein hohes Tempo. Wir besiegten in einer psychologisch schwierigen Situation die Amerikaner mit zehn

Mann. An der konditionellen Verfassung der Mannschaft war wenig auszusetzen. Wenn dennoch Spieler klagten, sie hätten sich müde gefühlt, so kam diese Müdigkeit vom Kopf und nicht vom Körper. Solange sich Erfolge einstellen, solange werden auch die Trainingsinhalte akzeptiert. Im Falle des Mißerfolges sucht man nach Ausreden und findet sie am leichtesten beim Trainer. So erklärte ich mir auch die Kritik, die Toni Polster nach dem Scheitern in italienischen Zeitungen an meinem Training geübt hat.

Natürlich konnte ich die Belastungen, die notwendig waren, den Spielern nicht im Schlaf und in Tablettenform verabreichen. Ich hielt mich bei unseren Vorbereitungen genau an die wissenschaftlichen Erkenntnisse, die auch die Deutschen anwandten. Schließlich galt es, den Ausnahmefall zu meistern. Spieler, die von einer Saison verbraucht waren, mußten gleichsam in die Verlängerung.

Nachdenklich stimmte mich die Tatsache, daß wir in den letzten Länderspielen vor der WM von Beginn an voll da waren, bei der Endrunde selbst aber vor der Pause stets schwächer waren als nach Seitenwechsel. Da kann ich nur Vermutungen anstellen. Das FIFA-Reglement sah vor, daß das Aufwärmtraining 25 Minuten vor Spielbeginn beendet sein müsse. Die Italiener umgingen diese Vorschrift. Einige Spieler liefen sich in dem Gang vor den Kabinen warm und verzichteten sogar auf die Vorbereitungen auf dem Spielfeld.

Möglich, daß unser übliches Programm an Wirkung verlor. Auf dem Spiel Fünf gegen Fünf basierten unsere Blitzstarts gegen die DDR, Argentinien und Holland. Durch das große Intervall bis zum Spielbeginn kann der Effekt verloren gegangen sein.

Der Vorwurf, wir wären mit einer zu jungen Mannschaft nach Italien gefahren, ist haltlos. Zwar stellten wir die zweitjüngste Mannschaft aller Endrundenteilnehmer. Meine Spieler waren nicht zu jung, sondern nur zu unerfahren. Einzig Tormann Klaus Lindenberger hat bereits die Atmosphäre einer Endrunde erlebt. Er war dritter Tormann 1982 in Spanien. Alle anderen betraten völliges Neuland. Jene Mannschaft, die 1978 nach zwanzig Jahren wieder die Qualifikation für Argentinien geschafft hatte, hatte in dieser Hinsicht einen Riesenvorsprung, da ihr mehr Spieler mit internationaler Erfahrung angehörten.

In allen Spielen machte sich auch das Fehlen eines Führungsspielers bemerkbar. In allen anderen Top-Mannschaften standen solche Persönlichkeiten, die in kritischen Situationen die Initiative ergriffen und Halt gaben. Toni Polster konnte dieser Aufgabe wegen seines Formtiefs nicht gerecht werden. Manfred Linzmaier wurde schon im ersten Spiel verletzt, und Tormann Lindenbergers Einfluß ist von seiner Position her beschränkt.

Formtiefs und Verletzungen einzelner Spieler hatten gravierende Folgen. So geriet der „Millionensturm“ Toni Polster und Gerhard Rodax in eine Krise. Polster konnte an seine überragenden Leistungen, die er acht Monate hindurch beim FC Sevilla und in der Nationalmannschaft erbracht hatte, plötzlich nicht mehr anschließen. Die vierzehn Tage Pause seit dem Ende der spanischen Meisterschaft haben ihm mehr geschadet als genützt. Seine Hochzeit und der damit verbundene Rummel beanspruchten und verbrauchten ihn.

Bei Gerhard Rodax schadete das Tauziehen um seinen Millionentransfer zu Atletico Madrid. Dieser Wechsel bekam eine derartige Eigendynamik, daß alle die Kontrolle darüber verloren. Auch ich. Aber wie hätte ich da eingreifen sollen? Schließlich ging es um die Zukunft eines Spielers, dem eine wohl einmalige Chance geboten wurde.

Geschadet hat uns besonders der Ausfall von Manfred Linzmaier. Er erhielt für seine Leistung im Italien-Spiel von der italienischen Presse Höchstnoten, die ihn sogar noch nach unserem Ausscheiden im All-Star-Team aufscheinen ließen. Allein, uns stand er nicht mehr zur Verfügung.

Kurt Ruß, der von seiner ausgezeichneten Fitneß lebt, mußte in der Pause des ČSFR-Spiels w. o. geben. Und Christian Keglevits fiel mit seiner alten

Muskelverletzung, die vor dem ČSFR-Spiel wieder akut wurde, vollkommen aus. Alle drei Verletzungen betrafen die rechte Flanke unseres Teams und zwangen zu Umstellungen, die das gesamte Gefüge der Mannschaft störten.

Die Reihenfolge der Spiele benachteiligte uns gegenüber unserem schärfsten Rivalen. Während die Tschechoslowaken mit dem 5:1-Sieg über eine zu optimistische und deshalb zu offensiv eingestellte amerikanische Mannschaft gleich im ersten Spiel die Basis zum Aufstieg legte, gerieten wir durch die erste Niederlage nach einer langen Erfolgsserie unter Zugzwang im Schlüsselspiel um den Aufstieg.

Es fehlte uns in Italien letztlich auch das Spielglück, das uns in unseren Vorbereitungsspielen begleitet hatte. Es ergab sich nicht einmal die glückliche Konstellation eines schnellen Führungstors wie etwa gegen Argentinien und Holland. Auch wurde unser Team auf Grund seiner Erfolge im Frühjahr ernst genommen. Unsere Gegner hätten sich wahrscheinlich nicht so intensiv um unsere Stärken und Schwächen gekümmert, wären wir als Verlierer nach Italien gekommen.

Bei all diesen Überlegungen darf man aber eines nicht vergessen. Wir sind an großen Mannschaften dieser Endrunde gescheitert. Italien holte dreizehn Punkte aus sieben Spielen und schied erst im Semifinale im Elfmeterschießen aus.

Der Gastgeber hätte mit einigem Glück auch Weltmeister werden können und wäre ein würdiger Titelgewinner gewesen.

Die ČSFR scheiterte erst im Viertelfinale mit 0:1 an der besten Turniermannschaft und dem späteren Weltmeister Deutschland.

Es gehört wohl zu den Regeln des sportlichen Anstandes, eines zuletzt klar festzustellen, auch wenn es schmerzt: Die anderen waren einfach besser und wir nicht gut genug.

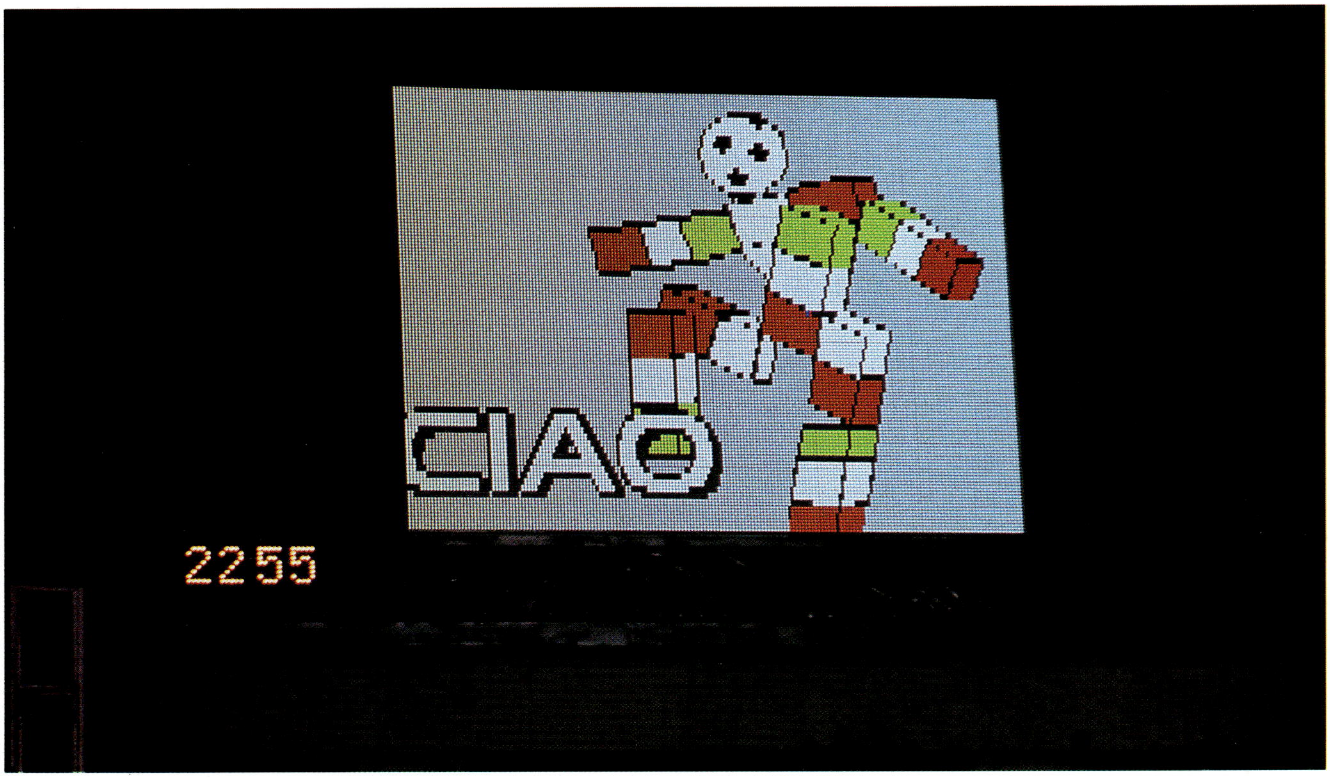

Österreich – USA:
Peter Artner sieht Rot (o. l.),
Rodax jubelt nach dem 2:0,
der Schiedsrichter ist mitten drin.

Die Qualifikation war der Erfolg . . .
Und jetzt in der Europameisterschaft!

Gruppe 3

1. Sowjetunion	8	4	3	1	11: 4	11
2. Österreich		8	3	3	9: 9	9
3. Türkei	8	3	1	4	12:10	7
4. DDR	8	3	1	4	9:13	7
5. Island	8	1	4	3	6:11	6

31. 8. 1988 (Reykjavik)
Island – Sowjetunion 1:1 (1:0)

12. 10. 1988 (Istanbul)
Türkei – Island 1:1 (0:0)

19. 10. 1988 (Kiew)
Sowjetunion – Österreich 2:0 (0:0)
103.000 Zus.
SR Larsson/SWE

URS: Dassajew; Sygmantowitsch, Chidijatullin, Demjanenko, Alejnikow, Litowtschenko, Michailitschenko, Sawarow, Rats, Iwanauskas (46'/Gorlukowitsch), Protassow (82'/Sawitschew).

AUT: Lindenberger; H. Weber; Russ, Pfeffer, Degeorgi, Artner; Zsak, Willfurth, Hörmann (63'/Herzog), Keglevits, Polster.

Tore: 1:0 (46') Michailitschenko, 2:0 (68') Sawarow.

19. 10. 1988 (Berlin)
DDR – Island 2:0 (1:0)

2. 11. 1988 (Wien)
Österreich – Türkei 3:2 (2:0)
25.000 Zus.
SR Lanese/ITA

AUT: Lindenberger; H. Weber; Artner, Pfeffer, Willfurth (55'/Pacult), Prohaska, Russ, Herzog (68'/Glatzmayer), Degeorgi, A. Ogris, Polster.

TUR: Fatih Uraz; Recep Cetin, Cüneyt Tanman, Gökhan Gedikali (59'/Savas Koc), Semih Yuvakuran, Mustafa Yucedag, Oguz Cetin, Unal Karaman, Gökhan Keskin, Ridvan Dilman, Feyyaz Ucar (68'/Tanju Colak).

Tore: 1:0 (38') Polster, 2:0 (42') Herzog, 3:0 (54') Herzog, 3:1 (61') Feyyaz Ucar, 3:2 (81') Tanju Colak.

30. 11. 1988 (Istanbul)
Türkei – DDR 3:1 (1:0)
12. 4. 1989 (Magdeburg)
DDR – Türkei 0:2 (0:1)
26. 4. 1989 (Kiew)
Sowjetunion – DDR 3:0 (3:0)
10. 5. 1989 (Istanbul)
Türkei – Sowjetunion 0:1 (0:1)
17. 5. 1989 (Leipzig)
DDR – Österreich 1:1 (0:1)
22.000 Zus.
SR Costatin/BEL

DDR: Weissflog; Kreer, Stahmann, Trautmann (46'/Doll), Lindner, Rohde, Stübner, Steinmann, Kirsten, Sammer (68'/Weidemann), Thom.

AUT: Lindenberger; H. Weber; Russ, Pecl, Pfeffer; Rodax (67'/A. Ogris), Prohaska, Zsak, Herzog (60'/Stöger), Artner; Polster.

Tore: 0:1 (3') Polster, 1:1 (87') Kirsten

31. 5. 1989 (Moskau)
Sowjetunion – Island 1:1 (0:0)
14. 6. 1989 (Reykjavik)
Island – Österreich 0:0
10.700 Zus.
SR King/WAL

ISL: Sigurdsson; Edvaldsson, Bergsson, Sigurdur Jonsson, Thordasson, Gislasson (62'/Thorkelsson), Arnthorsson, Sävar Jonsson, Sigurvinsson, Gudmundur Torfasson, Gretarsson.

AUT: Lindenberger; H. Weber; Pecl, Pfeffer; Russ, Zsak, Prohaska, Hörtnagl (35'/Herzog), Artner; Rodax (46'/A. Ogris),-Polster.

23. 8. 1989 (Salzburg)
Österreich – Island 2:1 (0:0)
16.200 Zus.
SR Mikkelsen/DEN

AUT: Lindenberger; H. Weber; Pfeffer, Pecl (30'/Streiter), Russ, Linzmaier, Zsak, Herzog (58'/Hörtnagl); A. Ogris, Rodax, Pfeifenberger.

ISL: Sigurdsson; Bergsson, Thordasson, Sävar Jonsson, Mar Jonsson, Gislasson, Margeirsson (80'/Omar Torfasson), Arnthorsson, Sigurdur Jonsson (70'/Kristinsson), Gudmundur Torfasson, Gretarsson.

Tore: 1:0 (49') Pfeifenberger, 1:1 (50') Margeirsson, 2:1 (62') Zsak.

6. 9. 1989 (Reykjavik)
Island – DDR 0 3 (0:0)
6. 9. 1989 (Wien)
Österreich – Sowjetunion 0:0
59.100 Zus.
SR Hackett/ENG

AUT: Lindenberger; H. Weber; Russ, Pfeffer, Streiter; Linzmaier, Artner, Zsak, Herzog (78'/Hörtnagl); A. Ogris (66'/Rodax), Polster.

URS: Tschanow; Bessonow, Chidijatullin, Kusnezow, Gorlukowitsch, Litowtschenko, Sawarow, Michailitschenko, Dobrowolski, Tscherenkow (79'/Alejnikow), Protassow.

20. 9. 1989 (Reykjavik)
Island – Türkei 2:1 (0:0)
8. 10. 1989 (Karl-Marx-Stadt)
DDR – Sowjetunion 2:1 (0:0)
25. 10. 1989 (Istanbul)
Türkei – Österreich 3:0 (1:0)
40.000 Zus.
SR Marko/TCH

TUR: Engin Ipekoglu; Gökhan Keskin, Riza Calimbay, Cüneyt Tanman, Semih Yuvakuran, Unal Karaman, Mustafa Yucedag, Ugur Tutuneker (82'/Tanju Colak), Oguz Cetin, Ridvan Dilmen, Feyyaz Ucar (86'/Metin Tekin).

AUT: Lindenberger; H. Weber; Russ, Pfeffer, Artner (46'/Rodax); Linzmaier, Zsak, Herzog (57'/Glatzmayer), Streiter; A. Ogris, Polster.

Tore: 1:0 (15') Ridvan Dilman, 2:0 (54') Ridvan Dilman, 3:0 (62') Feyyaz Ucar.

15. 11. 1989 (Simferopol)
Sowjetunion – Türkei 2:0 (0:0)
15. 11. 1989 (Wien)
Österreich – DDR 3:0 (2:0)
57.000 Zis.
SR Werner/POL

AUT: Lindenberger; Aigner; Pecl, Pfeffer; Artner, Keglevits, Zsak, Linzmaier, Hörtnagl; Polster, A. Ogris (75'/Herzog (82'/Pfeifenberger)).

DDR: Heyne; Stahmann; Schössler, Lindner, Döschner (42'/Doll); Kreer, Steinmann, Stübner, Sammer (79'/Weidemann); Kirsten, Thom.

Tore: 1:0 (2') Polster, 2:0 (22') Polster/Elfmeter, 3:0 (61') Polster.
Rote Karte: Kreer (75')

Fotos im 2. und 3. Kapitel:
Votava, Wien: 17, 37, 39 oben, 49, 50,51,59.
SPORTMAGAZIN/Roman Zach-Kiesling: 20, 22, 28, 31, 32, 34, 38, 39 unten, 41, 47 unten, 53, 55 o. l., unten, 57, 62, 63 o. r., unten.
Bongarts: 42, 43, 47 oben, 63 o. l.

Vorrunde allgemein ohne Österreich

adidas
Canon
PHILIPS

Die Eröffnung
Mode, Musik und keine Worte

Die 14. Fußball-Weltmeisterschaft war seit geraumer Zeit in aller Munde. Viele, die sonst kein besonderes Interesse am Fußball zeigen, hatten diesmal Feuer gefangen. In Österreich hatten nicht zuletzt die Erfolge in den Vorbereitungsspielen die Erwartungen angeheizt. Länger als je zuvor lief der Countdown. Kommerzialisierter als je zuvor. Der Erdball schrumpfte zum Fußball. Noch nie saßen bei einer WM-Eröffnung soviele Menschen vor den Fernsehgeräten – nach manchen Schätzungen über eine Milliarde. Die 65.000, die tatsächlich ins San-Siro-Stadion von Mailand, das heute Meazza-Stadion heißt, gekommen waren, waren bei dieser Vorstellung eine winzige Minderheit, die für das erwartete Monsterspektakel die stimmgewaltige Kulisse abgaben.

Als dann die Lederkugel, die längst aus Kunststoff erzeugt wird, in der Signation der italienischen Fernsehanstalt RAI die Erde umkreiste wie ein Planet die Sonne, da stand die Welt total im Anziehungsfeld dieses die Völker verbindenden Spieles auf zwei Tore. Die Inszenierung der Eröffnungsshow im Stadion von Mailand wirkte nicht so pathetisch und hochtrabend, aber doch symbolträchtig und einfach freundlich.

Mitten auf dem Fußballfeld des saftig grünen Rasens des Meazza-Stadions ruhte friedlich ein riesiger Heißluftballon mit dem Banner „Italia '90". Um ihn lagen 24 überdimensionale Fußbälle in den Nationalfarben der 24 Endrundenteilnehmer. Der rot-weiß-rote für Österreich lag im Respektabstand zum Mittelpunkt, als wollte er die Außenseiterrolle Österreichs bei diesem Weltfest des Fußballs klarmachen. Die italienischen Popstars Gianna Nannini und Eduardo Bennato stimmten den WM-Schlager „Un

Estate Italiana" an, „Ein italienischer Sommer", und gleichzeitig strömten 200 Turnerinnen in grellen Stretchanzügen, die aussahen, als wären sie von der amerikanischen Wunder-Sprinterin Florence Griffith-Joyner entworfen worden, auf das Spielfeld und führten gleichsam die Teilnehmer dieser Weltmeisterschaft zusammen.

Italien '90 – die Eröffnung war ein Fest, bei dem die Italiener in wohltuender Weise auf folkloristische Überbetonung und penetrante Selbstdarstellung verzichteten. Einzig Musik und Mode, die konnten und durften in Bella Italia nicht fehlen. Unter dem Motto „Magische Nächte" verwandelten die italienischen Modeschöpfer Valentino, Missoni, Mila Schoen und Giancarlo Ferre das renovierte Stadion in einen Laufsteg für 300 Mannequin-Beine, die auf die 65.000 Zuschauer mindestens so reizvoll wirkten wie anschließend die Waden der Fußballer aus Argentinien und Kamerun.

Die vier Designer stellten mit ihren Entwürfen die vier Kontinente dar, aus denen Mannschaften zu dieser Endrunde nach Italien gekommen waren. Valentino Garravani wählte ein rassiges Rot für Amerika. Europa war Gianfranco Ferre anvertraut: Grün-Kombinationen in breiten, teils durchsichtigen Streifen, die mehr von den Mannequins enthüllten als sie verdeckten. Die Familie Missoni ließ für Afrika dunkelhäutige Models mit Phantasiefrisuren in weit fallenden, anschmiegsamen Zebra-Tüchern aufmarschieren, und für Asien variierte Mila Schoen Gelbtöne von Pastell bis Gold. Exotik und Erotik tänzelten geschmeidig und beeindruckten, wo sonst Stollen von Fußballschuhen Eindrücke im Rasen hinterlassen.

Da wäre so mancher gerne die Nummer eins bei einem der 150 Models gewesen. Aber „To be the number one" des Starkomponisten Giorgio Moroder war wohl nicht so gemeint, sondern wurde als offizielle Hymne dieser Fußball-Weltmeisterschaft mit

stolzem Unterton auf das Veranstalterland und seine Nationalmannschaft gespielt. Dirigent Riccardo Muti sorgte dann mit Chor und Orchester der Mailänder Scala für den klassischen Höhepunkt der musikalischen Eröffnung. Die vom Fußball Gefesselten lauschten andächtig dem „Gefangenen-Chor" aus Giuseppe Verdis „Nabucco", ehe sie für vier Wochen ihr Gegröle anstimmten.

Nach rund 20 Minuten war die Ouvertüre zur 14. Fußball-Weltmeisterschaft vorbei. Sie war so kurz und einfach, daß es wohl auch den Honoratioren der Eröffnung die Rede verschlug. Italiens Staatspräsident Francesco Cossiga fühlte sich übermüdet und verzichtete auf die ihm zugedachte Eröffnungsrede. Seinem Beispiel folgten der Präsident des Internationalen Fußballverbandes, Joao Havelange, und der Präsident des Italienischen Fußballverbandes, Antonio Matarrese. Und so blieb der Anpfiff des französischen Schiedsrichters Michel Vautrot zum Spiel Argentinien – Kamerun das einzige Startsignal der 14. Fußball-Weltmeisterschaft, der ersten, die nicht offiziell eröffnet wurde.

So manchem Fernsehkommentator mag es da die Rede verschlagen haben, als die Stadionmikrophone still blieben, als wären sie durch ein technisches Gebrechen ausgefallen. Es blieb nicht die einzige Panne dieser Eröffnung. Als sich die Riesenbälle wie Margeriten öffneten und Hunderte kleiner Luftballons daraus zum Himmel stiegen, da entfaltete sich die Fahne „Italia '90" unter dem Heißluftballon nicht. Auch das hatte ungewollten Symbolcharakter. Italia '90 blieb, was das Eröffnungsspektakel anlangt, auf dem Boden. Richtungweisend für künftige sportliche Monsterveranstaltungen.

Das Eröffnungsspiel
Diego Maradonas Fehlstart

Der Fußball kam also in Italien ohne Eröffnungsansprachen zu Wort. Und das sogleich mit einer Riesenüberraschung: Kamerun schlug den regierenden Fußball-Weltmeister Argentinien mit 1:0 (0:0). Für die Argentinier an und für sich nichts Neues, hatten sie doch auch 1982 als Titelverteidiger in Spanien die Eröffnungspartie in Barcelona gegen Belgien mit 0:1 verloren.

Würde die WM in seinem Zeichen stehen? Diego Maradona (hier gegen Kamerun).

Der 29jährige Diego Maradona, dem alle zugetraut hatten, der Superstar dieser Endrunde zu werden, hatte zunächst seinen großen Auftritt nur vor dem Spiel. Da angelte er sich wie ein nach Fußball Ausgehungerter einen Ball und behandelte ihn wie ein Zauberer. Schaut her, hier bin ich, ich, der mit dem Ball alles machen kann. Mit allen Körperteilen streichelte er den Ball, und der gehorchte ihm wie keinem anderen. Diego Maradona, der Dompteur des Fußballs.

Allein – die wilden Männer aus Afrika konnte dann auch der weltbeste Fußballer nicht zähmen, ja mitunter wurde er selbst zu ihrem Spielball, mit dem sie weit weniger liebevoll umgingen als er mit dem Leder bei seinem Solo. Sein Bewacher Benjamin Massing bekam zwar schon in der 10. Minute die gelbe Karte gezeigt und wurde in der 88. Minute nach einem Foul an Claudio Caniggia sogar ausgeschlossen. Für Maradona war das aber ein schwacher Trost für seine und Argentiniens enttäuschende Leistung.

Die Afrikaner signalisierten mit ihrer unbekümmerten Spielweise, fernab von den Zwängen und Fesseln, die sich der sogenannte hochentwickelte Fußball der Großen angelegt hat, daß die Exoten in der 24er-Gesellschaft von Italia '90 unterschätzt worden waren. Sie konnten, anders als der Weltmeister, noch mit Freude spielen, unverbraucht von den Degenerationserscheinungen des Industriefußballs. Zuerst feierten sie Teilerfolge, wie einen schönen Haken, einen gelungenen Paß oder eine der glänzenden Abwehrreaktionen ihres 35jährigen Tormanns Thomas Nkono, der schon bei der WM 1982 in Spanien geglänzt hatte und dann gleich bei Espanol Barcelona geblieben war. Gegenseitig schaukelten sie sich auf und kamen so schließlich zum Torerfolg und zum Sensationssieg.

Das Publikum spürte die Spielfreude des Außenseiters und ging mit fliegenden Fahnen ins Lager der Mannschaft aus Kamerun über. Das fiel den Norditalienern um so leichter, weil für sie der „Sizilianer" Maradona als Repräsentant des Meisters Neapel, der obendrein noch die zugunsten Italiens „manipulierte

Auslosung“ kritisiert hatte, ohnehin ein Feindbild darstellte. Fast jede Aktion Maradonas wurde mit schrillen Pfiffen begleitet, beinahe jede Aktion der Afrikaner beklatscht.

Als dann in der 61. Minute Andre Biyik Kana wegen eines Fouls an Caniggia von Schiedsrichter Michel Vautrot ausgeschlossen wurde, gehörten endgültig alle Sympathien dem Außenseiter. Das Publikum hatte einen feinen Sinn dafür, daß mit diesem Ausschluß mehr der strengen Regelauslegung, wie sie FIFA-Präsident Joao Havelange gefordert hatte, Respekt gezollt als Gerechtigkeit geübt werden sollte.

Sie betrachteten den „Sünder“ als billiges Opfer, das zu Unrecht ausgeschlossen wurde. Um so enthusiastischer feierten sie fünf Minuten später das 1:0 für Kamerun. Von der linken Seite flog der Ball in den Strafraum, der Argentinier Nestor Lorenzo mit der Nummer 13 wollte klären, und François Oman Biyik erzielte mit einem scheinbar ungeschickten Kopfball das Tor gegen einen tatsächlich ungeschickt wirkenden Tormann Nery Pumpido.

Eine größere Schmach hätte der Titelverteidiger nicht erleiden können. Er wurde von nur neun und zuletzt sogar acht Feldspielern aus Afrika geschlagen. Die tiefere Ursache für die Niederlage lag wohl darin, daß der Weltmeister sich weder auf die Aufgabe noch auf die völlig ungewohnte Spielweise Kameruns einstellen konnte. Wie sehr der Stil der Schwarzafrikaner von der gewohnten Schablone abwich, ging auch daraus hervor, daß die Argentinier einen Spieler, Nestor Fabbri, praktisch dafür abstellen mußten, die ständigen Rückgaben zu unterbinden.

Das waren andere Dimensionen des Fußballspiels, in denen Maradona und Co. sich nicht zurechtfanden, so daß sie wohl neunzig Minuten mehr staunten als spielten.

Die „Löwen“ aus Westafrika blieben damit auch in ihrem vierten Spiel bei einer WM-Endrunde ungeschlagen. 1982 waren sie nach drei Unentschieden gegen Peru, Polen und Italien nicht weitergekommen. Ihren ersten Sieg – und das gegen Argentinien! – feierten sie überschwenglich. Obwohl der 45jährige Teamtrainer Valerij Nepomniachi aus Samarkand, Schüler des UdSSR-Trainers Valerij Lobanowski, ein Systematiker ist, haben sie von dieser sowjetischen Entwicklungshilfe in ihrem Spielstil wenig angenommen. Sie kümmern sich wenig um Taktik, sondern vertrauen ihren quasi angeborenen Stärken, die Mittelfeldspieler Thomas Cyrille Makanaky, der beim FC Toulon engagiert ist, mit einigen Sololäufen am eindrucksvollsten unterstrich.

Argentinien – Kamerun:
Oman Biyik erzielt das 0:1 für Kamerun

Die Kleinen bekamen Mut
Und Costa Rica schlug Schottland

Für die Außenseiter dieser Weltmeisterschaft war der Sieg Kameruns über Argentinien ein Signal zum Sturm auf das Establishment. Nun wollten es alle den Westafrikanern nachmachen. Die Vereinigten Arabischen Emirate ebenso wie Ägypten, Costa Rica und Südkorea. Die Fußballwelt schien in Italien für den Umsturz reif.

Costa Rica gelang dann auch der zweite Streich. Die Schotten wurden in Genua mit dem gleichen Ergebnis besiegt, mit dem Kamerun über Argentinien triumphiert hatte. Der kleine mittelamerikanische Staat mit nur 2,4 Millionen Einwohnern hatte den zweiten Fußballriesen zu Fall gebracht.

Und zwar mit einem Tor, das bestimmt als eines der schönsten dieser Weltmeisterschaft in Erinnerung bleiben wird. In der 50. Minute schlug Costa Rica die große Stunde seines ersten Tores bei einer Weltmeisterschaft. Ein Zuspiel von Hector Marchana leitete Claudio Jara mit der Ferse weiter zu Juan Aroldo Cayasso, der lässig Tormann Leighton bezwang.

Daß dieser Treffer überhaupt zustande kommen konnte, verdankt Costa Rica seinem früheren Staatspräsidenten Oscar Arias Sanchez. Der Träger des Friedensnobelpreises 1987 ermöglichte es durch eine seiner letzten „Amtshandlungen“, daß Marchena mit zur Weltmeisterschaft durfte. Der Star der Amerikaner besaß nämlich keinen Reisepaß. Er hatte ein 14jähriges Mädchen geliebt, aber nicht geheiratet, und muß Alimente zahlen. Für eine Ausreisegenehmigung benötigte er die Zustimmung des Mädchens. Die gute Carmen verweigerte dieses spezielle „Ja“-Wort, und der Staatspräsident persönlich mußte intervenieren. Er saß dann in Genua auf der Tribüne und konnte sich mit Genugtuung von der Richtigkeit seiner Entscheidung überzeugen.

Der Sieg dürfte ihn genauso überrascht haben wie den jugoslawischen Trainer Yelibor Milutinovic, der

Schottland – Costa Rica: Juan Cayasso erzielt das 0:1 für Costa Rica.

erst drei Monate vor der Endrunde die Betreuung der Nationalmannschaft übernommen hatte. Für den Fall eines Erfolges hatte er einen Fußmarsch von Genua zurück ins Trainingscamp nach Mondovi versprochen. Und auch Verbandspräsident Isaac Sasso geriet in Verlegenheit, hatte er doch pro Spieler eine Erfolgsprämie von umgerechnet 140.000 Schilling ausgesetzt.

In diesem Spiel zeigte sich wieder einmal, daß im Fußball oft die verrücktesten Methoden Erfolg haben können. So sah man den 44jährigen Milutinovic, der 1986 den Veranstalter Mexiko betreut hatte, mit Taktik-Tafel und großem Stift an der Seitenlinie. Dort zeichnete er schnell taktische Spielzüge auf und gab auf diese Art seine Instruktionen einem Austauschspieler mit.

Juan Cayasso.

Dieser Trick funktionierte offenbar besser als alle Anweisungen des anerkannten schottischen Fußballlehrers Andy Roxburgh. Seine weltbekannten Stars wie Aitken, McStay, McLeish, McInally oder Mo Johnston verrannten sich bei ihrem stürmischen Versuch, dem Schicksal Argentiniens zu entgehen. Oder sie scheiterten an Tormann Gabelo Cornejo, einer bis dato unbekannten Größe, der tags darauf von der bekannten italienischen Sportzeitung *La Gazzetta dello Sport* die Höchstnote 8 erhielt. Eine Auszeichnung, die bis dahin einzig dem Deutschen Lothar Matthäus für seine Glanzleistung gegen Jugoslawien zuteil geworden war.

Und beinahe Ägypten...
Ein 1:1 gegen die Niederlande

Der zweite afrikanische Vertreter in Italien spielte noch besser als Kamerun. Ägypten zog in Palermo gegen Fußball-Europameister Niederlande ein faszinierendes Spiel auf. Da ging mit einem Mal die Brillanz nicht von Rijkaard, Gullit oder van Basten aus, sondern von Abdelghani, Abdou El Kass oder Hossam Hassan. Mit Tricks, perfekter Ballannahme, Ballbeherrschung und läuferischer Gewandtheit stellten sie die Weltstars aus Europa in den Schatten. Der Paradestürmer Marco van Basten war bei Hesham Yakan überhaupt so gut aufgehoben, daß er gar nicht auffiel.

Wäre nicht der 33jährige Tormann Hans van Breukelen zu einer Überform aufgelaufen, die Holländer wären nicht einmal in Führung gegangen. Im Vergleich zu den herausgespielten Chancen der Ägypter sah die Situation, die in der 58. Minute zum ersten Treffer der Niederländer führte, bescheiden aus: van Basten flankte von links, Rijkaard verfehlte und der anstelle von Vanenburg ins Spiel gekommene Wim Kieft schoß aus dem Stand unter die Querlatte. Tormann Shoubeir hatte schon auf die Schußbewegung von Rijkaard reagiert.

(Oben) Brasilien – Schweden: Alemao, Verri und Campos greifen an.

(Unten) Brasilien – Schweden: Der Ballartist Alemao.

Als die holländischen Fans bereits jubelten, obwohl ihnen ihre Mannschaft wenig Grund dazu lieferte, glichen die beherzt spielenden Afrikaner doch noch aus. In der 82. Minute lieferte Hossam Hassan dem bei Barcelona spielenden Ronald Koeman ein Laufduell, bei dem der Holländer die Notbremse Leibchen ziehen mußte. Das tat er zwar noch außerhalb des Strafraums, aber der Ägypter stürzte doch noch an den Folgen – und das im Strafraum. Der spanische Schiedsrichter Soriano Aladren zeigte auf den Elfmeterpunkt. Er hatte den Tathergang wohl nicht so genau erfaßt und sinngemäß auf Elfmeter entschieden. Abdelghani verwertete mit einer Präzision, die beinahe hätte schiefgehen können.

Die Araber ohne Falken
Kolumbien war besser stimuliert

Die Asiaten bleiben hinter den Afrikanern zurück. Dabei hatten gerade die Vereinigten Arabischen Emirate von allen Exoten mit dem Spiel gegen Kolumbien die scheinbar leichteste Aufgabe zu bewältigen. Die vielen Mubaraks wirkten fußballerisch rückständig, obwohl gerade sie der Welt beweisen wollten, daß aus den geheimnisvollen Scheichtümern am Arabischen Golf dank des Erdöls ein modernes, fortschrittliches Land geworden ist, in dem auch der Sport einen hohen Standard erreicht hat. Und das von der Drogenmafia und Terrorgruppen krisengeschüttelte Kolumbien schien dafür das geeignete Demonstrationsobjekt.

Doch im Duell der Kokainmillionen gegen das schwarze Gold siegten die Südamerikaner. Sie konnten zwar nicht verbergen, daß ihr Fußballbetrieb Monate lang durch Bestechungen, Terror und sogar Mord an einem Schiedsrichter lahmgelegt gewesen war, aber sie wirkten doch motivierter als die Araber. Vielleicht lag das daran, daß die fünf Lieblingsfalken von Fußballpräsident Shik Hamdan Bin Zaid el Nehyan, dem Sohn des Staatspräsidenten, im Renato Dall Ara-Stadion von Bologna keinen Einlaß fanden?

Vereinigte Arabische Emirate – Kolumbien: Jubel über das 0:2.

Obwohl sie Ledermanschetten um die Schnäbel trugen. Die Ordner hatten für solche Glücksbringer kein Verständnis, obwohl man ihnen klarzumachen versuchte, daß die Vögel wirkliche Fußballfans seien.

Die Spieler der Emirate zeigten jedenfalls keine Krallen und beschränkten sich auf Verteidigung. An ihnen schienen die brasilianischen Trainer Mario Zagallo, mit dem die Mannschaft die Qualifikation geschafft hatte, und Carlos Alberto Parreira, der sie in Italien betreute, spurlos vorbeigegangen zu sein.

Einzig Stürmer Al Talyani, ein freigestellter Polizeileutnant, der mit dem Ausgleichstor in Singapur beim Asien-Turnier die erste Qualifikation seines Landes realisiert hatte, deutete an, daß der Fastenmonat längst vorbei war.

Die schillerndste Figur in diesem Spiel war zweifellos Kolumbiens Tormann Rene Higuita. Der 23jährige besitzt eine andere Auffassung von der Rolle des Tormanns als alle seine Kollegen. Er spielt im Feld mit, geht oft weit aus dem Tor heraus und übernimmt die Funktion eines Liberos. Dann sorgen seine Sprints zurück ins Tor für Spannung. Vielleicht gab der langmähnige Schlußmann damit neue Impulse. Gegen die Emirate sorgte er jedenfalls für Abwechslung in einem monotonen Spiel.

Der blonde Gullit, wie man Alberto Valderrama, den Mittelfeldspieler Kolumbiens nennt, blieb bis zu seinem Tor zum 2:0 in der 85. Minute viel schuldig. Für das 1:0 hatte Redin mit einem Kopfball nach einer Flanke von Alvarez in der 51. Minute gesorgt.

Auch Asiens Maradona verlor
Südkorea verteidigte nur

Asiens Maradona heißt Joo-Sung Kim und spielt für den Riesenkonzern Daewoo. Schon vor Jahren wurde man auf ihn in Österreich aufmerksam, als Ernst Happel für den FC Tirol die Fühler nach ihm ausstreckte. Der 24jährige, der nach der Weltmeister-

Im Spiel gegen Belgien konnte Südkorea den Aufstand der „Kleinen" nicht fortsetzen.

schaft bei Ajax Amsterdam landen soll, erlitt beim Start in seiner zweiten Endrunde – er war schon 1986 in Mexiko dabei – das gleiche Schicksal wie sein berühmtes argentinisches Vorbild. Er verlor. Belgien schlug Südkorea mit 2:0.

Und dabei vermochten die Asiaten nur in der Defensive zu glänzen. Vielleicht spekulierten sie darauf, daß Belgien eine bekannte Kontermannschaft ist und wollten sozusagen den Spieß umdrehen. Eine Hälfte ging das gut, doch dann setzte sich das konstruktive Spiel der Belgier durch. Degryse nach einem Paß von Scifo und ein herrlicher Weitschuß von de Wolf besiegelten das Schicksal Südkoreas.

Die Sieger der ersten Runde blieben die Afrikaner. Kamerun hatte den Weltmeister geschlagen, und Ägypten gegen den Europameister remisiert.

Die Fans aus Kamerun hatten die Fahrt nach Italien nicht zu bereuen.

Österreich ist nicht nur durch seine Nationalmannschaft vertreten. Der Salzburger Schiedsrichter Helmut Kohl, vor der WM keineswegs unumstritten, wird im Verlauf der Vorrunde zu einem der besten Referees – eine Leistung, der die FIFA auch Anerkennung zollt. (Hier im Spiel Uruguay – Spanien).

Zwei exotische Spielerpersönlichkeiten: Der Torhüter aus Kamerun Thomas Nkono und der kolumbianische Mittelfeldstar Carlos Valderrama.

12

Wikinger und Fiesta: Erwartungsvolle Fans vor dem Spiel Brasilien – Schweden (2:1).

Vorrunde, Gruppe C

Samba, Lambada oder Marschmusik? Fragezeichen Brasilien

Besonders gespannt war ich auf das erste Spiel der Gruppe C. Schon immer hat mich Brasilien fasziniert, war es für mich eine Art Zauberformel des Fußballs. Im Vorfeld der Weltmeisterschaft sah und hörte ich viel von Kampf statt Tanz. Schweden war der erste Gegner im neuen Stadio delle Alpi in Turin. In der Gruppe spielten noch Schottland und Costa Rica.

Die Stimmung war so, wie ich sie noch von Argentinien in Erinnerung habe. Nur tanzten die Fans jetzt Lambada und weniger Samba. Und auch beim dreimaligen Weltmeister merkte ich sofort einen Rhythmuswechsel. Marschmusik hat da der neue Teamchef Sebastiao Lazaroni intoniert.

Brasilianer, die aus einer gesicherten Abwehr spielen, die sichtbar kämpfen und Zweikämpfe suchen, wirken wie entzaubert. Sie kreieren nicht mehr Fußball, sondern produzieren ihn nach dem Schema Erfolgsfußball.

Der 2:1(1:0)-Sieg über Schweden war erarbeitet, nicht erspielt. Ob das zum Weltmeistertitel reichen kann? Sebastiao Lazaroni meint, Brasilien habe zwar die besten Fußballer der Welt, aber seit 1970 keinen Weltmeistertitel mehr. Also versucht er es auf eine andere Art. Nicht brasilianisch, sondern europäisch. Und er nimmt dabei einen Mehrfrontenkampf auf. Gegen die Fans, die Medien und nicht zuletzt die Gegner.

Nicht wenige gaben deshalb Schweden vor dem Spiel eine Chance, mit dem „Unfug" Lazaronis aufzuräumen. Schließlich haben sich die Schweden schon immer in Italien wohlgefühlt. Angefangen mit Gunnar Nordahl, den es schon 1949 in den Süden zog. Auch diesmal waren mit Anders Limpar von Cremonese und Glenn Strömberg von Atalanta Bergamo zwei „Italiener" dabei. Neben hochkarätigen anderen Legionären wie Mats Magnusson und Jonas Thern von Benfica Lissabon oder Peter Larsson von Ajax. Einer der besten europäischen Innenverteidiger, der 30jährige Glenn Hysen von Liverpool, der mit Göteborg 1982 und 1987 den UEFA-Cup gewonnen hat, konnte wegen einer Verletzung im ersten Spiel nicht eingesetzt werden.

Die Schweden zeigten zu großen Respekt vor den Brasilianern. Sie schienen Angst davor zu haben, daß die Brasilianer doch plötzlich ihre Tricks, Pässe und Schüsse von einst auspacken könnten. Stattdessen schoben sie sich in der Verteidigung mit Libero Mauro Galvao die Bälle zu, daß es langweilig wurde. Auf einmal blitzte die alte Klasse mit einem Paß von Dunga, der bei Fiorentina spielt, auf. Steil auf Careca von Napoli. Der 30jährige schaltet noch Tormann Ravelli aus und schießt mit links zum 1:0 ein.

Wie versprochen rannte er zur Eckfahne und tanzte Lambada. Den alten Schwung haben sie sich zumindest beim Jubeln erhalten. Grund dazu hatte er dann noch einmal in der 61. Minute, als er von Muller freigespielt wurde. Erst nach diesem zweiten Tor von Careca legten die Schweden den Respekt ab und stürmten nach der Parole „Alles oder Nichts!"

Dabei gelang Thomas Brolin von Norrköping nach einer Vorlage des Laufwunders Klas Ingesson in der 78. Minute der Anschlußtreffer. Es war bereits das fünfte Tor im erst dritten Länderspiel dieses Stürmertalents. Beinahe hätte er zwei Minuten vor Schluß sogar noch den Ausgleich erzielt. In der Phase, in der die Schweden wie die Wilden anrannten, ergaben sich für die Brasilianer mehrere Torchancen, die sie aber, vor allem Careca und Alemao, verschleuderten.

Brasilien war zwar nicht mehr Poesie und Magie, auch noch kein Titelaspirant, aber ein seriöser Kandidat für den Aufstieg.

Trainer in Triumph und Niederlage: Boran Milotinovic (Costa Rica, o. l.), Guy Thys (Belgien, o. r.), Sebastiao Lazaroni (Brasilien, u. l.), Andy Roxburgh (Schottland, u. r.)

Der fromme Mann im Tor
Costa Ricas Schlußmann in aller Munde

War Brasiliens Fußball einst von Aberglauben und Ritualen umwoben, so entdeckte ich Religiosität bei einer anderen Mannschaft in dieser Gruppe. Costa Ricas Tormann Luis Gabelo Conejo, von Trainer Milotinovic wieder zur Nummer eins gemacht, ging vor dem zweiten Spiel dieser Gruppe gegen Schottland ehrfürchtig in die Knie, faltete die Hände, betete und bekreuzigte sich anschließend. Mit Gottes Hilfe rettete er dann auch den 1:0-Sieg über Schottland, den ich zu den großen Überraschungen zu Beginn des Turniers gezählt habe.

Wer nun erwartete, daß der kleine mittelamerikanische Staat von der imperialen Macht des brasilianischen Fußballs erdrückt würde, wurde eines Besseren belehrt. Die Mannen von Conejo wehrten sich verbissen und wurden mit jeder Torchance, die Brasilien vergab, stärker. Und weil der dreimalige Weltmeister mit vier Lattenschüssen auch noch Pech hatte, hielt sich die Niederlage von Costa Rica in den Grenzen eines 0:1 (0:1).

Die Kunst der Brasilianer bestand diesmal im Vernebeln von Tormöglichkeiten. Sie wirkten zwar kreativer als gegen Schweden, aber auch ineffizienter. Und hätte nicht der Innenverteidiger Montero einen Scherenschlag von Muller nach einer Flanke von Jorginho unhaltbar für Conejo abgefälscht, es wäre vielleicht zur zweiten Überraschung durch Costa Rica gekommen.

Die Unterlegenen nahmen die Niederlage mit sehr viel Respekt vor sich selbst und neuem Selbstvertrauen für das letzte Spiel gegen Schweden zur Kenntnis. Bei den Brasilianern entstand Unruhe. Lazaroni wollte total umstellen, aber Careca bremste ihn ein, indem er ein Machtwort sprach: „Höchstens zwei kommen neu in die Mannschaft gegen Schottland!"

Die Schotten hoffen wieder
Schweden wie Österreich

Einen Tag nach Österreichs 0:1-Niederlage gegen die ČSFR befinden sich die Schweden in einer ähnlichen Ausgangssituation wie unser Team vor dem Match gegen die Tschechoslowaken. Sie brauchen unbedingt einen Punkt gegen Schottland.

Seit 1978 sind die Schweden erstmals dabei. Olle Nordin, ein Schüler des Benfica-Trainers Sven Göran Eriksson und 1978 noch im Kader, als Österreich die Schweden in Argentinien 1:0 besiegte, glaubt, über das stärkste Team in der schwedischen Fußballgeschichte zu verfügen. Die Bestätigung bleibt aber auch im Luigi Ferraris Stadion von Genua aus.

Schottland ist entschlossen, die Niederlage gegen Costa Rica auszubessern und mit der Tradition zu brechen. Bei bisher 6 Endrundenteilnahmen ist Schottland noch nie über die erste Runde hinausgekommen. Dieses Vorhaben ist auch dadurch nicht zu bremsen, daß sie auf den wegen einer Verletzung vorzeitig nach Hause geschickten Verteidiger Richard Gough verzichten müssen und auch Bayern-Stürmer Alan McInally wegen einer Knöchelverletzung nicht zur Verfügung haben. Die Ersatzleute stärken die Mannschaft. Einmal Craig Levein von den Hearts of Midlothian als Innenverteidiger, Gordon Durie von Chelsea im Mittelfeld und Robert Fleck von Norwich als Sturmspitze.

Ein schnelles Tor steigert noch ihren Elan. Nach einem Eckball von McLeod, den McPherson noch verlängert, stürzt sich McCall mit britischem Einsatz in ein Gewirr von Beinen und befördert in der 11. Minute den Ball über die Linie. Das 2:0 holt Johnston mit einem Elfer heraus. Nach einem herrlichen schottischen Konter wehrt zuerst Ravelli einen Schuß von Fleck ab, dann foult Roland Nilsson Roy Aitken.

So wie gegen Brasilien riskierten die Schweden zu spät etwas. Erst in der 76. Minute kam Glenn Strömberg für Verteidiger Peter Larsson. Drei Minuten vor Schluß gelang ihm nach Paß von Schwarz das 1:2.

Brasilien – Schottland (1:0). In diesem Spiel wurde mehr taktiert als attackiert, ehe sich der schottische Tormann Leighton (l. o.) in der 81. Minute dem eingewechselten Muller geschlagen geben mußte (unten). (R. o.): Roy Aitken im Kampf gegen Jorginho.

Nach der 1:2 (0:1)-Niederlage konzentrierten sich die Schweden auf einen hohen Sieg gegen Costa Rica. So wie sich Österreich Hoffnungen machte, über die USA doch noch ins Achtelfinale zu gelangen.

Unsere Sympathien galten Brasilien und Schweden

Die Gruppe C war letztlich ein Hoffnungsgebiet der Österreicher. Wir setzten auf einen hohen Sieg Schwedens gegen Costa Rica und einen klaren Erfolg von Brasilien gegen Schottland. Beides erfüllte sich nicht, zumindest nicht in dem Maße, in dem es uns recht gewesen wäre.

In Turin erinnerte die Begegnung Brasilien gegen Schottland lange an Österreichs unglückseliges Spiel in Gijon bei der Weltmeisterschaft 1982. Es wurde taktiert und nicht attackiert. Beide Teams waren sich selbst die nächsten. Schottland genügte mit neunzigprozentiger Wahrscheinlichkeit ein Punkt für den Aufstieg, Brasilien reichte einer für den Gruppensieg. Die Südamerikaner wollten unbedingt mit ihren Fans in Turin bleiben.

Und so wurde die Zeit totgeschlagen. Daran änderte auch die erstmalige Mitwirkung von Romario, dem Starstürmer von PSV Eindhoven, nichts. Man merkte ihm den Anfang März erlittenen Schienbeinbruch stärker an als etwa Gullit seine weit schwerere und länger dauernde Knieverletzung. Er bot noch weniger als die meisten anderen. Von jener Harmonie, die einst zwischen ihm und Careca bei Vasco da Gama geherrscht hatte, war überhaupt nichts zu erkennen.

Für die Zuschauer war dieses Spiel lange Zeit eine Zumutung. Die Schotten, die mit 110 Prozent Einsatz kämpfen wollten, zogen die Bremse. Erstmals spielten sie sogar mit einem Libero, mit Roy Aitken, und zwei Vorstopppern, McPherson und McLeish. Und statt nach vorne zu stürmen, schoben sie den Ball immer wieder zurück zu Tormann Leighton. Nur im Mittelfeld setzten sie den Brasilianern ein wenig zu. Die Ballkünstler aus Südamerika, und solche sind sie trotz verkehrter Spielanlage geblieben, begnügten sich die meiste Zeit über damit, den Ball in ihren Reihen zu halten. Lediglich Alemao brannte vor anderem Ehrgeiz. Er war es dann auch, der in der 81. Minute das Spiel aus seiner Tor- und Trostlosigkeit riß.

Tormann Leighton konnte einen Weitschuß von ihm nur wegschlagen, aus einem Preßball zwischen Careca und dem für den zuvor groggy gegangenen McLeod eingewechselten Gillespie entstand die Torchance für Muller. Er war in der 64. Minute für Romario gekommen und feierte seinen Treffer auch als einen Triumph über Trainer Lazaroni, der ihm Romario vorgezogen hatte.

Für die Schotten vergab Johnston knapp vor Schluß die sichere Aufstiegschance. Tormann Taffarel wehrte seinen Schuß aus kürzester Distanz mit einem Reflex ab.

Schottland war damit in der haargenau gleichen Situation wie Österreich: Auf der Warteliste für das Achtelfinale, zwei Punkte und Tordifferenz 2:3.

Das Wunder Costa Rica Schweden bleibt punktelos

Schweden machte gegen Costa Rica in Genua nur eine Stunde lang Tempo. Doch allein dadurch stellte sich der erwartet hohe Sieg, der noch für Platz zwei hätte reichen können, nicht ein. Ohne den an einer Rückenverletzung leidenden Regisseur Jonas Thern wirkte ihr Spiel völlig schablonenhaft.

Auch das 1:0 in der 32. Minute löste die Verkrampfung nicht. Ekström hatte nach der bravourösen Abwehr eines Freistosses von Schwarz den Ball ins Netz geschoben. Nach der Pause spielten dann die Mittelamerikaner herzerfrischend, während den Schweden die Luft ausging. In der 66. Minute köpfelte Libero Flores einen Freistoß von Cayasso zum 1:1 ein. Und in der 88. Minute holte der eingewechselte

Schweden unterliegt der Überraschungsmannschaft aus Costa Rica 1:2. (Oben): Hernan Medford im Zweikampf gegen Stefan Schwarz, (Mitte und unten): Roger Flores im Glück. Er und Medford erzielen die beiden Treffer gegen Schweden und bescheren damit der Mannschaft den größten Triumph ihrer Geschichte, den Aufstieg ins Achtelfinale.

Medford sogar den Siegestreffer heraus. Einen Abstoß von Schweden-Tormann Ravelli hatte Gonzales per Kopf in eine Steilvorlage für Medford verwandelt.

Costa Rica war im siebenten Fußballhimmel. Der Staatspräsident Raphael Angel Calderon schickte ein Glückwunschtelegramm, und die Hauptstadt San José versank im Freudentaumel. Bei der ersten Endrundenteilnahme gelang gleich der direkte Aufstieg ins Achtelfinale. Trainer Velibor Milotinovic, in den fünfziger Jahren einer der weltbesten Fußballer, wurde als Nationalheld gefeiert. Der Jugoslawe, der einst ein Fußball-Zigeuner war, hatte eine Heldentat vollbracht.

Gruppe D

Deutsch-Unterricht in Mailand
Ein Lehrspiel von Matthäus und Co.

Die deutsche Nationalmannschaft begann weltmeisterlich. Im Mailänder Meazza-Stadion gab sie Unterricht in perfektem Fußball und degradierte dabei Jugoslawien zum Demonstrationsobjekt. So, als drehten sie den Lehrfilm für Italia '90, spielten die Männer um Lothar Matthäus auf. Ihre Leistung beim 4:1 (2:0) wurde einstimmig zum Vorbild gewählt.

Alles, was im modernen Fußball zumeist nur gepredigt wird, wurde da praktiziert. Deutsche Fußballtugenden mit italienischem Einschlag feierten eine Sternstunde. Da paßte einfach alles zusammen: Viel Bewegung der läuferisch und athletisch klar überlegenen Deutschen, hohes Tempo, richtiges Gefühl für Tempowechsel, Härte, wenn es sein mußte, Alleingänge, die die Mannschaft weiterbrachten, und durch das schnelle Aufrücken der Verteidigung ein ungeheurer Druck auf den Gegner.

Fünf „Italiener" standen in der deutschen Mannschaft. Drei davon aus Mailand, Klinsmann, Matthäus und Brehme, zwei aus Rom, Völler und Berthold. Und ein sechster, der es zwar schon geworden ist, aber noch nicht für Juventus gespielt hat, Thomas Hässler.

Lothar Matthäus fühlte sich in „seinem" San Siro Stadion besonders wohl. Er bot in seinem 75. Spiel im Teamdreß eine Spitzenleistung wie bislang nur in Klubspielen. Und von welcher Güte diese Leistung war, ging aus den Worten von Teamchef Franz Bekkenbauer nach dem Match hervor: „In dieser Verfassung ist Lothar Matthäus der Beste der Welt!"

Die Jugoslawen kamen den Deutschen entgegen, indem sie ihnen sehr viel Raum anboten, vor allem an den Flanken, wo Brehme und Co. wahre Orgien feiern konnten. Außerdem war der ehemalige Innsbruck-Tormann Tomislav Ivkovic zumindest am vierten Tor beteiligt.

Die jugoslawische Mannschaft wirkte desolat. Und es war nicht genau festzustellen, was von ihrer schlechten Leistung auf das Konto der Deutschen ging, was auf eigene schwache körperliche und geistige Verfassung. Daß sie gute Einzelspieler besitzen, merkte man, von einer Gesamtwirkung war aber nichts zu spüren. Weder Dragan Stojkovic, der für über 80 Millionen Schilling von Roter Stern zu Marseille wechselte, noch Srecko Katanec von Sampdoria Genua, noch Safet Susic von Paris St. Germain konnten mit den deutschen Lauf- und Ballmaschinen mithalten.

Matthäus brachte Deutschland nach einem Paß von Hässler und einer Körpertäuschung gegen Libero Jozic mit einem Schuß aus 22 Metern in der 22. Minute 1:0 in Führung. Klinsmann nützte eine Brehme-Flanke per Kopf zum 2:0 in der 40. Minute. Zehn Minuten nach der Pause holten die Jugoslawen durch Josic nach einem Freistoß von Stojkovic per Kopf ein Tor auf, aber Matthäus stellte bald wieder den Abstand her. In der 63. Minute schloß er ein Solo aus der eigenen Hälfte mit einem Schuß aus zwanzig Metern ab – 3:1. In der 70. Minute ließ Ivkovic einen Schuß von Brehme abprallen, und Völler drückte den Ball über die Linie.

Die Deutschen bestritten dieses denkwürdige

Beim 1:0-Sieg von Jugoslawien gegen Kolumbien hält der kolumbianische Tormann Rene Higuita zwar einen Elfmeter von Faruk Hadzibegic (80. Minute), aber den Siegestreffer durch Davor Jozic (unten) kann er nicht verhindern.

Spiel mit Illgner, Augenthaler, Reuter, Berthold, Buchwald, Brehme, Hässler (Möller), Matthäus, Bein (Littbarski), Völler, Klinsmann.

Nach dieser Vorstellung schien den Deutschen in der Gruppe D keine Gefahr mehr zu drohen. Einen Tag vor dem Spiel war Franz Beckenbauer mit dem Hubschrauber nach Bologna geflogen. Von dem 2:0 (0:0)-Sieg Kolumbiens über die Vereinigten Arabischen Emirate hatte er allerdings nur das 1:0 gesehen, beim 2:0 war er schon wieder auf dem Rückflug nach Como. Trotzdem war er einer der wenigen, die sich von den Kolumbianern noch mehr erwarteten, als sie gegen die Araber gezeigt hatten.

Jugoslawien stellte um
Sieg und verschossener Elfer

Die Jugoslawen erholten sich von dem 1:4-Schock gegen Deutschland schneller als erwartet. Mit einer umgestellten Mannschaft besiegten sie im Dall Ara-Stadion von Bologna Kolumbien mit 1:0 (0:0) und machten einen Riesenschritt Richtung Achtelfinale. Stanojkovic, Brnovic und Sabanadzovic kamen neu in die Mannschaft, Hadzibecic von Sochaux übernahm statt Jozic die Rolle des Libero.

Kolumbien wollte das deutsche Erfolgsrezept kopieren, hatte dazu aber trotz einer Steigerung gegenüber dem Spiel gegen die Emirate nicht die Möglichkeiten. Die Südamerikaner kamen über ein gefälliges Spiel nicht hinaus. Der „blonde Gullit", Valderrama, war die Zentralfigur. Viele seiner jugoslawischen Gegner kannte der Spielmacher von Montpellier aus der französischen Meisterschaft, und das stachelte seinen Ehrgeiz an. Die Tormöglichkeiten der Kolumbianer blieben allerdings gering. Ein Kopfball von Rincon in der 61. Minute war die einzige Ausbeute.

Dem jugoslawischen Betreuer Ivica Osim gelang ein guter Schachzug. Er brachte nach der Pause den 21jährigen Abwehrspieler Robert Jarni von Hajduk Split anstelle von Katanec. Der Neuling entfachte auf der linken Seite sehr viel Schwung. Den einzigen Treffer für die Jugoslawen schoß Jozic, der schon gegen Deutschland den Ehrentreffer erzielt hatte. Nach einem Freistoß von Stojkovic stoppte er sich den Ball elegant mit der Brust und ließ Higuita im Tor Kolumbiens keine Chance. Der spielende Tormann der Südamerikaner hielt dann in der 80. Minute einen Handselfmeter von Hadzibecic und brachte damit alle zum Schweigen, die ihn nur für einen Showman im und vor dem Tor halten.

Gut dotierte Prügelknaben
Die Araber jubelten über Ehrentore

Die Vereinigten Arabischen Emirate wurden die Prügelknaben dieser Weltmeisterschaft. Nach dem 0:2 gegen Kolumbien verloren sie im Mailänder San Siro-Stadion gegen Deutschland mit 1:5 (0:2) und gegen Jugoslawien in Bologna mit 1:4. Die märchenhaften Prämien, die für Unentschieden, Siege und Aufstieg ins Achtelfinale ausgesetzt waren, blieben ein Traum. Mit den rund 2 Millionen Schilling, die ihnen allein die Teilnahme an der Endrunde gebracht hat, konnten die Spieler die Niederlagen allerdings wohl leichter verschmerzen.

Sie feierten trotzdem. Und zwar die ersten Tore, die sie bei einer Weltmeisterschaft geschossen haben. Der Schütze des Ehrentreffers gegen Deutschland, Khalid Ismail Mubarak, erhielt für seinen Treffer gegen Tormann Illgner sogar einen Rolls Royce geschenkt, den ein Repräsentant der noblen Automobilfirma als Prämie für das erste Tor ausgesetzt hatte. Ali Thanijuma Al Ehawi wurde für seinen Kopfballtreffer zum 1:2 gegen Jugoslawien schon nicht mehr so fürstlich honoriert.

Der brasilianische Trainer der Emirate, Carlos Alberto Parreira, war dennoch nicht unzufrieden. Gegen Deutschland im San Siro-Stadion nur 1:5 zu verlieren, wertete er als einen Erfolg für die Zukunft. Die Deutschen hielten die Niederlage in Grenzen, indem

Eine Demonstration fußballerischer Großmacht: BRD – Vereinigte Arabische Emirate (5:1). Rudi Völler erzielt das 5:1 (oben). Lothar Matthäus (unten) lenkt das Spiel der deutschen Mannschaft.

sie vor allem zu Beginn durch Klinsmann und Völler prächtige Chancen vergaben.

Erst in der 36. Minute erzielte Völler das 1:0. Gleich zwei Minuten später erhöhte Klinsmann auf 2:0. Matthäus (48.), Uwe Bein (59.) und noch einmal Völler (75.) waren die weiteren Torschützen.

Die Jugoslawen besiegten die Emirate mit frühen Toren. Schon in der 5. Minute stellte Sosic per Kopf nach einer Flanke von Sabanadzovic auf 1:0. Darko Pancev erhöhte in der 9. Minute auf 2:0 und zwei Minuten nach der Pause auf 3:1. Ein spätes Tor des eingewechselten Prosinecki in der 94. Minute war nur noch eine Draufgabe der Jugoslawen, die damit so wie Deutschland auf vier Punkte gekommen waren.

Auf Deutschland war kein Verlaß
Kolumbien erreichte ein 1:1

Vier Stunden vor Österreich gegen USA fand in Mailand das letzte Gruppenspiel Deutschlands gegen Kolumbien statt. Wir erhofften uns einen hohen Sieg Deutschlands als Schützenhilfe im wahrsten Sinne des Wortes. Kolumbien wäre dann als Gruppendritter für das Achtelfinale ausgefallen.

Doch Deutschland, ohne den gesperrten Brehme und mit dem schwachen Ersatz Pflügler, bot die schwächste Leistung in der Vorrunde. Selbst das späte Tor von Littbarski, der in der 46. Minute statt Uwe Bein gekommen war, war nur ein kleiner Hoffnungsschimmer. In der 92. Minute glich Freddy Valencia Rincon nach einem Paß von Valderrama und einem Deckungsfehler von Pflügler sogar aus. Kolumbien war damit direkt qualifiziert. Im nachhinein wußten wir freilich, daß selbst ein 1:0-Sieg der Deutschen Österreich nicht gereicht hätte.

Die Südamerikaner und ihr Trainer Francisco Manturana feierten überschwenglich. Der Torschütze widmete seinen Treffer dem ganzen Land. Und Trainer Maturana meinte, seine krisengeschüttelte Heimat könnte so etwas brauchen. Am Erfolg der Fußballer könnte das Volk sehen, zu welchen Leistungen jeder Kolumbianer bei entsprechender Hingabe fähig wäre.

Gruppe E:

Ein guter Start der Belgier
Scifo spielt wie verwandelt

Die Belgier waren schon immer eine gute Turniermannschaft, und es klappte schon beim Start. Gegen die unbekannten Südkoreaner gab es einen 2:0 (0:0)-Sieg. Ein Mann war dafür hauptverantwortlich: Enzo Scifo.

Der 24jährige Mittelfeldspieler war im Bentagodi-Stadion von Verona der überragende Mann. Dabei war der Belgier sizilianischer Abstammung für die Weltmeisterschaft schon abgeschrieben worden. Er verdankte es allein dem zurückgekehrten 67jährigen Teamchef Guy Thys, daß er wieder berücksichtigt wurde.

Scifo, der schon mit siebzehn Jahren in die Kampfmannschaft von Anderlecht kam und mit achtzehn in der belgischen Nationalmannschaft debütierte, galt als eines der größten Talente im europäischen Fußball. Seine Karriere wurde aber plötzlich unterbrochen, als er 1987 von Inter Mailand verpflichtet wurde. Dort konnte der Supertechniker nicht Fuß fassen, wurde zu Bordeaux abgeschoben und schließlich an Auxerre verliehen. Hier fand er vor allem im heurigen Frühjahr wieder den Anschluß an seine früheren Leistungen.

Guy Thys holte ihn zurück ins Team, nachdem ihn Walter Meeuws, der nur 99 Tage im Amt war, fallen gelassen hatte. Im ersten Match der Weltmeisterschaft präsentierte sich ein völlig gewandelter Scifo. Aus dem Solisten war ein mannschaftsdienlicher Spieler geworden. Mit einem idealen Paß bereitete er das 1:0 von Degryse in der 53. Minute vor. In der 67. Minute verhinderte er den Ausgleich, indem er den

In der 92. Minute erzielt der eingewechselte Daniel Fonseca das 1:0 für Uruguay gegen Südkorea und sichert damit den Aufstieg seiner Mannschaft ins Achtelfinale.

Kopfball von Hwang Seon Hong mit der Ferse vor der Linie abwehrte.

Das 2:0 der clevereren und besser organisierten Belgier erzielte der sehr offensive linke Verteidiger Michel De Wolf, der mit 32 Jahren sein erstes Länderspieltor schoß.

Wesentlich für den belgischen Erfolg war auch, daß Guy Thys nach der Pause doch den 33jährigen Jan Ceulemans vom FC Brügge einsetzte. Ceulemans war im Vorbereitungsspiel gegen Rumänien erstmals nach 13 Jahren auf die Ersatzbank verbannt worden und hatte deshalb sogar schon mit der Beendigung seiner Teamkarriere spekuliert.

Angesichts der defensiven Spielweise der Südkoreaner waren die Belgier gezwungen, das Spiel zu gestalten, und sie konnten nicht wie gewohnt ihren Lieblingsstil, Konterfußball, praktizieren. Die Abwehr mit vier Spielern über dreißig wurde nicht geprüft. Der älteste in diesem Mannschaftsteil ist der 36jährige Eric Gerets von PSV Eindhoven, ihr jüngster der 24jährige Stephane Demol von Porto.

Um so dynamischer wirkte das Mittelfeld, in dem neben Scifo der vielseitige Marc Emmers auffiel. Marc Degryse von Anderlecht scheint derzeit Belgiens Stürmer Nummer eins zu sein.

Die Spanier – ein Schatten von Malaga Uruguay vergab Elfmeter

Mit Spanien und Uruguay hatte Belgien zwei hochkarätige Gegner im Kampf um die Qualifikation aus der Gruppe E. Und es war bestimmt ein Vorteil für die Belgier, daß sie gegen den Außenseiter Südkorea vorerst einmal Fuß fassen konnten. Uruguay und Spanien krachten gleich aufeinander. Im Stadion Friuli in Udine endete diese Begegnung mit einem für die Spanier glücklichen 0:0.

Die Südamerikaner galten als einer der Geheimfavorits der Weltmeisterschaft. Bei ihrem 3:3 in Deutschland und beim 2:1 über England in London imponierte ihre Spielkunst, die an gute brasilianische Zeiten erinnerte. Der Weltmeister von 1930 und 1950 nahm schon zum 9. Mal an einer Endrunde teil, war aber seit zwanzig Jahren dabei sieglos.

Immer wieder taten sich die Uruguayer aber als Rauhbeine hervor. Noch bei der Weltmeisterschaft 1986 in Mexico haben sie auf alles hingetreten, was sich bewegte. Seit der 43jährige Oscar Tabarez vor zwei Jahren die Führung der Nationalmannschaft übernommen hat, ist das anders. Der „Professor“, wie sie den Lehrer nennen, der nie selbst Nationalspieler gewesen war, gilt als einer der größten Fachleute in Südamerika.

Für den Fall seines Scheiterns in Italien hatte er schon vor der Weltmeisterschaft seinen Rücktritt angekündigt. Er stützte seine Hoffnungen in erster Linie auf den ehemaligen Torschützenkönig von River Plate und jetzigen Star von Olympiane Marseille, Enzo Francescoli. Und natürlich auch auf Ruben Sosa von Lazio.

Letzterer vermasselte jedoch den Südamerikanern den Sieg. Nach einer Handabwehr von Villaroya nach einem Kopfball von Herrera vergab er in der 69. Minute einen Elfer. Er schoß wuchtig über das Tor. Speziell für die Weltmeisterschaft hatte er Spaniens Tormann Zubizarreta, den er aus seiner Zeit in Spanien kannte, anhand von Fernsehaufzeichnungen studiert. Deshalb glaubte er, besonders scharf schießen zu müssen.

Uruguay hätte einen Sieg verdient. Die Spanier wirkten ausgebrannt. Vor allem Spieler wie Michel und Butragueno blieben alles schuldig. Martin Vasquez, der von Real Madrid nach Turin wechselt, gehörte zusammen mit Zubizarreta, Andrinua und Villaroya zu den Besten. Keine Spur jedenfalls von der Leistung, die Spanien gegen Österreich in Malaga geboten hatte.

Spanien – Belgien (2:1). Beide Mannschaften steigen ins Achtelfinale auf, Spanien nach schwachem Beginn sogar als Gruppensieger. Gegen das Freistoßtor von Patrick Vervoort ist der spanische Tormann Zubizarreta (oben) machtlos. (Unten): Die beiden Torschützen Michel und Vervoort im Duell.

Belgier wieder in ihrem Element
Ausschluß von Eric Gerets

Zu seiner Rehabilitierung hatte der unglückliche Elferschütze Ruben Sosa für das Spiel gegen Belgien in Verona zumindest zwei Tore angesagt. Aus der Wiedergutmachung wurde nichts. Belgien siegte mit 3:1 (2:0) und schaffte als erste Mannschaft dieser Gruppe den Aufstieg ins Achtelfinale.

Nur in den ersten 15 Minuten zauberten die Mannen um Enzo Francescoli. Da fanden sie auch Chancen zur Führung vor. Dann aber waren die Belgier in ihrem Element des Konterfußballs. Nach einer Flanke von De Wolf brachte Leo Clysters, der diesmal statt Emmers im Mittelfeld spielte – Demol war Libero und Grun Vorstopper – Belgien per Kopf 1:0 in Führung. Schon sieben Minuten später stand es durch einen Weitschuß von Enzo Scifo 2:0.

Wohl ergaben sich für die Uruguayer noch Chancen zum Anschlußtreffer, aber das belgische Spiel funktionierte mit gewohnt guter Raumaufteilung so tadellos, daß selbst der umstrittene Ausschluß von Eric Gerets die Mannschaft nicht mehr irritieren konnte. Siegfried Kirschen aus der DDR schickte den Verteidiger nach einem Dutzendfoul an Ruben Sosa in der 42. Minute vom Platz. Er hatte acht Minuten zuvor wegen einer Attacke an dem selben Spieler schon Gelb gesehen.

Rund 15.000 Fans aus Belgien jubelten, als der 33jährige Jan Ceulemans, der diesmal von Beginn an dabei war, in seinem 90. Länderspiel mit einem Flachschuß aus 14 Meter gleich nach der Pause das 3:0 erzielte. Für Uruguay reichte ein starkes Finish nur noch zum Ehrentreffer durch Bengoechea.

Drei Tore von Michel
Butragueno wurde ausgetauscht

Nur eine leichte Steigerung gegenüber dem Spiel gegen Uruguay verzeichnete Spanien in Udine gegen Südkorea. Dank dreier Tore von Michel siegten die Iberer mit 3:1 (1:1) und sicherten sich so den Aufstieg ins Achtelfinale.

Michel war nach seiner Leistung gegen Uruguay stark kritisiert worden. Er schoß sich seinen Ärger gleichsam von der Seele. Mit einem herrlichen Volleyschuß nach einer Flanke von links eröffnete er in der 24. Minute seinen Torreigen. Und ähnlich wie Toni Polster gegen die DDR feierte er diesen Treffer in einer Art Mischung aus Droh- und Jubelpose. Weil die Spanier nicht nachstießen, kamen die Koreaner zum Ausgleich und ihrem ersten Tor bei der Weltmeisterschaft. Hwang Seon Hong hämmerte einen kurz abgeschossenen Freistoß unhaltbar für Zubizarreta ins Tor.

Gleich direkt verwandelte Michel in der 62. Minute einen Freistoß zur neuerlichen Führung Spaniens. Neun Minuten vor Schluß krönte er seine Leistung mit einem Solo nach Vorarbeit von Martin Vazquez und dem dritten Tor.

Michel kaschierte mit seinen Toren die Schwäche der eigentlichen Sturmspitzen Butragueno und Salinas, der diesmal den Vorzug vor Manolo erhalten hatte. Butragueno wurde in der 77. Minute sogar aus dem Spiel genommen und durch Fernando ersetzt.

Die vorletzte Chance hieß Südkorea
Bis zur 92. Minute waren wir dabei

Österreichs Basis für einen Aufstieg ins Achtelfinale war ganz schmal geworden. Das wurde uns so richtig bewußt, als wir uns von der bislang schwächsten Mannschaft des Turniers, von Südkorea, zumindest ein Unentschieden gegen den Giganten Uruguay wünschen mußten. Dieses Ergebnis hätte uns dem Schicksal eines Losentscheids gegen Schottland anvertraut. Korea lag vor dem letzten Spiel in der Gruppe E ohne Punkte und mit einer Tordifferenz von 1:5 an letzter Stelle hinter Uruguay mit einem Punkt und der negativen Tordifferenz von 1:3.

Ballartistik im Spiel Südkorea – Uruguay. In dieser Partie zitterten die Österreicher mit, schien sie doch einen kleinen Hoffnungsschimmer zu bieten. Aber in der 92. Minute machte Fonseca (unten) mit dem 1:0 für Uruguay alles klar.

Im Stadion Friuli mußte es also eine Sensation zugunsten Österreichs geben. Und was auf dem Papier fast unmöglich schien, gedieh in der Wirklichkeit bis zum „Beinahe". Südkorea kämpfte, als ginge es für die Asiaten um den Aufstieg. Die Mannschaft um Happels einstigen Wunschspieler Kim Joo Sung spielte locker, befreit. Sie hielt mit viel Laufarbeit mit den immer nervöser werdenden Südamerikanern mit und lieferte ihr bestes Spiel bei der Weltmeisterschaft.

Erst in der 92. Minute gelang dem in der 67. Minute eingewechselten Daniel Fonseca von Nacional Montevideo der Siegestreffer. Einen Freistoß von Dominguez von halbrechts hechtete er mit dem Kopf zum 1:0 ein. Die Südkoreaner wollten eine Abseitsstellung aufbauen, überlegten es sich aber im letzten Augenblick. Zu spät.

Während Uruguay rund um Fonseca in unbeschreiblichen Jubel ausbrach, waren wir Österreicher wie von einer Keule getroffen. Jetzt konnten uns nur noch zwei Siege in der Gruppe F helfen, wo es bis zum letzten Tag nur Unentschieden gegeben hatte.

Spanien wurde sogar Gruppensieger
Belgien fehlte die Substanz

Was ein vergebener Elfer alles ausmachen kann: Uruguay schleppte das Mißgeschick von Ruben Sosa als Handicap durch die gesamte Vorrunde. Spanien baute sich an diesem Glück auf. Im Duell um den Gruppensieg trumpfte die Mannschaft um Michel dann so auf, wie man es von ihnen vor der Endrunde erwartet hatte. Gemanagt von dem durch seine drei Tore gegen Südkorea gestärkten Real-Spieler Michel spielten die Schützlinge von Luis Suarez auf. Unterstützt wurde Michel dabei von seinem bisherigen Klubkollegen Martin Vazquez.

Insgesamt schoß Spanien in der Vorrunde fünf Tore, vier davon Michel. Den fünften Treffer bereitete er vor. Zunächst verwandelte er einen von Tormann Michel Preud'homme an Julio Salinas verursachten Elfmeter (24. Minute). Belgien antwortete mit einem Freistoß-Tor von Patrick Vervoort von Anderlecht, den Roberto noch abfälschte (28. Minute). Doch Alberto Gorriz nützte schließlich einen angeschnittenen Freistoß von Michel in der 39. Minute zum 2:1 (2:1)-Sieg.

Den Belgiern fehlten der gesperrte Gerets und die verletzten Abwehrspieler Grun und Clysters. Und am Ende verloren sie Substanz und Konzentration. Scifo traf mit einem Elfmeter – nach einer Attacke von Andrinua an Staelens – in der 58. Minute nur die Latte.

Spanien gelang damit die Revanche für das unglückliche Ausscheiden gegen Belgien im Viertelfinale von Mexiko in Puebla. Damals siegte Belgien nach einem 1:1 im Elferschießen mit 5:4. Im Fußball dreht sich doch alles einmal wieder um.

Michel schoß die Spanier in die nächste Runde.

Nach schwachem Start holen die Spanier im Spiel gegen Belgien (2:1) sogar noch den Gruppensieg. Da nützt auch das Tor des kaum zu haltenden Vervoort (oben) nichts.

Gruppe B

Die Welt staunte über Kamerun Triumph von Technik über Systeme

Alles sprach von Kamerun. Nach dem sensationellen 1:0-Sieg im Eröffnungsspiel gegen Titelverteidiger Argentinien staunte die Fußballwelt über das afrikanische Wunder. Die Balldompteure vom schwarzen Kontinent hatten die Fußballrangordnung durcheinandergewirbelt. Gefragt waren plötzlich nicht Diego Maradona und Dr. Carlos Bilardo, sondern ein gewisser Stephen Tataw, Kapitän der Sensationsmannschaft, und Valerij Nepomniachi aus Samarkand in der UdSSR.

Ich hatte den Erfolg über Argentinien nicht für eine Eintagsfliege gehalten. Bereits 1982 in Spanien hatten die Afrikaner mit guten Leistungen aufhorchen lassen. In der Zwischenzeit haben sie durch viele Legionäre, die in Frankreich, der Schweiz und Spanien im Profigeschäft tätig sind, an Systematik dazugewonnen. Geblieben ist ihnen ihre überlegene, fast angeborene Technik, und ein urwüchsiger Spieltrieb.

Und sie fühlen sich auch noch als fanatische Botschafter ihres weitgehend unbekannten Landes. Vor dem Match gegen Argentinien soll sogar ihr Staatspräsident Paul Biya in der Kabine gewesen sein und einen nationalen Appell an sie gerichtet haben.

Im Fußball gilt Kamerun schon lange als das „Brasilien Afrikas". Im Vergleich zu den Spielern von Kamerun wirkten die argentinischen „Weltmeister" wie biedere Handwerker. Und ihr System war zum Scheitern verurteilt, weil es nicht mehr von Klassespielern wie 1986 getragen wurde. Dazu kam Maradona, der weit von der Form des weltbesten Fußballers entfernt war. Mit Ballbehandlung, Instinkt und Wendigkeit führten die Afrikaner gelernten und gelehrten Fußball ad absurdum.

Die Niederlage der UdSSR gegen Rumänien gab mir zu denken

Mehr zu denken als der Sieg von Kamerun gab mir die 0:2-Niederlage der UdSSR zum Auftakt gegen Rumänien. Im San-Nicola-Stadion von Bari zeigte der Sieger aus unserer Qualifikationsgruppe erste deutliche Verschleißerscheinungen. Sind wir am Ende auch in der Qualifikation einer Täuschung unterlegen, nämlich daß die Sowjetunion ein übermächtiger Gegner gewesen sei?

Die Rumänen demonstrierten, wie man gegen die UdSSR zu einem klaren Erfolg kommen kann. In der Hitze von Bari ließen sie den Gegner anrennen und konterten auch ohne ihren gesperrten Mittelfeldregisseur Gheorghe Hagi erfolgreich. Den Grundstein für ihren Erfolg legte aber der Tormann Silviu Lung, der in den ersten 40 Minuten große Chancen von Protassow, Sawarow und Aleijnikow zunichte machte. Und der verletzte Alexej Michailitschenko fehlte den Sowjets an allen Ecken und Enden. Rumäniens Trainer Emerich Jenei trickste seinen berühmten Gegner Valerij Lobanowski aus. Obwohl die Rumänen auch zu Tempofußball in der Lage sind, spielten sie in Bari ökonomischer. Jenei, der 1986 Steaua Bukarest zum Sieg im Europacup der Meister über den FC Barcelona geführt hatte, ließ seine Supertechniker abwarten. Dennoch haftete beiden Treffern ein Makel an. Beim 1:0 schien Marius Lacatus nach einem Steilpaß von Sabau aus abseitsverdächtiger Position gestartet zu sein. Und das 2:0 in der 54. Minute ermöglichte Schiedsrichter Juan Cardellino aus Uruguay. Lacatus hatte Libero Chidijatulin außerhalb des Strafraumes an der Hand angeschossen, aber der Südamerikaner entschied auf Elfer. Lacatus verwandelte gegen Tormann Rinat Dassajew, der am ersten Verlusttor nicht ganz schuldlos war.

Es war bestimmt auch nicht klug, daß die UdSSR aus der Nähe von Pisa zu diesem Match in den Süden anreiste. Ich freute mich, daß Österreich diesmal wenigstens sein Quartierproblem so optimal gelöst hatte.

Jubelszenen aus der Gruppe B. Lacatus (oben) erzielt beide Treffer für Rumänien beim 2:0 gegen die UdSSR. Die Spieler von Kamerun (unten) freuen sich über ihren 2:1-Sieg gegen Rumänien, der ihnen den Aufstieg ins Achtelfinale sichert.

Die Hand des Diego Maradona
UdSSR wurde klar benachteiligt

Die großen Geschlagenen der ersten Runde trafen in der zweiten aufeinander: Argentinien und die UdSSR. Im San-Paolo-Stadion von Neapel genoß dabei Diego Maradona Heimvorteil. Auch der schwedische Schiedsrichter Erik Fredriksson respektierte das und griff damit in die Entscheidung ein.

Diesmal war es nicht so wie 1986, als Maradona mit der „Hand Gottes" ein Tor gegen England erzielt hatte. Diesmal war es Maradonas Hand, die einen Treffer verhinderte. In der 12. Minute verlängerte Kusnetzow einen Eckball für die UdSSR mit dem Kopf, und Maradona wehrte mit einem Reflex ab. Der Schiedsrichter stand nicht weit vom Tatort, ignorierte aber Maradonas Verstoß, der ganz klar einen Elfmeter nach sich ziehen hätte müssen. Übrigens der selbe Schiedsrichter, der eine bessere UdSSR-Mannschaft 1986 um den Aufstieg ins Viertelfinale gebracht hatte, als er beim 3:4 gegen Belgien zwei Abseitstore anerkannt hatte.

Maradona meinte nachher, sein Handspiel wäre nicht fair gewesen. Aber so etwas käme nun einmal im Kampf um den Ball vor, und er könne nicht ausschließen, daß seine Hand nicht wieder einmal spielentscheidend eingreifen könnte. Statt einer möglichen und verdienten Führung der UdSSR schoß Argentinien das 1:0. Nach einer Flanke von Olarticoechea köpfelte Troglio ein. Uwarow, der Dassajew im Tor abgelöst hatte, war machtlos. Auf kuriose Weise fiel das 2:0 in der 79. Minute durch Burruchaga. Bei einem Zweikampf mit Kusnetzow fiel Troglio. Alles wartete auf den Pfiff des Schiedsrichters. Wohl auch Kusnetzow. Troglio spielte den Ball mit der Hand, und Kusnetzow schoß ihn in einer Art Wutanfall Richtung eigenes Tor. Burruchaga nahm ihn auf und stellte auf 2:0.

Es gehörte schon eine Portion Selbstdisziplin der UdSSR dazu, diese Niederlage noch mit Anstand hinzunehmen. Sie hatte überdies das Spiel ab der 49. Minute mit nur zehn Mann bestreiten müssen, weil Bessonow ausgeschlossen wurde, als er den aufs Tor stürmenden Caniggia zurückhielt.

Was für die UdSSR so unglücklich endete, hatte mit Pech für Argentinien begonnen. In der zehnten Minute zog sich Tormann Nery Pumpido bei einem Zusammenstoß mit dem eigenen Verteidiger Julio Olartichoechea einen Schien- und Wadenbeinbruch zu. Für den 33jährigen Tormann bedeutete es das Ende der Weltmeisterschaft, wenn nicht sogar seiner Karriere.

Dieses Spiel war auch das Ende der Ära einer großen sowjetischen Mannschaft, der allerdings der ganz große Erfolg versagt geblieben war. In Mexiko ebenso wie bei der Europameisterschaft, und nun auch bei der zweiten Weltmeisterschaft. Und damit wurde wohl auch das Lebenswerk von Valerij Lobanowski zerstört. Die Mannschaft wirkte ausgebrannt und war nicht mehr das dynamische Kollektiv vergangener Jahre. Vielleicht ist sie auch daran zerbrochen, daß Lobanowski einigen Stars den Weg ins Ausland geebnet hat, wie Dassajew (FC Sevilla), Chidijatulin (Toulouse), Aleijnikow und Sawarow (Juventus), Borodjuk und Ljuti (Schalke) sowie Gorlukowitsch (Borussia Dortmund). Während der WM verabschiedeten sich noch weitere Spieler.

Die Fortsetzung einer Sensation
Der alte Milla und das Foul

Kamerun mußte im zweiten Spiel gegen Rumänien in Bari auf die Sünder des Eröffnungsspiel, Massing und Kana Biyik verzichten, zauberte aber einen neuen Trumpf hervor: den 38jährigen Roger Milla. Er hatte schon bei der ersten Endrundenteilnahme 1982 Aufsehen erregt, war aber zuletzt bei St. Pierroise auf der Insel Reunion verschwunden. Erst auf Intervention des Staatspräsidenten rutschte er in das WM-Aufgebot, wurde Trainer Valerij Nepomniachi gleichsam aufgedrängt.

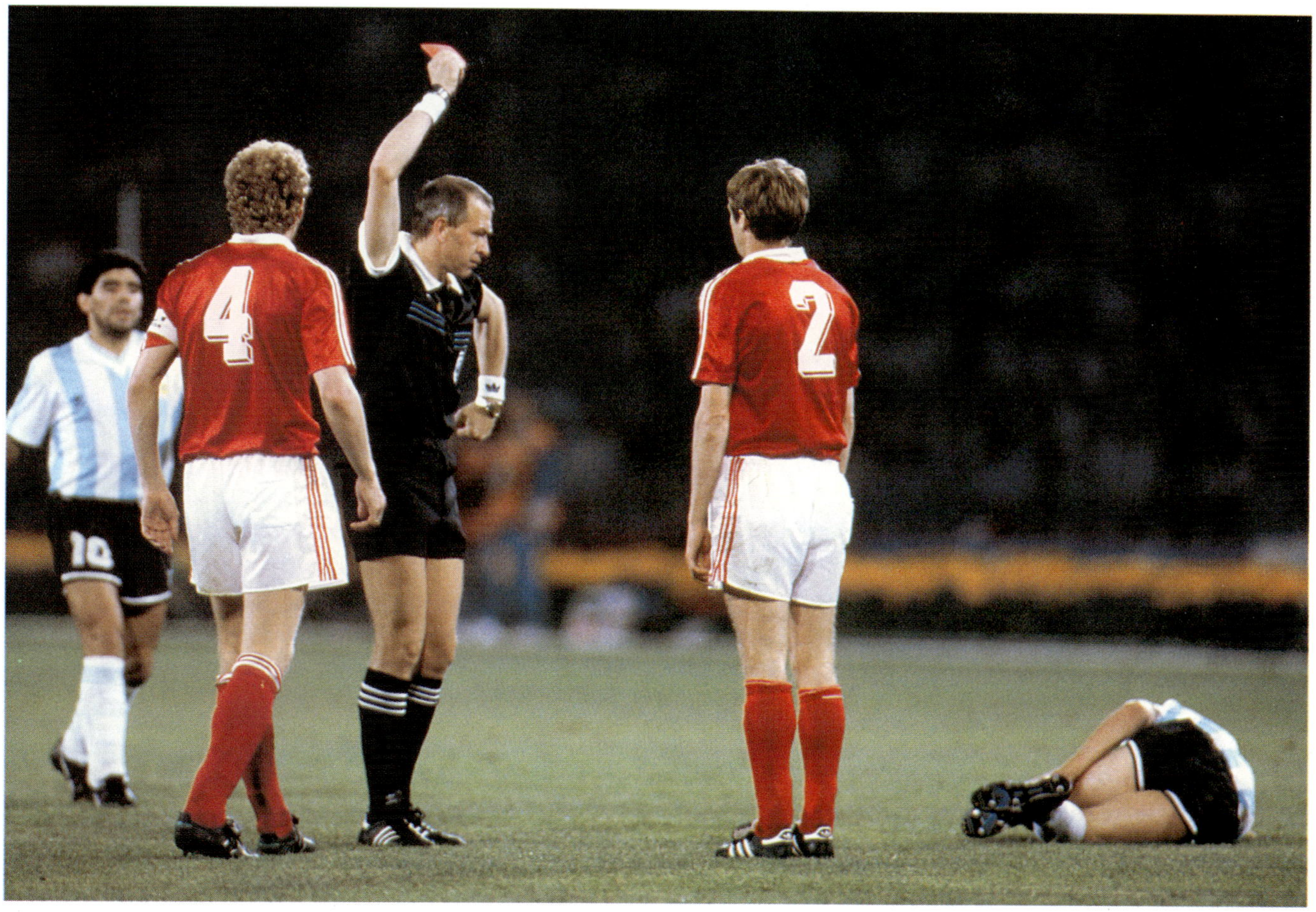

Bei Argentinien – Sowjetunion geht es bereits um Sein oder Nichtsein. Nach dem Ausschluß von Bessonov (oben) und dem 2:0 von Burruchaga (unten) bleibt den Sowjets nur das Nichtsein.

Und letzterer setzte ihn ab der 61. Minute in einem Match ein, das ganz auf ein beiden Teams nützliches Remis ausgerichtet war. Und wahrscheinlich wäre es auch dabei geblieben, hätte nicht der chilenische Schiedsrichter Hernan Silva in der 80. Minute ein Foul von Milla an Rumäniens Libero Andone übersehen. Milla sprang Andone wie ein Stier an, doch der Schiedsrichter, offenbar längst einer der vielen Kamerun-Fans, ließ ihn weiterspielen und das 1:0 gegen Lung schießen.

Milla bedankte sich mit dem 2:0 in der 90. Minute nach Doppelpaß mit Omam Biyik. Und dann hatte es auch nichts mehr zu bedeuten, daß Balint in der 92. Minute aus Abseitsposition das 1:2 schießen durfte.

Es überraschte, daß die Rumänen mit Gheorghe Hagi viel schlechter spielten als ohne ihn gegen die UdSSR. Trainer Jenei führte es auf mangelnde Konzentration zurück, ausgelöst durch neuerliche Unruhen in der Heimat. Und vielen, darunter Lacatus, war von den Managern diverser europäischer Spitzenklubs der Kopf verdreht worden.

Tatsache blieb, daß Kamerun nicht nur die Sensation bei der Eröffnung geliefert, sondern sich auch als erste Mannschaft für das Achtelfinale qualifiziert hatte. Und das in einer Gruppe mit Weltmeister Argentinien und der UdSSR!

Gönnerhaft gegen die UdSSR
Maradonas Abschied von Neapel

Kamerun und Argentinien kämpften schließlich mit dem gleichen Ziel um den Gruppensieg. Kamerun erwartete sich in der Hitze von Neapel einen Vorteil gegenüber allen anderen Mannschaften. Argentinien wollte in Neapel bleiben, um den Maradona-Bonus dort auszunützen.

Kamerun erreichte dieses Ziel trotz einer 0:4-Niederlage gegen die UdSSR. Das Herz des Trainers Valerij Nepomniachi schlug dabei für die UdSSR, mit dem Geist will er bei Kamerun gewesen sein. Die UdSSR glich mit einem Schlag die Tordifferenz von 0:4 aus, hatte aber als Gruppenvierter keine Aufstiegschance mehr. Protassow (20.), Sygmantowitsch (29.), Sawarow (52.) und Dobrowolski (66.) erzielten die Tore.

Diego Maradona schloß die Vorrunde in der schwachen Form ab, in der er sie begonnen hatte. Das 1:1 (0:0) gegen Rumänien reichte nur für den dritten Platz. Rumänien wurde Gruppenzweiter.

Nach einem Eckball von Maradona brachte Monzon Argentinien in Führung. Doch schon sieben Minuten später war alles durch einen Kopfball von Balint wieder im Lot.

Gruppe F

Die Remis-Könige
England wie es leibt und lebt

Zwei Favorits, zwei Außenseiter – das war die Grundkonstellation der Gruppe F. Auf der einen Seite England und Holland, auf der anderen Ägypten und Irland. Doch letzten Endes wurde es die ausgeglichenste aller sechs Vorrunden-Serien. Erstmals in der Geschichte der Fußball-Weltmeisterschaft mußte das Los über Platz zwei und drei entscheiden.

Im ersten, rein britischen Duell trafen England und Irland aufeinander. Und dabei merkte ich, daß oft Tradition auch mit einer Portion Sturheit verbunden ist. Im Sant'-Elia-Stadion von Cagliari pflegten die beiden Teams von der Insel ihren scheinbar unverbesserlichen Stil: Vier Verteidiger auf einer Linie, zwei Aufbauspieler im zentralen Mittelfeld, zwei zurückhängende Außenstürmer und zwei Sturmspitzen. Dazu hohe Bälle nach vorne und zur Spielverlagerung an die Flanken.

Regen und starker Wind lieferten noch die englische Kulisse. Und was bei uns oft bewundert wird, nämlich der tempogeladene, direkte britische Fußball ohne Schnörkel geriet zum ebenso verachteten

In der Luft haben die Ägypter gegen die Engländer nichts zu bestellen. Der Torschütze zum 1:0 Mark Wright hat einige Tricks auf Lager (oben). Gary Lineker (unten) geht in diesem Spiel leer aus.

Kick and Rush. Dabei stehen gerade in Englands Team Fußballer, die für Hochkultur dieses Spiels geschaffen sind, etwa Chris Waddle, der uns im Europacup bei Marseille begeistert hat, John Barnes von Liverpool oder Paul Gascoigne von Tottenham, der wahrscheinlich in jeder Mannschaft auf dem Kontinent zur Attraktion werden würde.

Daß aus einer solchen Spielauffassung mitunter auch zufällig großartige Aktionen entstehen können, bewies das 1:0 für England. Ein weiter Flankenball von Waddle, Gary Lineker stoppt sich den Ball mit der Brust, Irlands Tormann Bonner fährt ins Leere, und Lineker bringt den Ball im Fallen noch über die Linie zum 1:0 in der 9. Minute. Wir haben schon oft erlebt, daß solche Treffer dann einen unwiderstehlichen Sturmlauf auslösen. Nicht so in Cagliari.

Beim Versuch, das 1:0 schließlich über die Distanz zu retten, schickte Englands Coach Bobby Robson in der 71. Minute den Mittelfeldspieler von Liverpool, Steve McMahon, statt der Sturmspitze vom selben Klub, Peter Beardsley, ins Spiel. Einen Fehler von ihm am eigenen Strafraum nützte Irlands Kevin Sheedy von Everton zwei Minuten nach dem Tausch zum 1:1.

Was vom „Spiel" sonst noch blieb, war nur für das Buch der Rekorde, das die Engländer ja mindestens so lieben wie ihre Art, Fußball zu spielen. Der 40jährige Tormann Peter Shilton stellte mit 119 Einsätzen den Weltrekord des Nordiren Pat Jennings in der Nationalmannschaft ein. Und der Computer von Italia '90 registrierte mit nur 49 Netto-Spielminuten das kürzeste Match in der Vorrunde. Der deutsche Schiedsrichter Aron Schmidhuber pfiff vierzig Fouls, zeigte aber nur eine gelbe Karte, nämlich für McMahon. Ein Beweis dafür, daß englische Härte nicht brutal ist.

Ägypter narrten Holländer
Frühe Chancen, später Ausgleich

Das 1:1 von Ägypten gegen den Titelanwärter Holland gehört zum Kapitel der Erstrunden-Sensationen der Kleinen. Es sei hier aber noch einmal angemerkt, daß jene Mannschaft, gegen die Österreich zu Beginn seiner Vorbereitungen in Kairo „nur" 0:0 gespielt hat, mehr Chancen hatte als Kamerun im Eröffnungsspiel gegen Argentinien.

Zumindest gleichauf mit den Schwarzafrikanern waren die Ägypter in puncto Technik und Spielfreude. Noch cleverer im Aufbau ihres Spieles, mit dem sie die Holländer mitunter narrten. Besonders imponiert haben mir die zwei Mittelfeldspieler, Abdou Ahmed und Abdel El Hamid, über die das Konterspiel der Afrikaner lief. Eine Kombination der beiden wäre schon in der 53. Minute das Führungstor wert gewesen. Abdel El Hamid war an der Seitenlinie mit Rijkaard umgesprungen, als wäre dieser Unterklasse. Nach seiner Flanke verfehlte Abdou Ahmed nur knapp. Und über diese gelungene Aktion freuten sich die beiden so, als hätten sie damit die Niederlande besiegt. Ihnen macht Fußball auch im Detail Spaß.

Nach dem Führungstreffer des eingewechselten Wim Kieft verwandelte der eingewechselte Abdel Ghani in der 82. Minute den Elfmeter gegen van Breukelen, der eine frühe Führung der Ägypter verhindert hatte. Das von der Polizei stark abgesicherte Stadion La Favorita in Palermo war jedenfalls kein Boden für Favorits.

Der große Schlager war ein Flop
Was ist nur mit van Basten los?

In Cagliari herrschte Belagerungszustand. In der Stadt und vor dem Stadion. Nicht aber vor den Toren Englands oder Hollands. Was zum großen Schlager dieser Gruppe werden sollte, erwies sich als Flop. Das lag vor allem an dem Mailänder Trio infernale, Rijkaard, Gullit und van Basten, das für sein Können inferior spielte. Besonders Marco van Basten, als weltbester Stürmer gepriesen, wurde wieder kaltgestellt. Diesmal von dem Nottingham-Verteidiger Les Walker.

Auf diese beiden Superstars setzten die Holländer große Hoffnungen: Ruud Gullit (oben) und Marco van Basten (unten).

Die Briten zeigten nach dem Irland-Spiel Einsicht und überraschten Hollands Teamchef Leo Beenhakker mit einer taktischen Variante. Sie spielten erstmals mit einem Libero, und zwar mit Mark Wright von Chelsea. Vor ihm mit Butcher, Walker und Pearce drei Verteidiger, ein Vierer-Mittelfeld mit Parker, Robson, Waddle und Gasciogne und vorne mit zwei Spitzen Lineker und Barnes.

Darauf war Beenhakker nicht vorbereitet, hatte er doch drei Spitzen Van't Schip, van Basten und Gillhaus vor einem sehr offensiven Gullit nominiert. Rijkaard war als Vorstopper vor Ronald Koeman eingesetzt. Statt damit Verwirrung in der vermeintlich auf einer Linie spielenden englischen Abwehr zu erzeugen, liefen sich die Holländer in der konsequent dekkenden Abwehr fest. Und die Chancen hatten Lineker und Co.

Überragt wurden alle Spieler diesmal von Paul Gascoigne, der mit einem unglaublichen Aktionsradius das Spiel seiner Mannschaft betrieb. In der 52. Minute erzielte Lineker nach einem von van Breukelen abgewehrten Schuß von Parker ein Tor. Es wurde von dem jugoslawischen Schiedsrichter Zoran Petrovic wegen Handspiels nicht anerkannt. Und in der 92. Minute schoß Verteidiger Pearce einen indirekten Freistoß direkt ins Tor. Viele im Stadion und wohl auch auf dem Spielfeld hatten den erhobenen Arm des Schiedsrichters übersehen. Auch Tormann van Breukelen, der nach dem Schuß hechtete und den Ball beinahe berührt hätte. Damit wäre der Treffer indirekt gefallen und hätte gezählt. So aber endete dieses Match der Enttäuschungen 0:0.

Die Fans kamen mit Schiffen
Invasion auf Sizilien

Das 1:1 von Ägypten gegen Holland hatte am Nil Euphorie ausgelöst. Rund 7000 Fans kamen zum zweiten Spiel gegen Irland per Schiff nach Palermo. Und sie waren über das 0:0 nicht enttäuscht. Im Gegenteil: Trainer Mahmoud El Gohary dankte bei der Pressekonferenz Allah für diesen Sieg.

Die Ägypter wirkten nicht mehr so unbekümmert wie gegen Holland. Ihre plötzliche Aufstiegschance hatte sie nervös und defensiv werden lassen. Die Iren bestimmten über weite Strecken das Spiel, waren gefährlicher und klüger im Spielaufbau. Vor allem die Mittelfeldspieler Houghton, Sheedy und Townsend stießen immer wieder an die Spitze, wo Aldridge und Cascarino zuwenig Durchschlagskraft bewiesen.

Am Ende retteten sich die Ägypter nur mit Zeitschinden ins Unentschieden. Tormann Ahmed Shobeir bekam dafür auch zu Recht die gelbe Karte. Doch auch dieses Mittel der Spielverzögerung hatten sie sich bei den Großen abgeschaut. Trainer Mahmoud El Gohary, ein Oberst der Reserve, hatte seine Mannschaft mit Hilfe von Videokassetten auf die Endrunde vorbereitet.

Nur kein Unentschieden mehr!
Zehn Minuten lang winkte uns das Los

Die Remis-Könige mußten gestürzt werden. Österreichs letzte Hoffnung lag bei zwei Siegen in der Gruppe F. England mußte Ägypten in Cagliari schlagen und Holland gegen Irland in Palermo siegen. An und für sich nicht zu viel verlangt, wenn man an das wahre Kräfteverhältnis zwischen den Gegnern dachte. Aber nur zehn Minuten lang winkte uns das Los, das uns gegen Schottland doch noch ins Achtelfinale hätte bringen können.

Ruud Gullit, den sie schon den Ruud Nullit genannt hatten, erfüllte als Erster unsere Hoffnungen. Nach einem Steilpaß von Koeman und einem Doppelpaß mit Kieft brachte er Holland gegen Irland 1:0 in Führung.

Die Engländer hingegen ließen sich Zeit und strapazierten unsere Nerven über Gebühr. Trotz klarer Überlegenheit fanden sie zu keinen Torchancen. Zu

Zunächst holte er für die Niederlande noch die Kastanien aus dem Feuer: Tormann Hans van Breukelen (hier gegen Irland).

defensiv waren die Ägypter eingestellt, die mehr auf einen Los-Entscheid in dieser Gruppe aus waren als auf ein Tor. In der 59. Minute verpaßte Tormann Shobeir eine Flanke des wieder sehr gut spielenden Gascoigne, und Libero Wright köpfelte das für uns erlösende 1:0.

Unser Glück währte nur etwas mehr als zehn Minuten. Da machte auch Hollands Tormann Hans van Breukelen einen Fehler. Seinen einzigen übrigens in der gesamten Vorrunde. Niall Quinn von Manchester City staubte ab. Und dann kam es zu einer Art Waffenstillstand. Beide Teams vertrauten auf die 1:0-Führung Englands gegen Ägypten und ließen sich vom Remis ins Achtelfinale tragen.

Für Österreich bedeutete es das endgültige Aus bei der Weltmeisterschaft. Unser Schicksal bestimmten letztlich die Beine anderer, aber nur deshalb, weil unsere Mannschaft bei der Endrunde sich einfach nie auf eigene Füße stellen konnte.

Holländer und Iren umarmten einander. Tormann van Breukelen freute sich mit dem Schützen des 1:1, Niall Quinn. Die Holländer ahnten zu diesem Zeitpunkt nicht, daß sie sich das schwere Los Deutschland für das Achtelfinale eingehandelt hatten. Für Holland wurde in Rom die Nummer drei gezogen, also Gruppendritter und gegen Deutschland.
Auf Irland wartete Rumänien.

Cagliari vor dem Spiel England – Ägypten.

Vorrunde

6 Gruppen à 4 Mannschaften Gruppensieger, Gruppenzweiter sowie die vier besten Gruppendritten für Achtelfinale qualifiziert.

Gruppe A

1. Italien	3	3	0	0	4:0	6
2. ČSFR	3	2	0	1	6:3	4
3. Österreich	3	1	0	2	2:3	2
4. USA	3	0	0	3	2:8	0

9. 6. (Rom)
Italien – Österreich 1:0 (0:0)
72.303 Zus.
SR José Wright/BRA

ITA: Zenga; Baresi; Bergomi, Ferri, Maldini; Donadoni, Ancellotti (46'/De Agostini), De Napoli, Giannini; Vialli, Carnevale (75'/Schillaci).

AUT: Lindenberger; Aigner, Russ, Pecl, Streiter; Artner (61'/Zsak), Linzmaier (77'/Hörtnagl), Schöttel, Herzog; A. Ogris, Polster.

Tor: 1:0 (78') Schillaci.

10. 6. (Florenz)
ČSFR – USA 5:1 (2:0)
33.266 Zus.
SR Kurt Röthlisberger/SUI

TCH: Stejskal; Kocian; Straka, Kadlec; Hasek, Chovanec, Kubik, Moravcik (85'/Weiss), Bilek; Skuhravy, Knoflicek (77'/Luhovy).

USA: Meola; Windischmann; Armstrong, Trittschuh; Caligiuri, Stollmeyer (65'/Balboa), Ramos, Harkes, Wynalda; Murray (78'/Sullivan), Vermes.

Tore: 1:0 (26') Skuhravy, 2:0 (39') Bilek/Elfmeter, 3:0 (51') Hasek, 3:1 (61') Caligiuri, 4:1 (79') Skuhravy, 5:1 (93') Luhovy.

Rote Karte: Wynalda (53').

14. 6. (Rom)
Italien – USA 1:0 (1:0)
73.423 Zus.
SR Edgardo Codesal Mendez/MEX

ITA: Zenga; Bergomi, Baresi, Ferri; Donadoni, Berti, De Napoli, Giannini, Maldini; Vialli, Carnevale (52'/Schillaci).

USA: Meola; Doyle, Windischmann, Armstrong; caligiuri, Balboa, Ramos, Harkes, Banks (80'/Stollmeyer); Murray (82'/Sullivan), Vermes.

Tor: 1:0 (12') Giannini.

15. 6. (Florenz)
ČSFR – Österreich 1:0 (1:0)
38.962 Zus.
SR George Smith/SCO

TCH: Stejskal; Kocian; Kadlec, Nemecek; Hasek, Moravcik, Chovanec (30'/Bielik), Kubik, Bilek; Skuhravy, Knoflicek (83'/Weiss).

AUT: Lindenberger; Aigner; Russ (46'/Streiter), Pecl, Pfeffer; Zsak, Herzog, Schöttel (46'/A. Ogris), Hörtnagl; Rodax, Polster.

Tor: 1:0 (29') Bilek/Elfmeter.

19. 6. (Rom)
Italien – ČSFR 2:0 (1:0)
73.423 Zus.
SR Joël Quiniou/FRA

ITA: Zenga; Baresi; Bergomi, Ferri; Donadoni (54'/De Agostini), Berti, De Napoli (70'/Vierchowood), Giannini, Maldini; Schillaci, Baggio.

TCH: Stejskal; Kadlec; Kinier, Nemecek; (46'/Bielik); Hasek, Moravcik, Chovanec, Weiss (62'/Griga), Bilek; Skuhravy, Knoflicek.

Tore: 1:0 (9') Schillaci, 2:0 (78') Baggio.

19. 6. (Florenz)
Österreich – USA 2:1 (0:0)
34.875 Zus.
SR Jemal Al-Sharif/SYR

AUT: Lindenberger; Aigner; Pecl, Pfeffer; Artner, Zsak, Herzog, Streiter; A. Ogris, Polster (46'/Reisinger), Rodax (85'/Glatzmayer).

USA: Meola; Windischmann, Armstrong, Doyle, Banks (56'/Wynalda); Caligiuri (72'/Bliss), Balboa, Ramos, Harkes; Murray, Vermes.

Tore: 1:0 (50') A. Ogris, 2:0 (63') Rodax, 2:1 (84') Murray.

Rote Karte: Artner (34').

Italien und **ČSFR** für Achtelfinale qualifiziert.

Gruppe B

1. Kamerun	3	2	0	1	3:5	4
2. Rumänien	3	1	1	1	4:3	3
3. Argentinien	3	1	1	1	3:2	3
4. Sowjetunion	3	1	0	2	4:4	2

8. 6. (Mailand)
Kamerun – Argentinien 1:0 (0:0)
73.780 Zus.
SR Michel Vautrot/FRA

CMR: Nkono; Ndip; Tataw, Massing, Kunde, Ebwelle; Makanaky (83'/Milla), Mbouh, Kana Biyik, Mfédé (66'/Libiih); Omam Biyik.

ARG: Pumpido; Simon; Ruggeri (46'/Caniggia), Fabbri; Lorenzo, Batista, Burruchaga, Basualdo, Sensini (69'/Calderón); Balbo, Maradona.

Tor: 1:0 (67') Oman Biyik.

Rote Karten: Kana Biyik (61'), Massing (89').

9. 6. (Bari)
Rumänien – Sowjetunion 2:0 (1:0)
42.907 Zus.
SR Juan Cardellino/URU

RUM: Lung; Klein; Rednic, Andone; Popescu, Sabau, Rotariu, Lupescu, Raducioiu (80'/Balint); Timofte, Lacatus (87'/Dumitrescu).

URS: Dassajew; Chidijatullin; Bessonow, Kusnezow; Gorlukowitsch, Alejnikow, Raz, Litowtschenko (66'/Jaremtschuk), Sawarow; Protassow, Dobrowolski (76'/Borodjuk).

Tore: 1:0 (41') Lacatus, 2:0 (55') Lacatus/Elfmeter.

13. 6. (Neapel)
Argentinien – Sowjetunion 2:0 (1:0)
55.579 Zus.
SR Erik Fredriksson/SWE

ARG: Pumpido (12'/Goycoechea); Simon; Monzon (79'/Lorenzo), Serrizuela; Basualdo, Troglio, Batista, Burruchaga, Olarticoechea; Caniggia, Maradona.

URS: Uwarow; Chidijatullin; Sygmantowitsch, Gorlukowitsch; Bessonow, Kusnezow, Alejnikow, Sawarow (86'/Ljuti), Gorlukowitsch; Dobrowolski, Protassow (77' Litowtschenko).

Tore: 1:0 (28') Troglio, 2:0 (81') Burruchaga.

Rote Karte: Bessonow (49').

14. 6. (Bari)
Kamerun – Rumänien 2:1 (0:0)
38.687 Zus.
SR Hernan Silva Arce/CHI

CMR: Nkono; Onana, Ebwelle, Kundé (69'/Pagal); Tataw, Ndip, Mbouh, Mfédé, Mabdan (58'/Milla), Makanaky; Oman Biyik.

RUM: Lung; Popescu; Rednic, Andone; Sabau, Rotariu, Hagi (53'/Dumitrescu), Klein, Timofte; Lacatus, Raducioiu (63'/Balint).

Tore: 1:0 (77') Milla, 2:0 (87') Milla, 2:1 (88') Balint.

18. 6. (Bari)
Sowjetunion – Kamerun 4:0 (2:0)
37.307 Zus.
SR José Wright/BRA

URS: Uwarow; Chidijatullin; Gorlukowitsch, Sygmantowitsch; Litowtschenko (72'/Jaremtschuke, Kusnezow, Alejnikow, Demjanenko; Dobrowolski, Protassow, Schalimow (46'/Sawarow).

CMR: Nkono; Ndip; Onana, Ebwelle; Tataw, Kundé (35'/Milla); Mbouh, Mfédé, Kana Biyik; Makanaky (56'/Pagal), Omam Biyik.

Tore: 1:0 (21') Protassow, 2:0 (30') Sygmantowitsch, 3:0 (53') Sawarow, 4:0 (63') Dobrowolski.

18. 6. (Neapel)
Argentinien – Rumänien 1:1 (0:0)
52.733 Zus

SR Carlos Silva Valente/POR

ARG: Goycoechea; Simon; Monzon, Serrizuela; Basualdo, Troglio (53'/Giusti), Batista, Burruchaga (61'/Dezotti), Olarticoechea; Caniggia, Maradona.

RUM: Lung; Popescu; Andone, Rotariu; Rednic, Sabau (83'/Mateut), Hagi, Lupescu, Klein; Lacatus, Balint (72'/Lupu).

Tore: 1:0 (62') Monzon, 1:1 (70') Balint).

Kamerun, Rumänien und **Argentinien** für Achtelfinale qualifiziert.

Gruppe C

1. Brasilien	3	3	0	0	4:1	6
2. Costa Rica	3	2	0	1	3:2	4
3. Schottland	3	1	0	2	2:3	2
4. Schweden	3	0	0	3	3:6	0

10. 6. (Turin)
Brasilien – Schweden 2:1 (1:0)
64.628 Zus.
SR Tullio Lanese/ITA

BRA: Taffarel; Galvão; Mozer, Ricardo Gomez; Jorginho, Alemão, Valdo (85'/Silas), Dunga, Branco; Müller, Careca.

SWE: Ravelli; R. Nilsson, P. Larsson, Ljung (70'/Strömberg), Schwarz; Limpar, Thern, Ingesson, J. Nilsson; Brolin, Magnusson (46'/Pettersson).

Tore: 1:0 (41') Careca, 2:0 (62') Careca, 2:1 (80') Brolin.

11. 6. (Genua)
Costa Rica – Schottland 1:0 (0:0)
30.867 Zus.
SR Juan Loustau/ARG

CRC: Conejo; Flores; Marchena, Montero; Chavarria, Gonzalez, R. Gomez, Cayasso, Ramirez, Chaves, Jara (86'/Medford).

SCO: Leighton; Gough (69') McKimmie), McLeish, McPherson, Malpas; McCall, McStay, Aitken, Bett (74'/McCoist); Johnston, McInally.

Tor: 1:0 (49') Cayasso.

16. 6. (Turin)
Brasilien – Costa Rica 1:0 (1:0)
58.007 Zus.
SR Naji Jouini/TUN

BRA: Taffarel; Galvão; Mozer, Ricardo Gomez; Jorginho, Dunga, Alemão, Branco, Valdo (87'/Silas); Müller, Careca (84'/Bebeto).

CRC: Conejo; Flores; Marchena, Montero; Gonzalez, Chavarria, Ramirez, R. Gomez, Cayasso (79'/Guimaraes), Chaves; Jara (72'/Mayers).

Tor: 1:0 (34') Müller.

16. 6. (Genua)
Schottland – Schweden 2:1 (1:0)
36.000 Zus.
SR Carlos Maciel/PAR

SCO: Leighton; McPherson, Levein, McLeish, Malpas; McLeod, Aitken, McCall; Fleck (86'/McCoist), Johnston, Durie (76'/McStay).

SWE: Ravelli; Hysen; R. Nilsson, P. Larsson (76'/Strömberg), Schwarz; Limpar, Thern, Ingesson, J. Nilsson; Brolin, Pettersson (65'/Ekström).

Tore: 1:0 (11') McCall, 2:0 (82') Johnston/Elfmeter, 2:1 (86') Strömberg.

20. 6. (Turin)
Brasilien – Schottland 1:0 (0:0)
62.502 Zus.
SR Helmut Kohl/AUT

BRA: Taffarel; Galvão; Ricardo Gomez, Ricardo Rocha; Jorginho, Alemão, Dunga, Valdo, Branco; Romario (63'/Müller), Careca.

SCO: Leighton; McLeish, McPherson, McKimmie, Malpas; McCall, Aitken, McStay, McLeod (39'/Gillespie); Johnston, McCoist (78'/Fleck).

Tor: 1:0 (82') Müller.

20. 6. (Genua)
Costa Rica – Schweden 2:1 (0:1)
30.223 Zus.
SR Zoran Petrovic/YUG

CRC: Conejo; Flores; Marchena, Montero; Chavarria (74'/Guimaraes), Gonzalez, Ramirez, R. Gomez (61'/Medford), Cayasso, Chaves, Jara.

SWE: Ravelli; Hysen; R. Nilsson, Schwarz; Pettersson, Strömberg (82'/Engqvist), P. Larsson, Ingesson, J. Nilsson; Ekström, Brolin (34'/Gren).

Tore: 0:1 (32') Ekström, 1:1 (75') Flores, 2:1 (87') Medford.

Brasilien und **Costa Rica** für Achtelfinale qualifiziert.

Gruppe D

1. BRD	3	2	1	0	10: 3	5
2. Jugoslawien	3	2	0	1	6: 5	4
3. Kolumbien	3	1	1	1	3: 2	3
4. V. A. Emirate	3	0	0	3	2:11	0

9. 6. (Bologna)
Kolumbien – V. A. Emirate 2:0 (0:0)
30.792 Zus.
SR George Courtney/ENG

COL: Higuita; Herrera, Perea, Escobar, Gildardo Gomez; Alvarez, Valderrama, Gabriel Gomez, Redin; Iguaran (76'/Estrada), Rincon.

UAE: Muhsin Mussabeh Faraj; Aissa Mir Abdurrahman (75'/Abdullah Ali Sultan), Ibrahim Mir Abdurrahman, Yusuf Husein Muhammed, Khalil Ghanim Mubarak, Abdurrahman Muhammed Abdullah, Nasser Khames Mubarak, Ali Thani Juma'a, Husein Ghulum Abbas; Fahd Khamis Mubarak (60'/Zuheir Bakhit Bilal), Adnan Khamis At-Talyani.

Tore: 1:0 (51') Redin, 2:0 (86') Valderrama.

10. 6. (Mailand)
BRD – Jugoslawien 4:1 (2:0)
74.765 Zus.
SR Peter Mikkelsen/DEN

BRD: Illgner; Augenthaler; Reuter, Berthold, Buchwald; Häßler (74'/Möller), Matthäus, Bein (74'/Littbarski), Brehme; Klinsmann, Völler.

YUG: Ivkovic; Jozic; Spasic, Hadzibegic; Vulic, Stojkovic, Susic (58'/Brnovic), Katanec, Baljic; Savicevic (58'/Prosinecki), Vujovic.

Tore: 1:0 (29') Matthäus, 2:0 (40') Klinsmann, 2:1 (55') Jozic, 3:1 (63') Matthäus, 4:1 (70') Völler.

14. 6. (Bologna)
Jugoslawien – Kolumbien 1:0 (0:0)
32.257 Zus.
SR Luigi Agnolin/ITA

YUG: Ivkovic; Jozic; Spasic, Hadzibegic; Stanojkovic, Brnovic, Stojkovic, Katanec (46'/Jarni), Sabanadzovic; Susic, Vujovic (56'/Pancev).

COL: Higuita; Herrera, Perea, Escobar, Gildardo Gomez; Alvarez, Gabriel Gomez, Valderrama, Redin (80'/Estrada); Iguaran, Rincon (69'/Hernandez).

Tor: 1:0 (74') Josic.

15. 6. (Mailand)
BRD – V. A. Emirate 5:1 (2:0)
71.167 Zus.
SR Aleksej Spirin/URS

BRD: Illgner; Augenthaler; Berthold (46'/Littbarski), Buchwald, Reuter; Häßler, Matthäus, Bein, Brehme; Klinsmann (72'/Riedle), Völler.

UAE: Muhsin Mussabeh Faraj; Aissa Mir Abdurrahman, Ibrahim Mir Abdurrahman (87'/Abdurrahman Muhammed Al-Haddad), Khalil Ghanim Mubarak, Yusuf Husein Muhammed; Nasser Khamis Mubarak, Abdurrahman Muhammed Abdullah, Ali Thani Juma'a, Husein Ghulum Abbas; Khalid Ismail Mubarak (83'/Hassan Muhammed Husein), Adnan Khamis At-Talyani.

Tore: 1:0 (36') Völler, 2:0 (38') Klinsmann, 2:1 (46') Khalid Ismail Mubarak, 3:1 (47') Matthäus, 4:1 (59') Bein, 5:1 (75') Völler.

19. 6. (Bologna)
Jugoslawien – V. A. Emirate 4:1 (2:1)
27.833 Zus.
SR Shizuo Takada/JPN

YUG: Ivkovic; Jozic; Hadzibegic, Spasic; Stanojkovic, Stojkovic, Sabanadzovic (79'/Prosinecki), Brnovic, Susic; Pancev, Vujovic (65'/Vulic).

UAE: Muhsin Mussabeh Faraj; Aissa Mir Abdurrahman, Ibrahim Mir Abdurrahman, Khalil Ghanim Mubarak, Abdurrahman Al-Haddad; Nasser Khames Mubarak (35'/Abdullah Ali Sultan), Abdurrahman Muhammed Abdullah, Ali Thani Juma'a (46'/Fahd Khamis Mubarak), Huseim Ghulum Abbas; Khalid Ismail Mubarak, Adnan Khamis At-Talyani.

Tore: 1:0 (5') Susic, 2:0 (8') Pancev, 2:1 (22') Ali Thani Juma'a, 3:1 (47') Pancev, 4:1 (92') Prosinecki.

Rote Karte: Khalil Ghanim Mubarak (76').

19. 6. (Mailand)
BRD – Kolumbien 1:1 (0:0)
72.510 Zus.
SR Alan Snoddy/NIR

BRD: Illgner; Augenthaler; Berthold, Buchwald, Reuter; Häßler (88'/Thon), Bein (46'/Littbarski), Matthäus, Pflügler; Klinsmann, Völler.

COL: Higuita; Herrera, Perea, Escobar, Gildardo Gomez; Alvarez, Fajardo, Valderrama, Rincon, Gabriel Gomez; Estrada.

Tore: 1:0 (88') Littbarski, 1:1 (92') Rincon.

BRD, Jugoslawien und **Kolumbien** für Achtelfinale qualifiziert.

Gruppe E

1. Spanien	3	2	1	0	5:2	5
2. Belgien	3	2	0	1	6:3	4
3. Uruguay	3	1	1	1	2:3	3
3. Südkorea	3	0	0	3	1:6	0

12. 6. (Verona)
Belgien – Südkorea 2:0 (0:0)
32.486 Zus.
SR Vincent Mauro/USA

BEL: Preud'homme; Clijsters; Gerets, Demol, De Wolf; Van der Elst, Emmers, Scifo, Versavel; Degryse, Van der Linden (46'/Ceulemans).

KOR: Choi In-Young; Park Kyung-Joon; Hong Myung-Bo, Choi Kang-Hee, Lee Young-Jin (46'/Cho Min-Kook), Gu Sang-Bum; Choi Soon-Ho, Noh Soon-Jin (63'/Lee Tae-Ho), Chung Yong-Hwan, Kim Joo-Sung; Hwang Seon-Hong.

Tore: 1:0 (54') Degryse, 2:0 (65') De Wolf.

13. 6. (Udine)
Uruguay – Spanien 0:0
35.713 Zus.
SR Helmut Kohl/AUT

URU: Alvez; Herrera, Gutierrez, De León, Dominguez; R. Pereira (65'/Correa), Perdomo, Ruben Paz, Francescoli; Alzamendi (65'/Aguilera), Ruben Sosa.

ESP: Zubizarreta; Chendo, Andrinua, Sanchis, Jimenez; Martin Vazquez, Michel, Roberto, Villaroya (80'/Gorriz); Butragueño, Manolo (80'/Rafael Paz).

17. 6. (Verona)
Belgien – Uruguay 3:1 (2:0)
33.759 Zus.
SR Siegfried Kirschen/DDR

BEL: Preud'homme; Gerets, Demol, Grun, De Wolf; Clijsters (46'/Emmers), Van der Elst, Scifo, Versavel (78'/Vervoort); Degryse, Ceulemans.

URU: Alvez; Herrera, Gutierrez, De León, Dominguez; Ostolaza (57'/Bengoechea), Perdomo, Ruben Paz, Francescoli; Alzamendi (46'/Aguilera), Ruben Sosa.

Tore: 1:0 (15') Clijsters, 2:0 (23') Scifo, 3:0 (47') Ceulemans, 3:1 (72') Bengoechea.

Rote Karte: Gerets (42').

17. 6. (Udine)
Spanien – Südkorea 3:1 (1:1)
32.733 Zus.
SR Elias Guerrero/ECU

ESP: Zubizarreta; Chendo, Andrinua, Sanchis, Gorriz; Martin Vazquez, Michel, Roberto (82'/Bakero), Villaroya; Salinas, Butragueño (77'/Fernando).

KOR: Choi In-Young; Park Kyung-Joon (70'/Chung Jong-Soo), Hong Myung-Bo, Choi Kang-Hee, Yoon Deuk-Yeo; Chung Hae-Won (53'/Noh Soon-Jin), Hwang Bo-Kwan, Gu Sang-Bum, Kim Joo-Sung; Byun Byung-Joo, Choi Soon-Ho.

Tore: 1:0 (23') Michel, 1:1 (34') Hwang Bo-Kwan, 2:1 (62') Michel, 3:1 (81') Michel.

21. 6. (Verona)
Spanien – Belgien 2:1 (2:1)
35.950 Zus.
SR Juan Loustau/ARG

ESP: Zubizarreta; Andrinua; Chendo, Sanchis, Gorriz; Michel, Villaroya, Martin Vazquez, Roberto; Butragueño (82'/Alcorta), Salinas (86'/Pardeza).

BEL: Preud'homme; Demol; Staelens, (78'/Van der Linden), Albert, De Wolf; Emmers (31'/Plovie), Van derElst, Scifo, Vervoort; Degryse, Ceulemans.

Tore: 1:0 (27') Michel/Elfmeter, 1:1 (31') Vervoort, 2:1 (39') Gorriz.

21. 6. (Udine)
Uruguay – Südkorea 1:0 (0:0)
29.039 Zus.
SR Tullio Lanese/ITA

URU: Alvez; Herrera, De León, Gutierrez, Dominguez; Ostolaza (46'/Aguilera), Perdomo, Francescoli, Ruben Paz; Martinez, Ruben Sosa (63'/Fonseca).

KOR: Choi In-Young; Park Kyung-Joon; Choi Kang-Hee, Chung Jong-Soo, Hong Myung-Bo, Yong Deuk-Yeo; Hwang Bo-Kwan (80'/Chung Hae-Won), Lee Heung-Sil, Kim Joo-Sung; Byun Byung-Joo (44'/Hwang Seon-Hong), Choi Soon-Ho.

Tore: 1:0 (92') Fonseca.

Rote Karte: Yoon Deuk-Yeo (71').

Spanien, Belgien und **Uruguay** für Achtelfinale qualifiziert.

Gruppe F

1. England	3	1	2	0	2:1	4
*2. Irland	3	0	3	0	2:2	3
*3. Niederlande	3	0	3	0	2:2	3
4. Ägypten	3	0	2	1	1:2	2

*Irland durch Losentscheid Gruppenzweiter

11. 6. (Cagliari)
England – Irland 1:1 (1:0)
35.258 Zus.
SR Aron Schmidhuber/BRD

ENG: Shilton; Stevens, Butcher, Walker, Pearce; Gascoigne, Robson, Waddle, Barnes; Lineker (83'/Bull), Beardsley (69'/McMahon).

IRL: Bonner; McCarthy, Morris, Moran, Staunton; Houghton, Townsend, McGrath, Sheedy; Aldridge (64'/McLoughlin), Cascarino.

Tore: 1:0 (9') Lineker, 1:1 (73') Sheedy.

12. 6. (Palermo)
Ägypten – Niederlande 1:1 (0:0)
33.288 Zus.
SR Emilio S. Aladrén/ESP

EGY: Ahmed Shobeir; Ibrahim Hassan, Hany Ramzy, Hesham Yakan, Ahmed Ramzy (69'/Magdy Tolba); Rabbih Yassein, Ismail Youssef, Gamal Abdel Hamid (69'/Adel Aberrahman), Abdel Ghani; Hossam Hassan, Ahmed Abdou El Kass.

HOL: Van Breukelen; Van Aerle, R. Koeman, Rutjes, Van Tiggelen; Vanenburg (46'/Kieft), Wouters, Rijkaard, E. Koeman (69'/Witschge); Van Basten, Gullit.

Tore: 0:1 (57') Kieft, 1:1 (83') Abdel Ghani/Elfmeter.

16. 6. (Cagliari)
England – Niederlande 0:0
35.267 Zus.
SR Zoran Petrovic/YUG

ENG: Shilton; Wright; Walker, Butcher, Pearce; Waddle (58'/Bull), Gascoigne, Robson (60'/Platt), Parker, Barnes; Lineker.

HOL: Van Breukelen; R. Koeman; Van Aerle, Rijkaard, Van Tiggelen; Wouters, Witschge, Gullit, Gillhaus; Van Basten, Van't Schip (75'/Kieft).

17. 6. (Palermo)
Irland – Ägypten 0:0
33.288 Zus.
SR Marcel van Langenhove/-BEL

IRL: Bonner; McCarthy, Morris, Moran, Staunton; Houghton, Townsend, McGrath, Sheedy; Aldridge (65'/McLoughlin), Cascarino (85'/Quinn),

EGY: Ahmed Shobeir; Ibrahim Hassan, Hany Ramzy, Hesham Yakan, Rabbih Yassein; Ismail Youssef, Abdel Ghani, Ahmed Abdou El Kass (77'/Abdel Hamid), Magdy Tolba (60'/Taher Abu Said), Osama Oraby; Hossam Hassan.

21. 6. (Palermo)
Niederlande – Irland 1:1 (1:0)
33.288 Zus.
SR Michel Vautrot/FRA

HOL: Van Breukelen; R. Koeman, Van Aerle, Rijkaard, Van Tiggelen; Wouters, Gullit, Witschge (59'/Fraeser); Van Basten, Kieft (77'/Van Loen), Gillhaus.

IRL: Bonner; Mc Grath, McCarthy, Morris, Staunton; Houghton, Moran, Townsend, Sheedy (63'/Whelan); Quinn, Aldridge (63'/Cascarino).

Tore: 1:0 (11')Gullit, 1:1 (72') Quinn.

21. 6. (Cagliari)
England – Ägypten 1:0 (0:0)
34.959 Zus.
SR Kurt Röthlisberger/SUI

ENG: Shilton; Wright; Parker, Walker, Pearce; Waddle (86'Platt), McMahon, Gascoigne, Barnes; Lineker, Bull (84'/Beardsley).

EGY: Ahmed Shobeir; Hany Ramzy; Ibrahim Hassan, Rabbih Yassein, Hesham Yakan; Ismail Youssef, Abdel Ghani, Ahmed Ramzy, Abdel Hamid (78'/Adel Abderrahman), Ahmed Abdou El Kass (78'/Tarek Suleiman); Hossam Hassan.

Tor: 1:0 (58') Wright.

England, Irland und **Niederlande** für Achtelfinale qualifiziert.

Photos in diesem Kapitel: Bongarts 66, 67, 69, 70, 71, 73, 75, 76, 77, 78, 79, 80, 81 o., 83, 85, 87, 89 u., 91 o., 93, 95, 97, 103, 109. Sven Simon 68, 72, 74, 81 u., 89 o., 91 u., 101 u., 105, 107, 110.

Das Achtelfinale

Milla war bei dieser WM eine der herausragenden Erscheinungen. Beim 2:1 Erfolg über Kolumbien erzielt er beide Tore. Bei seinem zweiten Treffer trickst er elegant den Torwart-Libero Higuita aus. (u. r.) Der hat nur noch das Nachsehen.

Wieder macht Kamerun den Anfang
Vorläufiges Ende für Rene Higuita

Kamerun lieferte die erste Sensation dieser Weltmeisterschaft. Kamerun war als erste Mannschaft für das Achtelfinale qualifiziert. Und Kamerun zog als erster Teilnehmer ins Viertelfinale ein.

Im ersehnten Neapel schlugen die Westafrikaner Kolumbien mit 2:1 (0:0, 0:0). Wieder war es der 38jährige Roger Milla, der als Ersatzmann die Tore schoß. In der 51. Minute kam er als Glücksbringer des Teams. In der 106. Minute schloß er ein Solo mit einem herrlichen Schuß in die kurze Ecke ab. Zwei Minuten später nahm er Tormann Higuita den Ball ab, als dieser versuchte, ihn außerhalb des Strafraumes zu umspielen. Den insgesamt stärkeren Kolumbianern gelang erst vier Minuten vor dem Ende der Verlängerung das 1:2 durch Redin nach einem Paß von Valderrama.

Für alle, die diese Weltmeisterschaft gewissenhaft nach den modernsten Erkenntnissen vorbereitet hatten, wirkten Millas Tore wie eine Ohrfeige. Und sie tat ihnen noch mehr weh als vielleicht dem unglücklichen Tormann-Libero Rene Higuita. Ein auf der Insel Réunion im Indischen Ozean praktisch verschollener, bei französischen Erstdivisionären wie St. Etienne und Bastia ausrangierter Profi taucht bei der Weltmeisterschaft als Siegertyp auf. Wie viele knapp über dreißig Jahre alte Klassefußballer wurden da in Europa wegen Überschreitung des Alterslimits ungerechtfertigt daheim gelassen?

Diese Frage beschäftigte wahrscheinlich so manchen Teamchef nach diesem an und für sich belanglosen Achtelfinalspiel. Sieger haben immer die Wahrheit auf ihrer Seite, Verlierern fehlt die Glaubwürdigkeit.

Zu letzteren zählte auch Kolumbiens 23jähriger Tormann Rene Higuita, der von Medellin ausgezogen war, um die Fußballwelt bei der Endrunde einen neuen Torhüter-Stil zu lehren. Mit einem überflüssigen Haken zerstörte er seine schon fast erfolgreiche Mission. Higuita, der bei dieser Weltmeisterschaft wendigere Stürmer, wie den Deutschen Rudi Völler, ausgetrickst hatte, blieb just an diesem Senior hängen. Und zwar in einer Phase des Spiels, in der er das Match verloren glaubte und offenbar nur noch für sein Image als „Dribbel-Keeper" kämpfte. Nach dem zu späten Anschlußtreffer der Kolumbianer konnte man ihm bitterste Vorwürfe machen.

Das tat er nachher auch selbst. Noch nie hatte er eine derart negative Erfahrung machen müssen. Trotzdem kündigte er an, seinen Stil weiter zu verfolgen, nur eben etwas aufmerksamer und vorsichtiger. Die Zukunft wird zeigen, ob dem Tormann andere Aufgaben, als nur knapp vor dem Tor abzuwehren, übertragen werden. Wenn einer solche Fähigkeiten besitzt wie Higuita, dann stimme ich Franz Beckenbauer zu, der sich von dieser Auslegung der Torhüter-Funktion einen Impuls für den Angriffsfußball verspricht. Auf jeden Fall erweckte der mit seiner schwarzen Lockenpracht auch äußerlich exzentrische Schlußmann Interesse und zwang zum Nachdenken.

Es würde mich nicht wundern, wenn es für Rene Higuita nach der Weltmeisterschaft ein Angebot von einem europäischen Profiklub geben sollte. Für eine Attraktion sorgt er in jedem Fall.

Die ČSFR war stärker als Österreich
Tomas Skuhravy wurde zum Star

Mit gemischten Gefühlen saß ich daheim vor dem Fernsehapparat, als die ČSFR im San-Nicola-Stadion von Bari zum Achtelfinalspiel gegen Costa Rica antrat. Zu gerne wären wir an ihrer Stelle gewesen. Die Aufgabe schien leichter, als sie dann war. Und die Schützlinge meines Freundes Jozef Venglos konnten vor allem in kritischen Phasen noch zusetzen. Mit 4:1 (1:0) stiegen sie ins Viertelfinale auf.

Was machte nun den Unterschied zwischen meiner ausgeschiedenen Mannschaft und den aufgestiegenen Tschechoslowaken aus? Vor der Weltmeisterschaft gingen wir ja von einer annähernden Gleichwertigkeit der beiden Teams aus.

Die ČSFR bekam Schwung, wir verloren ihn. Wir ernteten für unsere Eröffnungsvorstellung im Olympiastadion gegen den haushohen Favoriten Italien viel Lob, die ČSFR gewann mit dem 5:1 gegen die USA Punkte und Selbstvertrauen. Sie ging gegen die USA schon in der 25. Minute durch Skuhravy mit 1:0 in Führung und legte damit ihre Nervosität und Unsicherheit ab. Als ihnen dann gegen uns das 1:0 gleichsam serviert wurde, war die Mannschaft schon eine in sich geschlossene Einheit, während Österreich vom Schreckgespenst des Scheiterns immer stärker befallen wurde.

Auch gegen Costa Rica war es Skuhravy, der, nach Vorarbeit von Knoflicek und dem überragenden Moravcik, mit einem frühen Tor in der 11. Minute die Basis für das Weiterkommen schuf. Als Costa Rica in der 55. Minute, ebenfalls mit einem Kopfball, durch Gonzalez nach einem Freistoß von Ramirez ausglich und die ČSFR sogar ins Wanken geriet, war es wieder Skuhravy, der per Kopf aus der Krise half. Ein herrlicher Freistoß à la Panenka von Kubik in der 77. Minute und das dritte Kopfballtor von Skuhravy nach einem Eckball besorgten das 4:1.

Den Tschechoslowaken erging es so wie uns in den Vorbereitungsspielen. In den entscheidenden Phasen gelangen die Tore, die Halt gaben und die Fähigkeiten der Spieler zur Geltung kommen ließen. Drei Kopfballtore und ein Freistoßtreffer waren der Beweis dafür. Costa Rica mußte überdies auf den verletzten Tormann Gabelo Cornejo verzichten, an dem Schottland und Schweden gescheitert waren. „Ohne ihn hätten wir dreimal verloren“, gab auch Costa Ricas Teamchef Bora Milotinovic zu.

Unserem nördlichen Nachbarn kam vieles entgegen. Auch daß er seine Vorbereitungsspiele verloren hat. Die ČSFR unterlag Spanien, Ägypten, England und Deutschland. Für sie waren es lehrreiche Niederlagen. Und meine Hoffnung, daß ihnen mit den Niederlagen auch das Selbstvertrauen abhanden kommt, erfüllte sich aus den oben genannten Gründen nicht. Sie waren vor allem im Kopf nicht so irritiert wie wir nach unseren im nachhinein nutzlosen Triumphen.

Österreichs „Rambo“, Toni Pfeffer, schickte uns mit seinem Rückpaß ins Verderben, der „Rambo“ der ČSFR ebnete ihr den Weg ins Viertelfinale. Der 1,90 m große und 90 kg schwere Stürmer von Sparta Prag ging im richtigen Augenblick im wahrsten Sinne des Wortes in die Höhe, während unsere berühmten Angreifer Toni Polster und Gerhard Rodax bei der Weltmeisterschaft in ein Tief schlitterten. Sie waren vor der Weltmeisterschaft bereits bei Profivereinen, Tomas Skuhravy landete durch seine Tore beim Endrundenturnier im lukrativen Ausland. Noch vor dem Spiel gegen Deutschland unterschrieb er, als Führender der WM-Torschützenliste, für den FC Genua.

Der tränenreiche Abschied von Brasilien Maradona und die Ungerechtigkeit triumphierten

Vor dem dritten Achtelfinalspiel im Delle-Alpi-Stadion von Turin erging es mir wie vielen Fußballfans: es hieß Abschied nehmen – entweder von Brasilien oder von Diego Maradona. Beide waren bis dahin der Weltmeisterschaft einiges schuldig geblieben, von beiden erwartete man aber noch eine Bereicherung des Turniers.

Turin war in diesen Tagen zur heimlichen Hauptstadt Brasiliens geworden. Das Bild der Stadt und sein Zentrum, die Piazza San Carlo, wurden in das fröhliche Blau-Gelb der brasilianischen Fans getaucht, die mit ihren friedlichen Festen der Anhängerschaft in aller Welt ein Beispiel gaben.

Und nicht anders war es dann auch vor über 60.000 Zuschauern im Stadion. Im südamerikanischen Duell Samba gegen Tango brillierten die Brasilianer. Sie zauberten zwar nicht wie zu ihren besten

Mit dem Bilderbuchtor zum 1:0 bringt Tomas Skuhravy die ČSFR gegen Costa Rica auf die Siegesstraße (o. l.).
Nach einem Superpaß von Diego Maradona entscheidet Claudio Caniggia mit dem 1:0 (o. r.) das Spiel für Argentinien. Maradona trank mehr, als er spielte . . . (u. l.).
Für dieses Foul an Basualdo sah der Brasilianer Gomez die rote Karte.

Zeiten, aber sie faszinierten die Fußballwelt mit ihrer Ballbehandlung. Und zum ersten Mal bei dieser Weltmeisterschaft waren sie über weite Strecken nur auf Offensive ausgerichtet.

Gleich zu Beginn hatte Careca die Chance zum 1:0. Knapp vor Schluß lag das 1:1 vor den Beinen von Muller. Dazwischen trafen Dunga, Careca und Alemao nur die Stangen. Brasilien hatte Möglichkeiten am laufenden Band. Neun Minuten vor Schluß entschied aber Diego Maradona die Partie. Durch den Tausch Calderon für Troglio in der 56. Minute war er näher zur einzigen Sturmspitze Caniggia vorgerückt. Damit war auch Argentinien gefährlicher geworden. In der 81. Minute setzte sich Maradona durch, konnte einmal nicht gefoult werden und spielte im Fallen einen Paß, wie wahrscheinlich nur er es kann, zu Caniggia. Der Legionär von Atalanta Bergamo umspielte noch Tormann Taffarel, und das Spiel war umgedreht.

Ein Genieblitz des mit einer Blessur im linken Knöchel angetretenen Maradona genügte, um den Spielverlauf auf den Kopf zu stellen. In dieser Szene war er wieder der weltbeste Fußballer. Bis dahin war er kaum in Erscheinung getreten, obwohl die Brasilianer ihn nur im Raum deckten. Das norditalienische Publikum, das ihn so wie im Eröffnungsspiel von Beginn an bei jeder Aktion mit Pfiffen bedachte, hatte diesmal sogar Grund zum Pfeifen. Einige Abspielfehler waren seiner nicht würdig.

Mit Maradona triumphierte die Ungerechtigkeit, die im Fußball solche Resultate zuläßt. Und zu spüren bekam es Sebastiao Lazaroni. Weil er in der Anfangsphase dieser Weltmeisterschaft zu sehr auf Sicherheit gesetzt hatte, wurde ihm das noch angekreidet, als Brasilien gegen Argentinien beinahe so offensiv spielte wie gegen Costa Rica. So als ob er die vielen Tormöglichkeiten verhaut hätte.

Eine Nation, deren ganzer Stolz der Fußball ist, weinte. Die Großaufnahmen enttäuschter brasilianischer Fans nach dem Spiel gehörten zu den ergreifendsten Bildern dieser Weltmeisterschaft. Maradona hatte sie unglücklich gemacht. Zum ersten Mal in bisher vier Begegnungen bei Weltmeisterschaften hatte Argentinien gewonnen.

Für Diego Maradona war es das erste große Erfolgserlebnis bei Italia '90. Mit seinem Paß nahm er auch Revanche für die letzte Niederlage 1982 in Spanien, als Brasilien 3:1 gewann und er ausgeschlossen worden war. Damals war auf ihn, vor allem von dem Italiener Gentile, eine wahre Menschenjagd veranstaltet worden, bis ihm die Nerven rissen. Als der bis dahin meistgefoulte Spieler des Turniers machte er in Turin den alles entscheidenden Traumpaß.

Die Brasilianer, die herrliche Ballstafetten gezeigt hatten, hinterließen ein Erfolgsrezept. Wie die beiden Außendecker Jorginho und Branco das Offensivspiel betrieben, ohne die Deckung zu vernachlässigen, gehörte zu den zukunftsweisenden Erkenntnissen dieser Endrunde.

Nur wer auf diesen Positionen komplette Spieler besitzt, wird sich bei dem immer enger werdenden Spielraum Ausweichmöglichkeiten schaffen können. Dem Libero ist der Weg nach vorne zumeist versperrt. Galvao, der diese Position bei den Brasilianern einnahm, versuchte es erst gar nicht.

Schade jedenfalls um die Brasilianer. Ich hätte sie gerne noch gegen Italien oder Deutschland gesehen. Daran ändert auch nichts, daß sie am Ende sogar 0:2 hätten verlieren können, als Calderon von Branco im Strafraum gefoult wurde und der französische Schiedsrichter Joel Quiniou den Elfer gegen Brasilien nicht übers Herz brachte. Zuvor hatte er Mannschaftskapitän Ricardo Gomez vom Platz gestellt, weil er den allein auf Taffarel zustrebenden Basualdo von hinten gefoult hatte.

Mit Maradona, aber ohne Brasilien ging die Weltmeisterschaft weiter. Der Superstar empfand Mitleid mit seinen ausgeschiedenen Klubkollegen Alemao und Careca. Aber er bekam noch einmal die Chance, sich ganz in den Mittelpunkt zu rücken.

Szenen einer Auseinandersetzung: Rudi Völler und Frank Rijkaard geraten bei BRD – Niederlande (2:1) aneinander. Rijkaard insultiert Völler (oben), dieser kann sich noch zurückhalten, beschwert sich aber beim Schiedsrichter. Schließlich fliegen beide vom Platz.

Ein Gigantenduell in Mailand
Rijkaard fehlte mehr als Völler

Die Spiele Brasilien gegen Argentinien und Deutschland – Holland fanden am selben Sonntag statt. Da der dreimalige Weltmeister gegen den zweimaligen und Titelverteidiger. Dort der Europameister gegen einen ebenfalls zweimaligen Weltmeister. Die zweite Begegnung wurde das wahre Gigantenduell.

Vor 75.000 Zuschauern entspann sich im Meazza-Stadion ein Kampf auf Biegen und Brechen, in dem sich die Holländer trotz größter Bemühungen nicht ganz aus der eigenen Krise ziehen konnten. Die Deutschen wiederum nutzten die in Italien schon gezeigte Form und die damit gewonnene Selbstsicherheit zum 2:1-(0:0)-Sieg.

Beide Teamchefs hatten sich für diesen Anlaß etwas besonderes einfallen lassen. Franz Beckenbauer bot erstmals den Münchner Jürgen Kohler auf und zog Guido Buchwald ins Mittelfeld vor. Kohler sollte auf van Basten achten. Leo Beenhakker versuchte es mit van Basten als vorderster Spitze, etwas zurückhängend Gullit und dahinter mit Wouters, Winter und Witschge stürmende Mittelfeldspieler. Den Deutschen fehlte der verletzte Thomas Hässler. Für ihn spielte Littbarski.

Mehr als von der Taktik der beiden Betreuer wurde das tempogeladene und kampfbetonte Spiel von zwei roten Karten beeinflußt. Dabei traf der Ausschluß von Frank Rijkaard die Holländer mehr als der Ausschluß von Rudi Völler die Deutschen. Und irgendwo war das auch gerecht, weil Rijkaard der Auslöser der beiden Platzverweise war.

Es gab verschiedenste Versionen vom Hergang des Zwischenfalls, der die Wogen im Stadion und auch noch nach dem Match hochgehen ließ. Ein durch nachgeahmte Affengeräusche aus dem Publikum – „hou-hou-hou" – sichtlich gereizter Frank Rijkaard foulte in der 21. Minute Rudi Völler, der eben an seinem Bewacher van Aerle vorbeigezogen war. Rijkaard bekam dafür von Schiedsrichter Carlos Loustau aus Argentinien zu Recht die gelbe Karte. Mit dieser gelben Karte begann eine Kette von Gehässigkeiten, die auch den Schiedsrichter überforderten. Zuerst spuckte Rijkaard auf den Hinterkopf von Völler. Als dieser sich bei Loustau darüber beschwerte, legte es der Schiedsrichter als Reklamieren aus und zeigte auch Völler Gelb. Es kam zu einem Wortwechsel zwischen Rijkaard und Völler. Rijkaard gab nachher an, Völler hätte ihn „schwarze Sau" genannt und gemeint, so ein Foul könne nur „ein schwarzer Blödian" begehen.

Nach dem Freistoß sprang Völler Tormann van Breukelen an, zog im letzten Augenblick zurück und wurde von van Breukelen gestreift. Sofort lief Rijkaard, der mit der gelben Karte bereits für das Viertelfinale gesperrt war, auf Völler zu und zog ihn am Ohr hoch. Der Schiedsrichter zeigte beiden die rote Karte.

Ich habe diesen Zwischenfall nur deshalb bis ins Detail geschildert, weil an ihm wieder einmal deutlich wurde, was alles in der Hektik eines Spiels passiert, ohne daß es nachher einwandfrei rekonstruiert werden kann. Völler mag sich nachher als Opfer vorgekommen sein, sollte er aber Rijkaard in der behaupteten Form beschimpft haben, dann hat er den Ausschluß auch mehr als verdient.

Ohne Rijkaard war jedenfalls Holland schwächer als Deutschland ohne Völler. Vor allem ein Mann lief für zwei. Jürgen Klinsmann, der ehemalige Stuttgarter und jetzige Spieler von Inter Mailand, bot die bis dahin beste Stürmerleistung in diesem Turnier. Er erzielte nicht nur das 1:0 in der 51. Minute nach einem Zuspiel von Buchwald, sondern führte einen Konter nach dem anderen gegen das holländische Tor. Höhepunkt dabei war ein wuchtiger Stangenschuß in der 77. Minute nach einem strapaziösen Solo. Gleich darauf nahm ihn Franz Beckenbauer wegen totaler Erschöpfung und Krämpfen aus dem Spiel.

Für ihn kam Riedle, ohne daß Deutschland an Gefährlichkeit verlor. Nach guten Möglichkeiten von Littbarski fiel die endgültige Entscheidung durch einen gezirkelten Schuß von Brehme in der 85. Minute.

Aber obendrein wurde in diesem Spiel auch packender Fußball geboten. Pierre Littbarski (l. o.) setzte spielerische Akzente, Jürgen Klinsmann krönte seine Leistung mit dem 1:0 (r. o.), Andreas Brehme erzielte den Siegestreffer (u. l.). Nach dem Spiel kam es zwischen den Spielern zu versöhnlichen Gesten, Jürgen Kohler tröstete beim Abgang Marco van Basten (u. r.)

Hollands einziges Tor kam zu spät. Koeman verwandelte in der 89. Minute einen von Kohler an van Basten verursachten Elfmeter zum 1:2. Die ersten Chancen der Holländer hatten Gullit, Winter und Wouters ausgelassen. In erschreckend schwacher Form präsentierte sich van Basten, dem die Bälle serienweise wegsprangen und der dem Kombinationsspiel im Wege stand. An Ruud Gullit lag es nicht, daß Deutschland die Revanche für die Halbfinalniederlage bei der letzten Europameisterschaft gelang.

Nachher zogen vor allem die Deutschen mit dem argentinischen Schiedsrichter ins Gericht. Franz Beckenbauer, der sich bis dahin gelassen und locker gegeben hatte, sprach von einem Kartensalat und Entscheidungen, die man sich nicht länger gefallen lassen kann. Außer dem Ausschluß von Völler kritisierten die Deutschen besonders die gelbe Karte für Kapitän Matthäus, der in der 79. Minute nach einem Offsidepfiff noch weiterspielte.

Der Protest des Deutschen Fußballbundes fruchtete nichts. Die Fußballrichter in Rom sperrten Völler für ein Spiel und hielten die Verwarnung für Matthäus aufrecht. Rijkaard wurde für drei Spiele gesperrt. An den Tatsachenentscheidungen des Schiedsrichters wollte und durfte die Disziplinarkommission der FIFA nichts ändern.

Die deutschen Spieler wurden zwar angehört, der angestrebte Fernsehbeweis aber abgelehnt. DFB-Präsident Hermann Neuberger, der auch Vizepräsident der FIFA ist, meinte, „eines Tages werde man um die Zulassung elektronischer Zeugen nicht mehr herumkommen. Vorläufig lebt man noch lieber mit Justizirrtümern“ und schützt damit die Autorität der Schiedsrichter.

Letzteres tat auch FIFA-Präsident Joao Havelange, der ausdrücklich die Leistungen der Schiedsrichter bei den Traumspielen in Turin und Mailand als „nahezu beispielhaft“ hervorhob.

Ohne einen Sieg ins Viertelfinale
Irland wie einst Jacky Charlton

Der 30jährige Tormann von Celtic Glasgow, Pat Bonner, badete im Glück. Minutenlang nahm er auf dem Spielfeld des Luigi-Ferraris-Stadions von Genua die Glückwünsche von allen Seiten entgegen. Er hatte nach einer 0:0-Partie beim Stand von 4:4 im Elferschießen den schwachen Schuß des jungen Daniel Timofle abgewehrt, der erst in der 98. Minute ins Spiel gebracht worden war.

Irland schlug Rumänien mit 0:0 und 5:4 im Elferschießen. Bei ihrer ersten Endrundenteilnahme kamen die Iren damit gleich ins Viertelfinale. Dabei gelang ihnen dieses Kunststück ohne einen einzigen Sieg: 1:1 gegen England, 0:0 gegen Ägypten, 1:1 gegen Holland und nun 0:0 nach 120 Minuten gegen Rumänien. Verständlich, daß die Mannschaft aus dem kleinen katholischen Land vor dem Spiel gegen Italien in Rom zu einer Audienz bei Johannes Paul II. fuhr.

Ihr englischer Trainer Jacky Charlton nahm alles mit Humor. „Vielleicht werden wir noch Weltmeister, ohne ein einziges Spiel zu gewinnen!“ Charlton, selbst 1966 mit England Weltmeister, ließ sich auch durch die Kritik, seine Mannschaft wäre nur auf Zerstörung aus gewesen, nicht aus der Ruhe bringen. Er selbst sei kein großer Fußballer gewesen, hätte aber jeden Gegner am Spielen hindern können. Und so verhalte es sich wohl auch mit seiner Mannschaft.

In der Hitze von Genua ließ sich der irische Stil nur zum Teil umsetzen. Bei 30 Grad im Schatten mußten die Briten das Tempo drosseln und machten nur insgesamt dreißig Minuten nach der Pause Druck. Die meiste Zeit über schlugen sie den Ball möglichst weit weg, woraus sich auch zufällige Torchancen ergeben haben. Ohne den gesperrten Marius Lacatus, der mittlerweile einen Vertrag bei Fiorentina unterschrieben hat, wirkten die Rumänen ungefährlich. Auch der junge Florin Raducioiu von Dinamo Bukarest blieb alles schuldig – nur nicht eine Unterschrift für AS Bari.

Trotz Verlängerung torlos – das bedeutete im Spiel Irland gegen Rumänien Elmeterschießen. Pat Bonner (be)hielt die Nerven und den Ball (o.). „Toto“ Schillachi, wer sonst, hämmerte das 1:0 gegen Uruguay genau unter die Latte.

Als technisch weit bessere Mannschaft gingen die Rumänen zu wenig Risiko ein. Gheorghe Hagi begnügte sich mit einigen Solovorstellungen. Sabau ließ einige Male jenes Können aufblitzen, das ihn zu Feyenoord gebracht hat. Und auch Balint war nur sporadisch gefährlich.

Die einzige Aktion des Spieles wurde das Elfmeterschießen. Dabei gab man den Rumänen die größeren Chancen. Man traute vor allem dem 1,97 m großen Silviu Lung zu, den einen oder anderen Elfer abzuwehren. Doch es kam anders. Lung versuchte alles und hatte doch immer wieder das Nachsehen. Hagi brachte die Rumänen in Führung, Sheedy glich zum 1:1 aus. 2:1 durch Lupu, 2:2 Houghton, 3:2 Rotariu, 3:3 Townsend, 4:3 Lupescu, 4:4 Cascarino. Dann wehrt Bonner gegen Timofte ab, und O'Leary stellt mit einem Gewaltschuß den Aufstieg sicher.

David O'Leary war erst in der 94. Minute für den Abwehrspieler Staunton ins Spiel genommen worden. Der 32jährige gehört schon seit längerem nicht zur ersten Wahl. Er gilt aber zum Unterschied zu den meisten seiner Kollegen als echter Ire, ist er doch in Dublin aufgewachsen. Die anderen haben nur noch lose Beziehungen über irgendwelche irische Vorfahren. Gleich achtzehn Spieler des 22-Mann-Kaders sind bei englischen Klubs tätig, darunter auch O'Leary, der bei Arsenal unter Vertrag ist.

Daß O'Leary überhaupt zum fünften Elferschützen ausgewählt war, wunderte selbst Teamcoach Jacky Charlton. Er hatte es nämlich vor dem Match den Spielern überlassen, die Elferschützen zu bestimmen. „Offensichtlich haben sie die richtigen ausgewählt", freute er sich.

Schillaci bringt die Italiener in Ekstase
Sie genießen den Heimvorteil

Der Mann, der Österreich zum Verhängnis geworden war, entwickelte sich im Lauf der Endrunde zum Supermann der Italiener. Nach je einem Kopftor gegen Österreich und ČSFR hämmerte er im Achtelfinale Uruguay aus dem Bewerb. In der 65. Minute leitete er mit einem Schuß aus siebzehn Meter Entfernung unter die Latte den Aufstieg ins Viertelfinale ein. Aldo Serena, der für Berti ins Spiel gekommen war und schon die Vorarbeit zum 1:0 geleistet hatte, köpfelte in der 84. Minute einen Freistoß von Giannini zum 2:0 ein.

Die Schillaci-Euphorie erfaßte ganz Italien. Und so wie Paolo Rossi 1982 Italien in Spanien zum Weltmeister gemacht hatte, so erwartete man es jetzt von Schillaci. „Toto", wie sie ihn nennen, „wird es schon richten", war überall zu lesen. Der Sizilianer aus Palermo, der in Turin bei Juventus spielt, wurde zur überdimensionalen Figur des italienischen Erfolges. In dem Augenblick, in dem Starstürmer Gianluca Vialli in die Krise rutschte, sprang Schillaci ein. Gleichsam von selbst löste sich damit Italiens größtes Problem vor der Weltmeisterschaft, nämlich die mangelnde Durchschlagskraft im Angriff.

Im Soge von Schillaci rückte auch Roberto Baggio von der Ersatzbank in die Mannschaft. Aldo Serena wahrte seine Chance im Achtelfinale. Und mit Vialli mußte man trotz einer leichten Verletzung und vieler Gerüchte um seinen labilen psychischen Zustand ebenso weiter rechnen wie mit Carnevale.

Die italienische Mannschaft war also plötzlich auch im Angriff sehr gut bestückt. Es lief überhaupt alles für sie. Nur Spiele in Rom, stets Abendvorstellungen, ideale Zeiträume zwischen den Spielen. Und Schiedsrichter, die sich vor dem Gastgeber und seinem fanatischen Publikum verbeugten. So auch der Engländer George Courtney, der Fouls der Uruguayer ahndete, die keine waren, der gelbe Karten gegen Südamerikaner zückte, nur weil sich Italiener theatralisch wanden, der aber ein Vergehen von Schillaci kurz nach seinem Torerfolg gnädig übersah. Und der einen Elfmeter für Uruguay nicht pfiff.

So ließ es sich natürlich für die Italiener leichter spielen, vor allem auch deshalb, weil ihre fast derbe Spielart nie als solche erkannt wurde. Ihr Verdienst

Der Ball sagte „Ja!", als Stojkovic im Spiel gegen Spanien die beiden Treffer für Jugoslawien erzielte.

war es, daß sie sich nicht bloß weitertragen ließen, sondern daß sie auch sehr viel für das Spiel taten. Neben Deutschland war Italien sicherlich in den ersten Runden die bestspielende Mannschaft.

Das Prunkstück wurde immer mehr die Abwehr. Selbst der deutsche Teamchef Franz Beckenbauer bezeichnete sie schlichtweg als Traum. In vier Spielen blieben sie ohne Gegentor. Tormann Walter Zenga wurde seit Oktober 1989 in 778 Minuten nicht einmal bezwungen. Das geht natürlich genauso auf das Konto von Libero Franco Baresi und der beiden Vorstopper, Bergomi und Ferri, sowie auf ein Fünfermittelfeld, das so schnell wie kein anderes zwischen Abwehr und Offensive hin- und herschaltet.

Unter Trainer Azeglio Vicini und natürlich unter dem Druck, als Heimmannschaft das Spiel gestalten zu müssen, hat Italien bei dieser Weltmeisterschaft dem „Nur Catenaccio" den Rücken gekehrt. Die zum Teil überglorifizierten Spieler erwiesen sich als sehr kreativ und nach vorne orientiert. So wie schon beim ersten Spiel gegen Österreich in Rom legten vor allem die Mittelfeldspieler eine Laufbereitschaft an den Tag, die ihnen bei hohem Tempo auch gegen die den Raum einengenden Uruguayer viel Platz verschaffte.

Das Angebot an guten Mittelfeldspielern ist so groß, daß auch das verletzungsbedingte Fehlen von Donadoni keine Auswirkungen zeitigte.

Wenn der Ball nein sagt...
Dragan Stojkovic eliminierte Spanien

In der Opernstadt Verona wurde der Triumphmarsch für Dragan Stojkovic gespielt. Einer der teuersten Fußballer Europas hatte seinen großen Auftritt gegen Spanien. In der Vorrunde hatte er seinen wahren Wert geschickt verheimlicht, nun gab er ihn in zwei großen Szenen preis.

In der 78. Minute nahm er einen Flankenball von Vujovic von links in halbrechter Position ideal an, täuschte Sanchis und schoß aus sieben Meter unhaltbar für Zubizarreta zum 1:0 ein. Nach dem Ausgleich von Salinas nach Vorarbeit von Martin Vazquez in der 84. Minute hob er in der dritten Minute der Verlängerung mustergültig einen Freistoß über die Mauer zum 2:1.

Lange Zeit hatte sich auch Stojkovic dem Charakter des jugoslawischen Spiels angepaßt. Bei der Gluthitze von 32 Grad schoben sich Stojkovic und Co. den Ball lange zu, ehe sie einen Tempowechsel nach vorne probierten. Sie spielten richtig aus dem Stand. Das kam ihnen am Ende auch zugute. Sie hatten im Finish noch mehr Kraft als die Spanier, die über weite Strecken des Spieles mehr unternommen hatten. Am Ende erging es ihnen ähnlich wie Brasilien. Nachdem sie ihre Chancen vergeben hatten, wurden sie von einem Ausnahmekönner besiegt.

Dragan Stojkovic genoß es nachher, mit Maradona verglichen zu werden. Der 25jährige künftige Star von Olympique Marseille sprach vom schönsten Sieg seiner Laufbahn, mit dem er es allen gezeigt hätte, die ihn zu früh abgeschrieben haben.

Stojkovic wäre nicht zum Superstar geworden, hätte ein anderer Großer des Weltfußballs seine Chancen genützt. Trotz einer merkbaren Steigerung vergab Emilio Butrangueno wieder die besten Möglichkeiten. Pech kam noch dazu, als in der 64. Minute ein Kopfball nur an die Stange ging. Überhaupt fehlte den Spaniern das Glück beim Abschluß. Auch dem im Feldspiel wieder hervorragenden Martin Vazquez. Und so traf der Ausspruch von Michel nachher wohl den Nagel auf den Kopf: „Wenn der Ball nein sagt, kann man nichts machen!"

Emilio Butrangueno, der noch bei der Weltmeisterschaft 1986 in Mexiko fünf Tore geschossen hatte, mußte sich in der 78. Minute torlos von der Weltmeisterschaft in Italien verabschieden. Trainer Luis Suarez ersetzte ihn durch Rafael Paz von Toni Polsters Klub Sevilla. Der war dann um keine Spur wirkungsvoller als Butrangueno, aber es erwies sich doch als geschickt, nicht Salinas ausgetauscht zu haben. Der

Belgien führt im Spiel gegen England zwar die feinere Klinge, Enzo Scifo (o. l.) hat große Momente. Das Spiel ist geprägt von Zweikämpfen, aber auch vom Pech der Belgier. Ceulemans (u. l.) vergibt in seinem wohl letzten WM-Spiel eine große Siegeschance.

brachte Spanien nämlich noch in die Verlängerung, nachdem er zuvor eher ein Hemmschuh im Angriffsspiel gewesen war.

Spanien litt von Beginn an unter der auffallend schlechten Form einiger Schlüsselspieler. Mit Ausnahme von Martin Vazquez konnte keiner der Spielträger konstant seine Leistungen bringen. Auch Michel war nach seinen insgesamt vier Toren gegen Südkorea und Belgien im Achtelfinale wieder am absteigenden Ast.

Jugoslawien hingegen litt unter einer Vertrauenskrise zwischen Teamchef und jugoslawischer Presse. Der 48jährige Ivica Osim, der nun schon länger im Amt ist als alle seine Vorgänger, schloß daraufhin die Presse aus dem Quartier aus. Einer der Berichterstatter hatte versucht, ihn anhand eines Bildes mit sechs leeren Whiskyflaschen als Trinker abzuqualifizieren. Der Mathematik-Professor aus Sarajewo zeigte deshalb auch keine Lust, bei der internationalen Pressekonferenz Fragen zu beantworten. Er sagte nur: „Unser großer Siegeswille war entscheidend. Spanien spielte gleichwertig. Trotzdem haben wir verdient gewonnen!" Dann verschwand er.

Neben Stojkovic bewährten sich bei den Jugoslawen vor allem Srecko Katanec vom Europacupsieger Sampdoria und nach der Pause Vujovic. Letzterer lebte so richtig auf, als Osim die zweite Spitze Pancev aus dem Spiel nahm und durch Dejan Savicevic ersetzte. Der Jungstar von Roter Stern Belgrad übernahm allerdings dann in der Verlängerung allein die Führung von Konterangriffen. Sehr unsicher war Tormann Tomislav Ivkovic.

Englands Glück in Letzter Minute
Ende einer Ära in Belgien

Es gehörte zur Charakteristik dieses Achtelfinales, daß mehrfach die besser spielenden Mannschaften ausschieden. So passierte es auch Belgien. Und just das 100. Tor dieser Endrunde stellte wieder einmal den Spielverlauf auf den Kopf. Allein der Zeitpunkt des Torerfolges spricht Bände. In der 120. Minute erzielte der eingewechselte David Platt nach einem Freistoß von Paul Gascoigne das 1:0.

Für die Belgier ging damit eine erfolgreiche Ära ihrer Nationalmannschaft zu Ende. Der nur für die Weltmeisterschaft zurückgeholte Guy Thys wird endgültig in den Ruhestand treten. Abschied vom Team nehmen auch die langjährigen Internationalen Eric Gerets, Jan Ceulemans und Leo Clysters. Sie alle hätten sich ein glücklicheres Ende ihrer Teamkarriere verdient gehabt.

Gerade der 36jährige Eric Gerets hatte noch einmal eine Glanzleistung geboten, aber viele der von ihm herausgearbeiteten Chancen blieben ungenützt. Als er dann in der Schlußminute eines seiner wenigen Fouls an dem noch einmal nach vorne stürmenden Paul Gascoigne beging, entstand daraus der folgenschwere Verlusttreffer.

Besonderes Pech im Abschluß hatten Jan Ceulemans (15. Minute) und Enzo Scifo (50.), die nur die Stange trafen. Auf der anderen Seite scheiterte Barnes mit zwei Weitschüssen an Belgiens Tormann Michel Preud'homme, der auch einmal knapp vor dem zumeist abgemeldeten Lineken klärte.

Unter der Leitung von Enzo Scifo führte Belgien die feinere Klinge. Darauf spielte Guy Thys auch nach dem Match im Dall-Ara-Stadion von Bologna an, als er betonte, bei seinen Mannschaften stets Wert auf Technik gelegt zu haben. Ein Seitenhieb auf die Engländer, die wieder Kraft über alles stellten. Mit Ausnahme allerdings eines Spielers, der in Zukunft für eine Wandlung in der Nationalmannschaft sorgen könnte: der 23jährige Paul Gascoigne von Tottenham.

Gegen Belgien übernahm er phasenweise die Rolle des Spielgestalters. Nach dem Ausfall von Bryan Robson, der im ersten Spiel gegen Irland eine Verletzung der Achillessehne erlitten hatte, schob sich der nur 1,78 m große, bullige Gascoigne in den Vordergrund. Seinem letzten Energieanfall war schließlich auch das 1:0 zu danken.

Als alle in Gedanken schon beim Elfmeterschießen sind, erzielt Platt in der 120. Minute den Siegestreffer für England.

Er drischt den Ball nicht mit der Kraft nach vorne, sondern probiert es mit der Technik. Sein Teamchef Bobby Robson und Kapitän Mark Wright vergleichen ihn gerne mit dem jugendlichen Platini oder John Cruyff. Den Beweis für die Richtigkeit dieser Einschätzung hat Gascoigne aber doch nicht erbracht.

In jedem Fall ist Gascoigne ein Spieler, der bei den Fans ankommt. „Gazza“, wie sie ihn nennen, ähnelt mit seinen kurzgeschorenen Haaren auch den Fans auf den Rängen. Nach dem Triumph in Bologna suchte er auch als einziger den Kontakt zu den „supporters“ in der Kurve.

Photos in diesem Kapitel: Bongarts 116 o., u.l., 119 u.l., u.r., 121 u.l., u.r., 123 o.r., u.l., 125 o., u., 127, 129 (4), 131. Sven Simon 116 u.r., 119 o.l, o.r., 121 o., (3),

Achtelfinale, 23.–26. 6.

23. 6. (Neapel)
Kamerun – Kolumbien 2:1 (0:0, 0:0) n. V.
50.026 Zus.
SR Tullio Lanese/ITA

CMR: Nkono: Tataw, Onana, Ndip, Ebwelle; Makanaky (69'/Djonkep), Maboang, Kana Biyik, Mbouh, Mfédé (54'/Milla); Omam Biyik.

COL: Higuita; Herrera, Perea, Escobar, Gildardo Gomez; Gabriel Gomez (79'/Redin), Alvarez, Fajardo (63'/Iguaran), Valderrama, Rincon, Estrada.

Tore: 1:0 (106') Milla; 2:0 (109') Milla, 2:1 (116') Redin.

23. 6. (Bari)
ČSFR – Costa Rica 4:1 (1:0)
47.673 Zus.
SR Siegfried Kirschen/DDR

TCH: Stejskal; Straka, Kadlec, Kocian, Hasek; Moravcik, Bilek, Chovanec, Kubik; Skuhravy, Knoflicek.

CRC: Barrantes; Chavarria (65'/Guimaraes), Montero, Marchena, Flores; Ramirez, Gonzalez, Obando (46'/Medford), Chaves; Jara, Cayasso.

Tore: 1:0 (11') Skuhravy, 1:1 (55') Gonzalez, 2:1 (63') Skuhravy, 3:1 (76') Kubik, 4:1 (82') Skuhravy.

24. 6. (Turin)
Argentinien – Brasilien 1:0 (0:0)
61.381 Zus.
SR Joël Quiniou/FRA

ARG: Goycoechea; Basualdo, Monzon, Simon, Ruggeri; Olarticoechea, Giusti, Burruchaga, Troglio (62'/Calderon), Caniggia, Maradona.

BRA: Taffarel; Jorginho, Ricardo Rocha, Ricardo Gomez, Galvao (83'/Renato), Branco, Alemão (83'/Silas), Dunga, Valdo; Careca, Müller.

Tor: 1:0 (81') Caniggia.

Rote Karte: Ricardo Gomez (83')

24. 6. (Mailand)
BRD – Niederlande 2:1 (0:0)
74.559 Zus.
SR Juan Loustau/ARG

BRD: Illgner; Augenthaler; Kohler, Buchwald, Reuter, Berthold, Brehme; Littbarski, Matthäus; Völler, Klinsmann (79'/Riedle)

HOL: Van Breukelen; Van Aerle (67'/Kieft), Rijkaard, R. Koeman, Van Tiggelen; Van't Schip, Winter, Wouters, Witschge (79'/Gillhaus); Gullit, Van Basten

Tore: 1:0 (51') Klinsmann, 2:0 (86') Brehme, 2:1 (89') R. Koeman/Elfmeter

Rote Karten: Völler (22'), Rijkaard (22')

25. 6. (Genua)
Irland – Rumänien 0:0 n. V.
Elfmeterschießen 5:4
31.818 Zus.
SR José Wright/BRA

IRL: Bonner; Morris, McCarthy, Moran, Staunton (94'/O'Leary); McGrath, Townsend, Houghton, Sheedy; Aldridge (22'/Cascarino), Quinn.

RUM: Lung; Rednic, Andone, Popescu, Klein; Rotariu, Sabau (98'/Timofte), Lupescu, Hagi; Balint, Raducioiu (75'/Lupu).

Elfmeterschießen: 0:1 Hagi, 1:1 Sheedy, 1:2 Lupu, 2:2 Houghton, 2:3 Rotariu, 3:3 Townsend, 3:4 Lupescu, 4:4 Cascarino, Timofte – Bonner wehrt ab, 5:4 O'Leary

25. 6. (Rom)
Italien – Uruguay 2:0 (0:0)
73.303 Zus.
SR George Courtney/ENG

ITA: Zenga; Bergomi, Ferri, Baresi, Maldini; De Agostini, Berti (53'/Serena), Giannini, De Napoli; Baggio (79'/Vierchowood), Schillaci.

URU: Alvez; Saldana, De León, Gutierrez, Dominguez; Perdomo, Ostolaza (79'/Alzamendi), R. Pereira, Francescoli; Aguilera (56'/Ruben Sosa), Fonseca.

Tore: 1:0 (65') Schillaci, 2:0 (83') Serena.

26. 6. (Verona)
Jugoslawien – Spanien 2:1 (0:0, 1:1) n. V.
35.500 Zus.
SR Aron Schmidhuber/BRD

YUG: Ivkovic; Spasic, Hadzibegic, Brnovic, Jozic; Stojkovic, Katanec (79'/Vulic), Sabanadzovic, Susic; Vujovic, Pancev (56'/Savicevic).

ESP: Zubizarreta; Chendo, Andrinua (50'/Jimenez), Sanchis, Gorriz; Michel, Roberto, Villaroya, Martin Vazquez; Butragueño (77'/Rafael Paz), Salinas.

Tore: 1:0 (78') Stojkovic, 1:1 (84') Salinas, 2:1 (92') Stojkovic.

26. 6. (Bologna)
England – Belgien 1:0 (0:0, 0:0) n. V.
34.520 Zus.
SR Peter Mikkelsen/DEN

ENG: Shilton; Parker, Wright, Walker, Butcher, Pearce; Waddle, Gascoigne, McMahon (72'/Platt); Lineker, Barnes (75'/Bull).

BEL: Preud'homme; Gerets, Grun, Demol, De Wolf; Clijsters, Van der Elst, Scifo, Versavel (107'/Vervoort); Degryse (65'/Claesen), Ceulemans.

Tor: 1:0 (120') Platt.

Das Viertelfinale

Der Ersatztormann wird zum Matchwinner – Argentiniens Torwart Goycochea (oben). Schließlich entscheidet das Elfmeterschießen für Argentinien. Die Millionenstars Maradona (u. l.) und Stojkovic (u. r.) vergeben ihre Chance.

Maradona trank mehr als er spielte

Es war der bis dahin heißeste Tag der Weltmeisterschaft. Die Sonne stach unerbittlich auf das Spielfeld des Stadions Comunale von Florenz. Sechsunddreißig Grad im Schatten, mehr als fünfzig in der Sonne meldete das Radio. Zwischen Jugoslawien und Argentinien wurde sozusagen der erste Semifinalist der Weltmeisterschaft ausgebrütet.

Angesagt war das Duell der beiden Nummern zehn: Diego Maradona und Dragan Stojkovic, die teuersten Fußballer der Welt. Herauskam ein Elfmeterschießen von gedörrten Fußballern.

Maradona bekam einen Sonderbewacher, verbrauchte aber zwei. Stojkovic mußte sich gleich mit drei einander abwechselnden Gegenspielern herumschlagen. Zuerst Serrizuela, dann Olarticochea und schließlich Basualdo. Der neue Star von Olympique Marseille übertrumpfte Maradona. Allein, das war nicht spielentscheidend. Stojkovic hatte weniger Ballkontakte als Maradona. Er leistete sich aber auch weniger Fehlpässe. Die wenigen Genieblitze beider verzuckten, ohne daß ihre Mitspieler sie verstanden hätten.

Beim Elferschießen traf keiner von beiden. Doch auch hier war Stojkovic um eine allerdings unwesentliche Nuance besser als Maradona. Er schoß als erster und traf nur die Querlatte. Maradona trat als dritter an und scheiterte an seiner Überheblichkeit.

Maradona verschaffte den Argentiniern mehr Spielraum, indem er in der 32. Minute zur Roten Karte von Refik Sabanadzovic beitrug. Eingehandelt hat sich der 24jährige von Roter Stern Belgrad den Ausschluß durch eine Unachtsamkeit. Wer zu einer so heiklen und geradezu gelbsüchtigen Aufgabe wie der Beschattung eines Maradona verpflichtet wird, der darf sich nicht wegen zu geringer Distanz zum Abspielpunkt eines Freistoßes verwarnen lassen. Noch dazu, wenn ein Bezirkslehrer wie Kurt Röthlisberger der Inspektion durch die FIFA gerecht werden will. Röthlisberger ließ Sabanadzovic durchfliegen, als dieser dann noch ein Foul an Maradona beging, das ein toleranterer Unparteiischer in dieser Situation wohl noch hätte durchgehen lassen.

Stojkovic brachte es nur zu Verwarnungen von Serrizuela und Olarticoechea. Wenn der Wechsel seiner Bewacher eine geplante taktische Maßnahme von Carlos Bilardo war, dann war dies kluge Voraussicht.

Überhaupt: die Argentinier behielten in der Glutofenhitze von Florenz den kühleren Kopf. Vom Weltmeister von 1980 ist nur noch die Ordnung geblieben. Und mit dieser Ordnung schwindelten sie sich über individuelle Schwächen hinweg ins Semifinale. Mit vier aus dem Spiel erzielten Toren waren sie unter den letzten vier. Minimalismus war ihr Trumpf, und nicht der größte Fußballer der Gegenwart. Maradona trank nämlich mehr als er spielte.

Beide Mannschaften probierten es mit nur einer Sturmspitze. Seit dem Achtelfinale war Vorsicht angesagt. Die Devise hieß, das 0:0 solange wie nur möglich zu halten. Das Risiko sollte der Gegner auf sich nehmen. Und weil dieser gleiches dachte, fiel in den acht Spielen des Achtelfinales nur ein Treffer in der ersten Spielhälfte, und der bei ČSFR gegen Costa Rica.

Die Jugoslawen vertrauten auf Zlavko Vujovic von Paris St. Germain, der in dem kompromißlosen Ruggeri von Real Madrid seinen Meister fand. Die Argentinier signalisierten ihre Konterabsicht durch Claudio Caniggia von Bergamo, für den sich Spasic sehr interessierte. Caniggia, der Platz braucht, um seine Schnelligkeit auszuspielen.

Die Jugoslawen hatten anfangs die bessere Chancen. Allein Davor Jozic, Mittelfeldspieler von Cesena, vergab drei in der ersten Hälfte, zwei knapp vor der Pause mit dem Kopf. Zehn Minuten nach Seitenwechsel fehlte dem 35jährigen Safet Susic, der beim letzten Spiel gegen Argentinien 1979 nicht weniger als drei Tore zum 4:2-Sieg beigesteuert hatte, die Kraft und damit die Konzentration, um einen idealen Paß von Stojkovic zu nutzen.

Bezeichnend, daß Innenverteidiger Ruggeri mit einem Kopfball nach einem abgefälschten Freistoß von Maradona auf die obere Querstange zum ersten Mal bei dem diesmal hervorragenden Tomislav Ivkovic anklopfte. Ivkovic rettete dann noch bei einem Schuß von Burruchaga und in der Verlängerung bei einem Kopfball des eigenwechselten Proglio.

Der einzige Fehler von Ivkovic hätte beinahe das vorzeitige Aus für Jugoslawien bedeutet. Zehn Minuten vor Schluß ließ er einen Ball vorbeistreifen, und Burruchaga schoß ein. Ein Tor, das Röthlisberger wegen Handspiels nicht anerkannte. Nachher war sich weder der Schweizer Schiedsrichter klar, ob er da die richtige Entscheidung getroffen hatte, noch konnten die Fernsehbilder einen eindeutigen Beweis liefern. Es blieb die Vermutung, daß Burruchaga mit einer Bewegung des angelegten Oberarms dem Ball nachgeholfen hatte. Der Schütze selbst war der Überzeugung, den Ball mit einem Hüftschwung mitgenommen zu haben.

Zum Sieger des Elfmeterschießens wurde dann aber nicht Ivkovic, sondern ein gewisser Sergio Javier Goycochea. Er war nur durch die schwere Verletzung von Nery Pumpido ins argentinische Tor gekommen und galt als die eigentliche Schwachstelle des Titelverteidigers. Im Elfmeterschießen schlug dann seine große Stunde. Der bei Millionarios Bogotá lange Zeit wegen der von der Drogenmafia erzwungenen Unterbrechung der Meisterschaft zur Untätigkeit verurteilte Schlußmann hielt zwei Elfmeter.

Den ersten von Brnovic beim Stande von 2:2 und dann den insgesamt zehnten von Libero Hadzibegic. Er fühlte die Angst des Schützen und fand darin Rückhalt. Goycochea wurde derart zum Retter von Diego Maradona, der es bei 2:1 verabsäumt hatte, die Führung auszubauen. Fast ohne Anlauf hatte er geschossen, und so schwach wie er gespielt hatte, fiel auch sein Schuß aus, den Ivkovic mühelos abwehren konnte. Ivkovic gewann damit seine 1.000 Dollar-Wette, von Diego Maradona kein Tor zu erhalten, gehörte aber trotzdem zu den Verlierern.

Noch ein Wort zu den Jugoslawen. Sie werden Österreichs schwerster Gegner in der kommenden Qualifikation für die Europameisterschaft in Schweden sein. Wahrscheinlich werden sie uns in einer anderen Aufstellung gegenüberstehen als bei dieser Weltmeisterschaft. Jüngere Spieler drängen in den Vordergrund, wie der 21jährige Robert Prosinecki von Roter Stern Belgrad. Er ist ein ausgesprochenes Laufwunder, ein Allrounder, der sich auf allen Positionen zurechtfindet, einer von jenen rotblonden Spielern, die einer Mannschaft Feuer geben. Stojkovic hat mir schon gegen Argentinien sehr gut gefallen, vor allem wegen seiner Einfälle und seines Aktionsradius. Zu den begabtesten zählt noch Dejan Savicevic, ein offensiver Mittelfeldspieler von Roter Stern Belgrad, der nach einer Stunde Susic ablöste und sein direkter Nachfolger in der jugoslawischen Nationalmannschaft werden könnte.

Schillacissimo oder die Steigerung zum Superstar

Ich habe Salvatore Schillaci, heute schon besser bekannt unter seinem Kosenamen „Toto“, bei seinem Debut am 31. März in Basel gegen die Schweiz gesehen. Damals stürmte er zusammen mit Carnevale. Das Tor erzielte de Agostini erst in der 68. Minute. Und von Schillaci war wenig zu merken. Von ihm befürchtete ich für Österreich bei der Weltmeisterschaft am wenigsten. Ich konnte mir jedenfalls nicht vorstellen, daß er gegen uns das entscheidende Tor schießen würde, geschweige denn, daß er zu einem Star der Endrunde in Italien werden könnte. Schon gar nicht zum Superstar, der er spätestens seit dem 1:0 im Viertelfinale gegen Irland ist.

„Schillacissimo“ titelte die *Gazzetta Sportiva* ihren Jubelbericht über den Einzug ins Semifinale. Mit einem Instinkt für torgefährliche Situationen spielte sich „Toto“ in die Herzen aller italienischen Fans, von denen ihn einige noch knapp vor der Weltmeisterschaft

Wer sonst – Italiens neuer Star „Toto“ Schillaci erzielt das 1:0 gegen Irland (oben). Der Eindruck täuscht: Irlands Trainer Jacky Charlton (u. l.) fühlt sich trotz der Niederlage als Sieger, während sein Kollege auf der italienischen Bank, Vicini (u. r.), mit seiner Mannschaft nicht restlos glücklich war.

beim Einzug der Italiener in die Sportschule Coverciano bei Florenz ausgepfiffen und verhöhnt hatten.

Mit dem stärksten Argument eines Stürmers, mit vier Toren, überzeugte er alle. Zwei davon erzielte er mit dem Kopf, zwei mit den Füßen. Und die Mehrzahl ist da angebracht. Gegen Uruguay fabrizierte er mit links einen Flatterball unter die Querlatte, gegen Irland erzielte er das 1:0 überlegt mit dem rechten Fuß von links. Und damit war noch nicht Schluß, obwohl es im Ergebnis nicht mehr aufscheint. In der 52. Minute nagelte er einen Freistoß unter die Querlatte. Ein Pendler wie beim Wembley-Finale 1966. Diesmal sprang der Ball aber deutlich auf der Linie auf. Und eine Minute vor Schluß wurde ein wahrscheinlich reguläres Tor von Schillaci wegen Abseits nicht anerkannt.

Die Begeisterung, die unter den 73.000 im Olympiastadion von Rom herrschte, war begreiflich. Unvorstellbar aber der Jubel nachher in Palermo. Vor dem Geburtshaus von Schillaci, dem Sohn eines kleinen sizilianischen Beamten (dem die Boulevardpresse mit den Toren von Toto immer mehr Kinder zuschreibt, um den Aufstieg aus dem Elend Siziliens zum Ruhm in Rom noch märchenhafter erscheinen zu lassen), versammelten sich rund 10.000 Menschen.

Schillaci verkörpert einen italienischen Traum, der häufig im armen Süden geträumt wird: der vom „Pertone", vom „Dreckfresser" zum Fußballkönig und Millionär. Noch 1988 spielte er in Messina, wo er Torschützenkönig der italienischen Serie B wurde. Daraufhin holte ihn der Präsident von Juventus Turin, Gianpiero Boniperti, zu Juventus. Mit „Juve" wurde er heuer UEFA-Cupsieger. Bei der Weltmeisterschaft feiert der gedrungene, aber um so explosivere Stürmer seine Geburt zum Weltstar.

„Mit Toto ist immer Feiertag", hieß es in einer italienischen Gazette. „Dank Toto zwei Schritte vor dem Triumph", lautete eine andere Schlagzeile. „Toto, ein Genie vor dem Tor", verkündete eine dritte.

Italien lebt aber nicht nur von Schillaci allein. Italien besitzt nicht nur einen Mann, der die Tore schießt, es hat auch einen, der sie verhindert. Und das war gegen das unberechenbare Irland einmal mehr Tormann Walter Zenga. Während der Beton vor ihm die ersten Risse bekam, hielt Zenga seinen sensationellen Rekord. Er blieb 868 Minuten ungeschlagen. Während selbst der vielgepriesene Franco Baresi einige Fehler beging, wehrte Zenga makellos ab. Besonders bei einem Kopfball von Niall Quinn in der 25. Minute konnte er sich auszeichnen.

Just gegen Irland, das sieglos bis ins Viertelfinale gekommen war, hatte Italien die bis dahin größten Probleme bei der Weltmeisterschaft. Beim Aufeinanderprallen von zwei grundverschiedenen Fußballsystemen, ja Fußball-Weltanschauungen, sah Italien schlechter aus als bisher.

Das lag daran, daß die Iren mit ihrem Kick-and-Rush das italienische Mittelfeld ausschalteten. Sie spielten praktisch über de Agostini, de Napoli, Giannini und Donadoni hinweg. Und sie erkämpften auch gegen Bergomi, Baresi und Co. viele Kopfbälle. In der letzten Viertelstunde geriet Italien sogar ins Wanken.

Verständlich, daß sich die Iren nach diesem Spiel wie die Sieger fühlten. Sie waren bestimmt die glücklichsten Verlierer dieser Weltmeisterschaft. Übertrieben erscheint mir allerdings die Aussage ihres sympathischen Betreuers Jacky Charlton, der glaubte, Irland hätte der Welt die Vision von der Zukunft des Fußballs vermittelt. Bei allem Respekt vor dem nicht zu überbietenden Einsatz von McCarthy und seinen Mannen, Einsatz allein kann und darf nicht der Fußball von morgen sein.

Andererseits machten viele den Fehler, die Iren als Fußballer zu unterschätzen. Sie haben für ihren Stil auch die technischen Voraussetzungen, das heißt, sie können Bälle gut stoppen und schnell weiterspielen. Sie sind allesamt gute Kopfballspieler, aber sie spielen wenig mit Kopf. Ihre Aktionen sind im Vertrauen auf den Zufall aufgebaut. Es fehlen die Ideen und die überraschenden Wendungen, die zuerst einmal vom Kopf ausgehen müssen.

Die Viertelfinalspiele stehen auch im Zeichen der Torleute: Walter Zenga (oben) gibt Italien Rückhalt. Der tschechoslowakische Tormann Stejskal nimmt hier Uwe Bein den Ball elfmeterverdächtig ab.

Überraschend wurden gegen die Iren mehr Fouls gepfiffen als gegen die Italiener. Das lag nicht nur an dem Heimvorteil, den der Gastgeber auch beim portugiesischen Schiedsrichter Silva Valente genoß, sondern auch an Auffassungsunterschieden. Was die Iren – wie alle Briten – unter Härte verstehen, wurde bei dieser Weltmeisterschaft schon als Foul gepfiffen. Irlands Mittelfeldspieler Andy Townsend drückte seine Verwunderung aus: „Viele Schiedsrichter dieser Weltmeisterschaft dürften vergessen haben, daß Tackling im Fußball zu den erlaubten Mitteln gehört."

Den spielentscheidenden Treffer schoß Schillaci in der 38. Minute. Tormann Pat Bonner hatte einen Schuß von Donadoni aus 25 Meter nur ablenken können, und Schillaci war zur Stelle.

Der unerfüllte Traum und die Wirklichkeit von Mailand

Es war mein Traum gewesen, mit Österreich das Viertelfinale zu erreichen und in Mailand gegen die Bundesrepublik Deutschland zu spielen. Statt uns spielte nun die ČSFR! Und ich saß nun als Beobachter im Meazza-Stadion, das ein schwarz-rot-goldenes Meer war. Rund 35.000 deutsche Schlachtenbummler erzeugten bei drückender Hitze eine feurige Atmosphäre. Grußbotschaften auf riesigen Transparenten demonstrierten, daß die Begeisterung rund um die Nationalmannschaft bis in die kleinsten Dörfer vorgedrungen ist.

Unter den rund 73.000 Zuschauern verloren sich die wenigen Tschechen. Mir schoß es durch den Kopf, daß der Kampf zumindest auf den Rängen ausgeglichener wäre, wenn da unten jetzt die Österreicher einlaufen würden. Aber auf dem Spielfeld – besser als die Tschechoslowaken hätten wir uns wohl auch nicht verkaufen können.

Der deutschen Mannschaft gelang es recht gut, jene Schwächen der Tschechoslowaken aufzudecken, die wir nicht hatten nützen können. Daß etwa die ČSFR-Abwehr nur flach auszuspielen ist, nicht aber mit hohen Bällen. Daß man mit Dribblings Erfolg haben kann, wenn man sich nur entsprechend einsetzt. Daß das Mittelfeld der ČSFR bei weitem nicht so stark ist, wie wir es zur Geltung kommen ließen.

Auf der anderen Seite glückte es auch den Schützlingen von Jozef Venglos, Schwachstellen im deutschen Spiel zu entdecken. Ivan Hasek beispielsweise unterband die gefährlichen Vorstöße von Andreas Brehme und traf damit eine Lebensader des deutschen Spiels.

Die ČSFR selbst hatte nie eine reelle Chance, dieses Spiel zu gewinnen. Sie mußte schließlich froh sein, nicht höher verloren zu haben. Zweimal rettete Ivan Hasek auf der Linie, einmal Miroslav Kadlec. Außerdem gab der Salzburger Helmut Kohl einen Elfmeter zuwenig. In der 62. Minute hätte es bei einer Attacke von Tormann Stejskal an Uwe Bein auch Strafstoß geben können.

Durch einen Elfer wurde das Spiel entschieden. In der 25. Minute gelang Klinsmann ein Solo von links. Er bohrte sich dabei in die ČSFR-Abwehr und zwang sie praktisch zum Foul. Chovanec und Straka nahmen den Inter-Spieler in die Zange, und Klinsmann ging zu Boden. Lothar Matthäus verwertete den Elfmeter sicher zum 1:0. Tormann Stejskal, der eine glänzende Partie bot, hatte gegen den scharfen Schuß ins linke Eck keine Chance.

Die deutsche Abwehr kam mit den tschechoslowakischen Angreifern spielend zurecht. Thomas Berthold entschärfte Knoflicek, und Jürgen Kohler ließ den führenden Torschützen der Weltmeisterschaft, Tomas Skuhravy, nicht einmal mit dem Kopf richtig an den Ball. Dazu kam noch, daß Klaus Augenthaler als Libero unerhört aktiv spielte.

Die beste Chance hatte der für Bilek eingewechselte Vaclav Nemecek, der in der 76. Minute allein vor Tormann Illgner auftauchte, aber vor lauter Aufregung nicht richtig stoppen und schon gar nicht schießen konnte. Der Ball kollerte am Tor vorbei.

Kampfszenen aus dem Spiel BRD – ČSFR: Berthold gegen Knoflicek (o. l.), und immer wieder Riedle.

Ab der 70. Minute mußte die ČSFR mit nur zehn Mann auskommen. Der bereits verwarnte Lubomir Moravcik schleuderte aus Ärger über eine Entscheidung von Helmut Kohl einen Schuh durch die Luft und wurde ausgeschlossen. Doch überraschenderweise konnten die Deutschen diese Schwächung des Gegners nicht nutzen. Sie verzettelten sich noch mehr als schon zuvor in Einzelaktionen. Vor allem Klinsmann versuchte jetzt zuviel und blieb oft am letzten Verteidiger der ČSFR hängen.

Mein Kollege Franz Beckenbauer geriet vor der Betreuerbank richtig in Rage. Ich konnte ihn gut verstehen. In der Überzahl vergaßen die deutschen Spieler alle ihre Tugenden und machten einen Blödsinn nach dem anderen. Offenbar kam ihnen die Aufgabe zu leicht vor, und deshalb gerieten sie sogar ins Wanken. „Es ist mir unverständlich, daß man gegen zehn Tschechoslowaken schlechter spielt als gegen elf", ärgerte sich Beckenbauer noch auf der Pressekonferenz, nachdem er in der Kabine noch deutlicher geworden war.

In den Köpfen der Spieler hat es nicht mehr gestimmt. Mit dem Ausschluß von Moravcik ging den Deutschen die Konzentration verloren. Und die bereits ausgepumpten Tschechoslowaken rissen sich noch einmal zusammen. Wie kaputt die Schützlinge von Venglos waren, ging auch daraus hervor, daß Lubos Kubik zehn Minuten vor Spielende um seinen Austausch bat.

Schon zuvor waren er und Jozef Chovanec sowie Lubomir Moravcik mit dem Tempo der Deutschen nicht mitgekommen. Ihnen fehlte vor allem die Antrittsschnelligkeit, um gegen Matthäus, Littbarski oder Buchwald eine Chance zu haben. Im Vergleich zu den Deutschen wirkten sie schwerfällig. Ähnlich wie die Österreicher in Florenz in der ersten Hälfte gegenüber den Tschechoslowaken.

Der österreichische Schiedsrichter Kohl wurde nach dem Spiel von manchen stark kritisiert. Er konnte in diesem Match nicht an seine grandiosen Leistungen anschließen, die er bei den Spielen Spanien – Uruguay und Brasilien – Argentinien erbracht hatte. Er machte aber auch keinen spielbestimmenden oder gar entscheidenden Fehler. Mitunter sah es aus, als begünstigte er die Deutschen. Das lag jedoch in erster Linie daran, daß sich die Szenen häuften, in denen deutsche Spieler den Ball trafen und nicht den Gegner, wie es ein Teil des Publikums vermeinte.

Sagenhaftes Ende eines Märchens
Noch einmal spielte Kamerun auf

Es war eine wahre Freude, Kamerun noch einmal zuzusehen. Just gegen den einstigen Lehrmeister England brillierten sie im San-Paolo-Stadion von Neapel. Die Löwen Kameruns waren eleganter als die Löwen Albions. Sie zeigten ihr vielleicht bestes Spiel bei der Weltmeisterschaft, spielten beim Abschied noch eindrucksvoller als bei der Eröffnung. England siegte schließlich glücklich mit 3:2 (1:0, 2:2).

Nicht weniger als vier gesperrte Spieler, Kana Biyik, Onana, M'Bouh und N'Dip fehlten den Afrikanern, und sie wirkten doch geschlossener und runder als die Briten. Ihre Fertigkeit am Ball erweckte stets den Eindruck, als wären sie in der Überzahl. Das lag auch daran, daß sie immer unheimlich viele Spieler in Ballnähe hatten. Im Vergleich zu ihnen taten sich die Engländer mit dem Ball geradezu schwer. Dank ihrer Sprungkraft, vor allem von Omam Biyik, gewannen sie auch zahlreiche Kopfbälle gegen Wright und Co.

Die 1:0-Führung von England entsprach keinesfalls dem Spielverlauf. Die Engländer verwerteten gleich ihre erste Chance in der 26. Minute durch David Platt, der eine Flanke von Stuart Pearce im klassischen englischen Stil mit dem Kopf zum Führungstreffer ausnützte. Zuvor hatten die Afrikaner Chance um Chance gehabt, einfallsreicher herausgespielt als die Situation, die zum 1:0 Englands führte. Omam

Schiedsrichter Helmut Kohl schließt den ČSFR-Spieler Lubomir Moravcik in der 70. Minute aus. Gegen zehn Mann geraten die Deutschen ins Schleudern und halten nur mit Mühe den 1:0-Vorsprung, den Lothar Matthäus durch einen Strafstoß in der 25. Minute herausholte.

Biyik zum Beispiel, war schon in der 13. Minute an dem vierzigjährigen Peter Shilton, der sein 123. Länderspiel bestritt, gescheitert.

Wer annahm, daß mit dem 1:0 für England der afrikanische Zauber gebrochen wäre, der hatte sich getäuscht. Jetzt zeigte Kamerun erst, was an echter Klasse in der Mannschaft steckt. Dank ihrer Technik und ihres Instinkts für das richtige Abspielen ließen sie die Engländer immer wieder ins Leere tappen. Ihr Konzept war ihre Intuition.

Und nach der Pause brachten sie wieder den 38jährigen Roger Albert Miller. In vier Spielen hat „Milla" vier Tore erzielt und wurde zum König in Kameruns Löwenrudel. Der Kahlkopf, der dem kanadischen Sprinter Ben Johnson so ähnlich sieht, wurde eine Art Glücksbringer seiner Mannschaft. Er sorgte für die Tore, die zur Krönung ihres Spieles notwendig waren.

Und so geschah es dann auch gegen England. Kaum fünfzehn Minuten im Spiel, wurde Milla von Gascoigne im Strafraum gefoult, und Runde verwandelte den Elfmeter zum 1:1. Vier Minuten später bediente Milla mit einem idealen Paß den eingewechselten Ekeke, der zum 2:1 geradezu gezwungen war. Englands Verteidiger Butcher bekam Milla nie in den Griff. Und der zauberte weiter, etwa als er Omam Biyik mit einem Fersler eine Torchance eröffnete.

Die Engländer waren eigentlich schon besiegt. Da beging Massing in der 83. Minute ein Foul an dem bis dahin harmlosen Gary Lineker, knapp innerhalb des Strafraumes. Linecker verwandelte selbst zum 2:2. Die schwer angeschlagenen Briten retteten sich in die Verlängerung. Und dort war es wieder ein Elfmeter, der die Entscheidung brachte. Wieder wurde Linecker gefoult, diesmal von Tormann N'Kono, wieder trat der Gefoulte selbst an und schoß England ins Semifinale.

Das afrikanische Märchen dieser Weltmeisterschaft war zu Ende. Aber es war ein sagenhafter Ausklang, bei dem sich Kamerun die Sympathien der ganzen Fußballwelt eroberte. In den weißen englischen Dressen auf ihren Körpern liefen die schwarzen Männer noch eine Ehrenrunde und kosteten selbst noch ihr Ausscheiden aus. Sie waren die eigentliche Attraktion der Weltmeisterschaft und erfüllten den Fans in aller Welt die Sehnsucht nach unbeschwertem, unkompliziertem Fußball. Sie waren die Brasilianer von Italia '90.

Viertelfinale, 30. 6./1. 7.

30. 6. (Florenz)
Argentinien – Jugoslawien 0:0 n. V.
Elfmeterschießen 3:2
38.971 Zus.
SR Kurt Röthlisberger/SUI

ARG: Goycoechea; Simon; Serrizuela, Ruggeri, Basualdo; Olarticoechea (52'/Troglio), Calderon (88'/Dezotti), Burruchaga, Giusti; Canniggia, Maradona (cap.).

YUG: Ivkovic; Hadzibegic; Spasic, Sabanadzovic, Stojkovic, Vulic, Jozic, Susic (62'/Savicevic), Brnovic; Prosinecki, Vujovic (cap.).

Elfmeterschießen: 1:0 Serrizuela, Stojkovic Latte, 2:0 Burruchaga, 2:1 Prosinecki, Maradona – Ivkovic wehrt ab, 2:2 Savicevic, Troglio – Stange, Brnovic – Goycoechea wehrt ab, 3:2 Dezotti, Hadzibegic – Goycoechea wehrt ab.

Rote Karte: Sabanadzovic (32')

30. 6. (Rom)
Italien – Irland 1:0 (1:0)
73.303 Zus.
SR Carlos Silva Valente/POR

ITA: Zenga; Baresi; Bergomi (cap.), Ferri, Maldini; De Agostini, De Napoli, Giannini (63'/Ancelotti), Donadoni; Baggio (70'/Serena), Schillaci.

IRL: Bonner; Morris, McCarthy (cap.), Moran, Staunton; McGrath, Houghton, Townsend, Sheedy; Aldridge (79'/Sheridan), Quinn (52'/Cascarino).

Tor: 1:0 (38') Schillaci

1. 7. (Mailand)
BRD – ČSFR 1:0 (1:0)
73.347 Zus.
SR Helmut Kohl/AUT

BRD: Illgner; Augenthaler; Kohler, Buchwald; Berthold, Littbarski, Matthäus (cap.), Bein (83'/Möller), Brehme; Riedle, Klinsmann.

TCH: Stejskal; Kocian; Kadlec, Straka; Hasek (cap.), Moravcik, Chovanec, Kubik (80'/Griga), Bilek (68'/Nemecek); Skuhravy, Knoflicek.

Tor: 1:0 (25') Matthäus/Elfmeter
Rote Karte: Moravcik (70')

1. 7. (Neapel)
England – Kamerun 3:2 (1:0, 2:2) n. V.
55.205 Zus.
SR Edgardo Codesal Mendez/MEX

ENG: Shilton; Wright; Parker, Butcher (cap.) (74'/Steven), Walker, Pearce; Waddle, Gascoigne, Platt, Barnes (46'/Beardsley); Lineker.

CMR: Nkono; Kundé; Tataw (cap.), Massing, Ebwellé; Makanaky, Maboang (46'/Milla), Libiih, Pagal, Mfédé (63'/Ekéké); Omam Biyik.

Tore: 1:0 (26') Platt, 1:1 (62') Kundé/Elfmeter, 1:2 (65') Ekéké, 2:2 (83') Lineker/Elfmeter, 3:2 (115') Lineker/Elfmeter.

Kamerun verabschiedet sich gegen England mit einem großen Spiel. 1:1 (Elfmeter) durch Kunde (o. l.), 2:1 durch Ekeke (o. r.), 2:2 und 2:3 durch zwei Elfmeter von Gary Lineker.

Paul Gascoigne, der neue Star der englischen Mannschaft.

Photos in diesem Kapitel: Bongarts.

Das Semifinale und das Spiel um Platz 3

Salvatore Schillaci erzielt das 1:0 für Italien (o. l.), Claudio Caniggia gleicht zum 1:1 aus (o. r.). Giusti wird in der Nachspielzeit der Verlängerung ausgeschlossen. (u.).

Das Semifinale geht ins Nachspiel – dann ins Elfmeterschießen

Der „Fliegenfänger" wurde zum Helden
Ganz Italien trug Trauer

Die Stimmung war angeheizt. Italien mußte erstmalig während dieser Weltmeisterschaft nach Neapel – und das alte Sprichwort erfüllte sich. In der Fußballheimat des Diego Maradona war Italien nicht mehr so zu Hause wie in Rom. Die Helden des Gastgeberlandes wurden müde, und ein neuer Held wurde geboren: der 26jährige Sergio Javier Goycochea. Der argentinische Ersatztormann brachte nach einem 1:1 (0:1, 1:1) den Titelverteidiger im Elfmeterschießen mit 4:3 ins Finale.

Wer ist in Neapel stärker, Maradona oder Italien? Das war die Frage vor dem Spiel im San-Paolo-Stadion. Maradona gewann diese Kraftprobe um die Gunst des Publikums. Es stand zwar hinter Italien, aber nicht so fanatisch wie die Brigaden von Rom. Und es zeigte soviel Respekt vor seinem heißgeliebten Star Maradona, daß es ihn nicht auspfiff. „364 Tage im Jahr werden die Neapolitaner nicht als Italiener betrachtet, sondern als Dreckfresser – nun sollt ihr plötzlich hinter Italien stehen?" hatte Maradona Stimmung gemacht. Und Italien versuchte, mit Schillaci zu kontern.

Der Sizilianer hatte bei dieser Weltmeisterschaft Italien wieder geeinigt.

Und Schillaci ist es auch, der Italien mit 1:0 in der 18. Minute in Führung bringt. Giannini hatte den wieder eingestellten Gianiuca Vialli in Schußposition gebracht. Goycochea kann den Schuß aus 12 Meter nur abprallen lassen, und Schillaci schießt aus abseitsverdächtiger Position ein. Alles scheint wie schon gewohnt für Italien zu laufen.

Doch da bäumt sich Argentinien auf. Spielt besser als in all den Spielen davor und hat wieder den Diego Maradona, der besser ist als alle anderen Fußballer der Welt. Er wird von den Italienern im Raum gedeckt, zumeist von Ferri oder Bergomi. Und mit ihm finden auch die anderen Argentinier zu ihrer Klasse zurück.
Je besser die Argentinier werden, um so unsicherer werden die Italiener. Sie scheinen trotz der Führung durch Schillaci Angst zu bekommen.

Und man merkt es selbst an „Schillacissimo". Er läuft oft ins Abseits. Die Abwehr, die 913 Minuten keinen Gegentreffer erhalten hat, 868 davon mit Tormann Walter Zenga, gerät in Schwierigkeiten. Besonders als nach der Pause bei Argentinien Troglio anstelle von Calderon spielt. Und in der 70. Minute gelingt der Ausgleich. Eine Bastion ist gestürmt. Nach einem Paß von Maradona flankt Olarticoechea, und Caniggia köpfelt über Ferri und Zenga zum 1:1. Nach 983 Minuten muß Italien wieder mit einem Gegentor leben. Zenga hat dabei nicht gut ausgesehen.

De Agostini hat zwar noch in der 82. Minute den Matchball am Fuß, doch Goycochea wehrt ab. Das Match geht in die Verlängerung. Italien hat schon Serena für Vialli und Baggio für Giannini gebracht. Carlos Bilardo setzt nach 100 Minuten Batista für Basualdo ein. Die Angst regiert beide Mannschaften. Goycochea, ein scheinbarer Unsicherheitsherd in der hervorragend organisierten Abwehr Argentiniens, als „Fliegenfänger" abqualifiziert, wehrt einen Freistoß von Baggio grandios ab. Irgendwie dreht er den Ball über die Querlatte.

Schiedsrichter Vautrot, der bei zahlreichen überharten Attacken der Italiener wegschaut, blickt offensichtlich nicht auf die Uhr. Und er sieht auch eine angebliche Tätlichkeit von Giusti an Raggio nicht. Linienrichter Mikkelsen aus Dänemark signalisiert sie ihm, und er schließt Giusti in der Überzeit der ersten Hälfte der Verlängerung aus. Nach 110 Minuten! Dann stückelt er noch weitere 2 Minuten und 20 Sekunden an und stellt damit eine Art Nachspielzeit-Weltrekord auf.

Die zweite Hälfte der Verlängerung ist mehr Vorbereitung auf das Elferschießen als Suche nach der Entscheidung.

Der erste Finalist der Weltmeisterschaft muß durch Elferschießen ermittelt werden. Ein geschocktes Italien beginnt. 1:0 durch Baresi, 1:1 durch Serrizuela,

Elfmeterschießen: Donadoni scheitert an Goycoechea (oben), Maradona trifft (u. l.), Serena verschießt. Italien ist draußen.

2:1 durch Baggio, 2:2 Burruchaga, 3:2 De Agostini, Olarticoechea 3:3. Donadoni scheitert an Goycochea. Maradona bringt Argentinien ebenso elegant wie sicher 4:3 in Führung. Serena muß verwandeln – und Goycochea wehrt ab, indem er auf den Ball fällt. Maradona und seine Mitspieler jubeln. Italien weint. Eine Art Weltuntergangsstimmung erfaßt das ganze Land. Vom Brenner bis Sizilien. Das Finale mit Italien gibt es nicht mehr. Und damit ist auch die Weltmeisterschaft für die Italiener zu Ende.

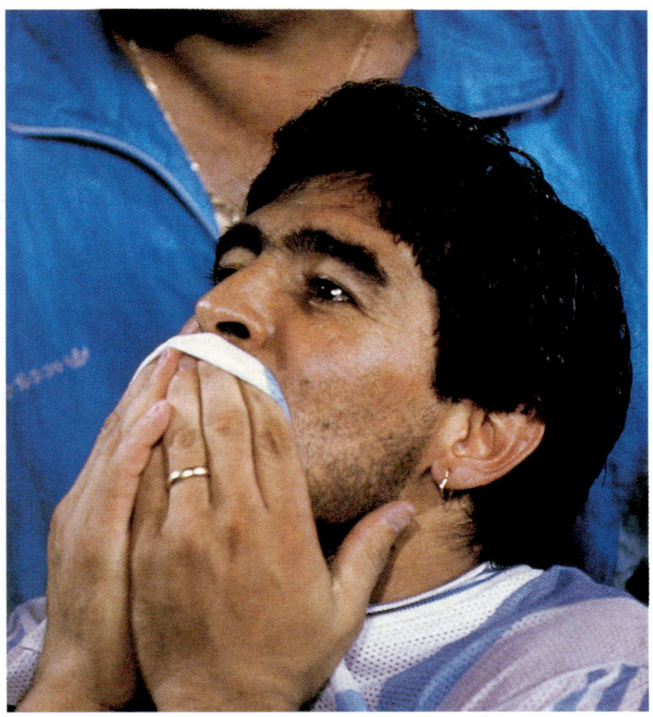

Allen Kritikern zum Trotz – er hat seine Mannschaft wieder ins Weltmeisterschaftsfinale geführt: Diego Maradona.

Turin wurde kein zweites Neapel
Im zweiten Elfer-Drama triumphierte der Favorit

Die Parallelen wirkten fast gespenstisch. Einen Tag nach der Sensation von Neapel wandelte England im Delle-Alpi-Stadion von Turin auf den Spuren von Argentinien. Und auch das Elfer-Drama wiederholte sich vor 62.000 Zuschauern. Allein, die ganz große Überraschung blieb aus. Deutschland qualifizierte sich zum dritten Mal hintereinander für das Finale einer Weltmeisterschaft. Nach einem 1:1 (0:0, 1:1) siegten die Deutschen im Elferschießen 4:3.

Turin glich am Spieltag einer Festung. Rund 10.000 Polizisten und Militärs schützten eine Stadt und ein Fußballspiel. Die Angst ging um. Zum einen waren es die deutschen und englischen Fans gewesen, die bisher für Krawalle verantwortlich waren. Zum anderen wurde die Erinnerung an die Katastrophe von Brüssel 1985 geweckt. Damals waren 39 Menschen beim Europacupfinale Liverpool gegen Juventus Turin ums Leben gekommen, 32 aus Turin. Und schuld waren damals die englischen Hooligans, die den folgenschweren Wirbel ausgelöst hatten. Für extreme Anhänger-Gruppen in Turin schien die Zeit der Rache gekommen.

Vor diesem düsteren Hintergrund fand das zweite Semifinale der Weltmeisterschaft statt. Es wurde zum Triumph des Fußballs und der Fairneß. In einem tempogeladenen, kampfbetonten Spiel zweier gleichwertiger und ähnlich gearteter Teams wurden von beiden Seiten die sportlichen Grenzen respektiert. Die Gewalt des Fußballs siegte über die Gewalttätigkeit.

Intensiver als Deutschland und England bei 27 Grad in Turin gespielt haben, kann man bei solchen Verhältnissen nicht Fußball spielen. Wohl kam es oft zu einer Pattstellung, die manche als langweilig empfanden, doch gerade in dieser Gleichwertigkeit über 120 Minuten lag der Reiz dieser Begegnung.

Ein Match, in dem nur die allerbesten Athleten unter den besten Fußballern bestehen konnten. Deutschlands Teamchef Franz Beckenbauer muß das vorausgesehen haben, als er für die zwar einsatzfähigen, aber nicht hundertprozentig fiten Spieler Pierre Littbarski und Uwe Bein die „Ersatzleute" Olaf Thon und Thomas Hässler einsetzte. Deutschland besaß zwar die häufigeren Ballkontakte, ungefähr im Verhältnis von 60:40, deshalb aber noch nicht die größeren Chancen. Erst in der Verlängerung bestand auch hier ein Übergewicht durch zwei Möglichkeiten von Jürgen Klinsmann.

England steigerte sich wie Argentinien. Die Schützlinge von Bobby Robson, bis dahin als Minimalisten der Weltmeisterschaft abgestempelt, brachten die alten Tugenden des englischen Fußballs, garniert mit den Finessen eines Paul Gascoigne und eines Chris Waddle zur Geltung. Und sie hatten auch mit Mark Wright in der Verteidigung einen ganz exzellenten Fußballer, der im Laufe der Weltmeisterschaft problemlos in die Rolle eines überragenden Libero wuchs. Im Angriff schlummerte die Gefährlichkeit des Gary Lineker, der von Kohler zwar gut bewacht wurde, aber einen Fehler des Bayern-Verteidigers sofort ausnützte.

Die deutsche Mannschaft, an und für sich für einen intelligenteren Fußball geschaffen, nahm die Kampfansage der Briten an. Vielleicht auch deshalb, weil sich einige Schlüsselspieler nicht in Superform fühlten, etwa Lothar Matthäus oder Jürgen Klinsmann. Zudem wurde Rudi Völler bald verletzt und durch Karl Heinz Riedle nur unzulänglich ersetzt. Thomas Hässler und Olaf Thon fügten sich trotz teilweise hervorragender Einzelleistungen nicht nahtlos in das Gefüge der Mannschaft ein.

In der Verlängerung gab es je einen Stangenschuß. Den ersten verzeichnete Waddle, den zweiten der überaus dynamische Buchwald, der während der Weltmeisterschaft den Fortschritt vom Innenverteidiger zum Mittelfeldspieler gemacht hat.

Deutschland ging durch einen abgefälschten Schuß von Brehme nach einem kurz abgespielten Freistoß von Thon in der 60. Minute in Führung. Eng-

Im Zentrum der englischen Mannschaft: Paul Gascoigne – gegen Riedle (o. l.), Thon (o. l.), Augenthaler (u. l.), Matthäus (u. r.)

Andreas Brehme erzielt das 1:0 (oben), Gary Lineker entwischt seinem Bewacher und schafft den Ausgleich (unten).

Bodo Illgner hält den Elfmeter von Stuart Pearce (oben). Olaf Thon läßt beim letzten Elfmeter Peter Shilton keine Chance (unten).

land, das bis dahin mehr auf Konter gespielt hatte, schaltete auf Offensive um. Bobby Robson brachte den Mittelfeldstürmer Trevor Steven für den Verteidiger Terry Butcher.

Und zwanzig Minuten nach dem deutschen Führungstor fiel der Ausgleich nach einer Flanke von Parker, einem Fehler von Kohler und einer Unschlüssigkeit von Augenthaler durch Lineker.

Es war ein Spiel, in dem Rekorde aufgestellt wurden. Peter Shilton im Tor Englands bestritt sein 124. Länderspiel. Deutschland übertraf mit dem 67. Match bei einer Endrunde einer Weltmeisterschaft den Rekord Brasiliens von 66 Begegnungen. Und Deutschland, der zweimalige Weltmeister, erreichte zum dritten Mal in Folge ein Finale.

Im Elfmeterschießen bewährte sich dann der um 17 Jahre jüngere Tormann. Bodo Illgner vom FC Köln hielt den vierten englischen Elfmeter von Stuart Pearce. Der 40jährige Peter Shilton war in dieser Situation der Entscheidung bestimmt im Nachteil.

Semifinale, 3.74. 7.

3. 4. (Neapel)
Argentinien – Italien 1:1 (0:1, 1:1) n. V.

Elfmeterschießen 4:3

59.978 Zus.
SR Michel Vautrot/FRA

ARG: Goycoechea; Simon; Basualdo (100'/Batista), Serrizuela, Olarticoechea; Ruggeri, Burruchaga, Giusti, Calderon (46'/Troglio); Caniggia, Maradona (cap.).

ITA: Zenga; Baresi; Bergomi (cap.), Ferri, Maldini; De Agostini, Donadoni, De Napoli, Giannini (75'/Baggio); Vialli (71'/Serena), Schillaci.

Tore: 0:1 (18') Schillaci, 1:1 (69') Caniggia.

Elfmeterschießen: 0:1 Baresi, 1:1 Serrizuela, 1:2 Baggio, 2:2 Burruchaga, 2:3 De Agostini, 3:3 Orlarticoechea, Donadoni – Goycoechea wehrt ab, 4:3 Maradona, Serena – Goycoechea wehrt ab

Gelbe Karten:
Giusti, Ruggeri, Olarticoechea, Caniggia, Batista; Giannini.

Rote Karte:
Giusti (111')

4. 4. (Turin)
BRD – England 1:1 (0:0, 1:1) n. V.
Elfmeterschießen 4:3
62.628 Zus.
SR José Wright/BRA

BRD: Illgner; Augenthaler; Kohler, Buchwald; Bertold, Häßler (67'/Reuter), Matthäus (cap.), Thon, Brehme; Klinsmann, Völler (38'/Riedle).

ENG: Shilton; Wright; Parker, Walker, Butcher (cap.) (71'/Steven), Pearce; Waddle, Platt, Gascoigne; Beardsley, Lineker.

Tore: 1:0 (60') Brehme, 1:1 (81') Lineker, Elfmeterschießen: 0:1 Lineker, 1:1 Brehme, 1:2 Beardsley, 2:2 Matthäus, 2:3 Platt, 3:3 Riedle, Pearce – Illgner wehrt ab, 3:4 Thon, Waddle darüber.

Gelbe Karten:
Brehme; Parker, Gascoigne.

Seit Jahrzehnten begleitet Ken Baily die englische Mannschaft durch Sieg und Niederlage.

Fotos in diesem Kapitel: Bongarts 148 u., 149, 151 o. l., u. l., u. r., 153, 155 oben, u. r., 157 o. l. Sven Simon 148 o. l., o. r., 151 o. r., 155 u. l., 156, 157 o. r., unten, 159.

Das kleine Finale
Begünstigtes Italien wurde Dritter

Das Spiel um den dritten Platz in Bari wurde tatsächlich ein kleines Finale. In einem der besten Spiele dieser Weltmeisterschaft schlug Italien England mit 2:1 (0:0) und holte sich die Bronzemedaille. England wurde gefeierter Vierter.

Noch einmal bestätigten die Italiener, daß ihre Mannschaft zu den stärksten des Turniers gehörte. Noch einmal wurde allerdings auch deutlich, wie sehr die Mannschaft im Laufe der Weltmeisterschaft begünstigt wurde. Beide Tore der Sieger waren nicht makellos. Beim 1:0 stand der Schütze Baggio vor einer herrlichen Soloaktion abseits. Vor dem 2:1 gab der französische Schiedsrichter Joel Quiniou einen Elfmeter, der von Toto Schillaci mehr provoziert als von Des Walker verursacht war. Es war mehr Hohn als Kompensation, daß Quiniou in der 91. Minute ein reguläres Tor von Berti wegen Abseits nicht anerkannte.

Trotzdem gewannen die Italiener verdient, weil sie über neunzig Minuten mehr vom Spiel und auch die größeren Chancen hatten. England ging vor allem der gesperrte 23jährige Paul Gascoigne ab. Ohne seine klugen Pässe fehlte dem neuerlich schnellen und dynamischen Spiel der Briten die Krönung. Gascoigne war für mich ein zukunftsweisender Spielertyp dieser Weltmeisterschaft. Er besitzt nämlich nicht nur hervorragende Technik und geradezu geniale Einfälle, sondern er verfügt auch über die für den modernen Fußball nötige Athletik und Dynamik. Ein Mittelfeldspieler, der offensiv und defensiv gleich wertvoll ist, der Tore verhindern und auch Tore schießen kann.

Der nach dem Ausscheiden gegen Argentinien ins Kreuzfeuer der Kritik geratene Azeglio Vicini änderte für das Spiel um den dritten Platz seine Mannschaft an vier Punkten. Ferrara, Vierchowod, Ancelotti und Baggio kamen für De Napoli, Ferri, Donadoni und Vialli. Vier ganz große Stars, die vor der Weltmeisterschaft aus der italienischen Elf kaum wegzudenken waren, wurden ausgetauscht, ohne daß sich am Charakter des italienischen Spiels und seiner Schlagkraft auch nur das geringste änderte. Italien gehörte wohl mit Deutschland zu den Teams mit den meisten hochklassigen Spielern. Das löste zwar in der Presse ständig Diskussionen um die Nominierung der Mannschaft aus, ließ aber meinem Kollegen Vicini auch einen enormen Spielraum. Kein Wunder, daß er beim Austausch stets eine glückliche Hand bewies. Er konnte einfach nicht danebengreifen. Es sagt wohl alles aus, daß noch zu Beginn des Turniers jener Mann auf der Ersatzbank saß, der schließlich mit sechs Toren die meisten Treffer erzielte und zum Superstar wurde: Toto Schillaci.

Seinem sechsten und letzten Tor haftete allerdings der Makel der Unlauterkeit an. Schillaci ließ sich fallen, nachdem Walker den Ball verfehlt hatte. Den Elfmeter verwandelte der Sizilianer von Juventus Turin vier Minuten vor Schluß selbst. Italien war nach einem schweren Fehler von Tormann Peter Shilton in der 70. Minute in Führung gegangen. Shilton ließ sich an der Toroutlinie von Baggio den Ball abjagen, der spielte zu Schillaci, bekam in Abseitsposition den Ball wieder zurück und umkurvte die englische Verteidigung vor dem erfolgreichen Torschuß.

Im Vergleich zu den italienischen Toren war Englands 1:1 durch Platt in der 80. Minute ein Supertor bester englischer Qualität. Ein Kopftor, wie man es schöner nicht erzielen kann. Die Flanke kam von Dorigo.

Vor dem Spiel gab es Mißtöne, als englische Fans das Abspielen der italienischen Hymne störten. Der Ausklang war hingegen um so eindrucksvoller und versöhnlicher. Zuerst inszenierten die Spieler beider Teams die mexikanische Welle als Dank an das Publikum und aus Freude über eine gelungene Weltmeisterschaft. Dann liefen sie gemeinsam in getauschten Dressen eine Ehrenrunde. Fußball verbindet trotz aller Rivalitäten.

Engagement der Ottakringer Brauerei im Sport: Fußball-Nationalteam wird unterstützt

Teamchef Hickersberger als Werbeträger für Ottakringer

Seit dem Länderspiel Spanien—Österreich engagiert sich die Ottakringer Brauerei im Fußball. Mit einem namhaften Betrag wird der österreichische Fußballbund anläßlich der WM 1990 in Italien während der gesamten Saison gesponsert. Teamchef Josef „Pepi" Hickersberger trägt das Ottakringer-Emblem auf seinem Trainingsanzug und seinem Trainingsleibchen.

Offizielle ÖFB-WM-Kappe mit „Ottakringer"

In der Sponsorvereinbarung mit dem ÖFB ist daneben ein umfangreiches Werbepaket — wie beispielsweise Aktivitäten im Wiener Fußballstadion und während der WM in Italien — enthalten. Besonders attraktiv ist dabei auch, daß die Ottakringer Brauerei als „offizieller Sponsor des ÖFB" mit ihrem Schriftzug auf der offiziellen WM-Kappe vertreten ist.
Nicht nur Teamchef Hickersberger fand an dieser Kappe Gefallen, auch die regierende Miss World Ulla Weigerstorfer findet sie einfach „chic".

Viele Gründe für Ottakringer für Sportsponsoring

Der erstmalige Einstieg der Ottakringer Brauerei in die Sportwerbung hat eine Reihe guter Gründe. Biertrinker sind laut einer Untersuchung des Fessel + GFK-Institutes überdurchschnittlich stark an Sport interessiert. Fast die Hälfte der Biertrinker interessiert sich laut eigenen Angaben sehr für Sportübertragungen im Fernsehen. Biertrinker sind auch am häufigsten Mitglieder bei Sportvereinen. Immerhin noch rund ein Viertel aller Biertrinker betreiben sogar aktiv Sport. Übrigens: Bier, mäßig genossen, und aktiver Sport sind durchaus kein Gegensatz. Bier ist nämlich ein elektrolytisches Getränk.

Spiel um Platz 3

7. 7. in Bari
51.426 Zus.
SR Joel Quiniou/FRA
Italien – England 2:1 (0:0)

Tore: 1:0 (71') Baggio, 1:1 (81') Platt, 2:1 (85') Schillaci (Elfmeter)

ITA: Zenga; Baresi; Bergomi (cap.), Ferrara, Vierchowod; Maldini, Ancelotti, De Agostini (67'/Berti), Giannini (90'/Ferri); Baggio, Schillaci. Trainer: Azeglio Vicini

ENG: Shilton (cap.); Wright (72'/Waddle); Stevens, Parker, Walker; Dorigo, Steven, McMahon (73'/Webb), Platt; Lineker, Beardsley. Trainer: Bobby Robson

Mark Wright verabschiedet sich nach dem Spiel gegen die BRD vom Publikum.

Italien gegen England – Paolo Maldini gegen Gary Lineker (oben) und Carlo Ancelotti gegen Terry Butcher.

Schillaci gegen und mit Butcher – im Spiel um den 3. Platz.

Der Kampf um die Bronzemedaille wurde zu einer Demonstration fußballerischer Fairneß.
Nach Ende des Spiels nahmen die beiden Mannschaften gemeinsam den Jubel des Publikums entgegen und liefen miteinander die Ehrenrunde.

Das Finale

Thomas Berthold gegen Sergio Goycoechea (oben), Guido Buchwald gegen Diego Maradona.

Jürgen Klinsmann probiert es mit Köpfchen (oben), Goycoechea greift zur Axt.

Der richtige Weltmeister

Zum dritten Mal nach 1954 und 1974 wurde Deutschland Fußball-Weltmeister. Die Deutschen besiegten vor 73.603 Zuschauern im Olympiastadion von Rom den Titelverteidiger Argentinien mit 1:0 (0:0). Es war ein einseitiges Finale. Die Argentinier konnten und wollten nicht mitspielen. Sie erweckten den Anschein, als spekulierten sie von Beginn an auf ein Elfmeterschießen, mit dem sie zweimal im Verlaufe des Turniers Erfolg gehabt hatten.

Es war kein berauschendes Finale, aber ein Endspiel, das zum Charakter dieser Weltmeisterschaft paßte. Das einzige Tor fiel in der 85. Minute aus einem Elfmeter. Noch bei keiner Weltmeisterschaft wurde das Toreschießen so erschwert wie bei dieser. Und selbst die Mannschaft mit der größten Klasse benötigte im Viertelfinale einen Elfmeter, im Semifinale gar ein Elfmeterschießen und im Finale wieder einen Elfmeter, um Weltmeister zu werden.

Deutschland bestätigte sich wieder einmal als Turniermannschaft. Sie verzeichnete einen glänzenden Start mit dem 4:1-Sieg über Jugoslawien und zeigte später die größte Konstanz aller 24 Endrundenteilnehmer. Nur noch Italien kam in dieser Hinsicht an den neuen Weltmeister heran.

Einem der größten Spieler der Fußballgeschichte, dem 44jährigen Franz Beckenbauer, ist es innerhalb von sechs Jahren gelungen, die deutsche Fußballnationalmannschaft wieder zu veredeln. Er übertrug etwas von seiner einstigen Spielauffassung auf das Auswahlteam. Er führte es zurück zu einer attraktiven und offensiven Spielweise. Das gelang ihm vor allem dank seines Gespürs für die besten Fußballer des Landes.

Er war als Spieler ein Genie des Fußballs und profitierte auch als Trainer von seiner Kreativität. Die Idolisierung des Spielers Beckenbauer half auch dem Trainer Beckenbauer. Nach Startschwierigkeiten, die noch in Mexiko deutlich spürbar waren, wurde er in den sechs Jahren auch zur Autorität als Teamchef. Es ist deshalb kein Wunder, daß er nach dem Brasilianer Mario Zogalo die zweite Persönlichkeit ist, die sowohl als Spieler (1974) als auch als Trainer (1990) Weltmeister wurde.

Seine Mannschaft war eine der wenigen dieser Endrunde, die stets auf Offensive ausgerichtet war. Sie sah immer ihre Aufgabe darin, das Spiel zu gestalten. Das kam ihr schließlich auch im Streß des Endspiels zugute. Für mich gab es nie einen Zweifel, daß Deutschland dieses Finale gewinnen würde. Deutschland war nicht Brasilien. Und deshalb wiederholte sich auch der Glücksfall nicht, der Argentinien ins Viertelfinale gebracht hatte.

Es sprach für die Überlegenheit der Deutschen, daß ihr Tormann Bodo Illgner im Finale nur durch eine Rückgabe geprüft wurde. Im Laufe des Turniers hat er sich als solider Tormann erwiesen, der auch zu Glanzleistungen fähig ist. Im Elferschießen war er maßgeblich am Aufstieg ins Finale beteiligt.

Klaus Augenthaler steigerte sich als Libero im Laufe des Turniers. Er gehörte zu den „letzten Männern“, die am häufigsten nach vorne gingen. Beinahe hätte er in seinem letzten Teamspiel auch sein einziges Tor erzielt.

Thomas Berthold bot sich mangels einer zweiten argentinischen Sturmspitze immer wieder für die Offensive an, richtete dabei aber wenig aus. Deshalb setzte Beckenbauer später auch Stefan Reuter statt ihm ein.

Jürgen Kohler: Er war der beste Manndecker dieser Weltmeisterschaft, hatte aber gerade im Finale mit Caniggia-Ersatz Dezotti eine leichte Aufgabe.

Guido Buchwald nahm Diego Maradona praktisch aus dem Spiel, so daß man nie das Gefühl bekam, Maradona könnte ein Geniestreich wie gegen Brasilien glücken.

Andreas Brehme war während des gesamten Turniers ein Schlüsselspieler seiner Mannschaft, der Prototyp des linken Außendeckers, der dank seiner Technik und Spielintelligenz Impulse setzen kann, ohne dabei Lücken in der Abwehr zu hinterlassen.

Rudi Völler in der Luft (oben), Guido Buchwald gleich auf dem Boden.

Zeigte seine mentale Stärke bei der Verwandlung des Elfmeters.

Thomas Hässler kam doch noch dazu, sein großes Talent als dynamischer, dribbelstarker und spielbestimmender Mittelfeldspieler zu beweisen.

Lothar Matthäus erwies sich stets als die Triebfeder im deutschen Spiel. Ein wahrlich vorbildlicher Kapitän, der im Endspiel nicht so glänzte wie etwa im ersten Match, der stets dort zu finden war, wo er der Mannschaft am meisten helfen konnte.

Pierre Littbarski: Der quirlige und technisch hervorragende Kölner sorgte von Beginn an für Schwung und war lange auch der torgefährlichste Deutsche.

Jürgen Klinsmann hatte seine Sternstunde im Spiel gegen Holland. Im Finale blieb er wirkungslos. Trotzdem beschäftigte er mit seinen Antritten die argentinische Mannschaft. Monzon beging an ihm das Foul, das zu seinem Ausschluß führte.

Rudi Völler holte mit seinem Einsatz und Fleiß den Elfmeter heraus, der schließlich den Weltmeistertitel brachte.

Insgesamt hatte Deutschland keinen wirklich schwachen Punkt und noch für jede Formation zumindest eine gleichstarke Alternative. Der neue Weltmeister machte auch während des gesamten Turniers einen harmonischen, ja sympathischen Eindruck. Auch hier dürfte Franz Beckenbauer erfolgreich abgefärbt haben. Fast durchwegs komplette Fußballer, das heißt technisch versierte und athletisch starke, ergaben ein funktionierendes Teamwork.

Argentinien hat die Klasse von 1978 und 1986 verloren. Selbst der wahrscheinlich noch immer weltbeste Fußballer Diego Maradona konnte die Schwächen nicht kaschieren. Er kam weniger als je zuvor zur Geltung, weil es den Gegnern zumeist genügte, ihn zu kontrollieren. Mit ihm schaltete man Argentinien aus.

Wohl in der richtigen Einschätzung der eigenen Möglichkeiten verlegte sich der Weltmeister immer mehr auf die Zerstörung des Spiels und überschritt mit dieser Taktik im Endspiel die Grenzen des Zumutbaren. Es wäre für den Fußball insgesamt eine Katastrophe gewesen, wäre jene Mannschaft Weltmeister geworden, deren oberstes Gebot die Verhinderung von Toren war.

Nach der Niederlage im Eröffnungsspiel gegen Kamerun war das Rückzugsgefecht des Titelverteidigers bis zum Endspiel verständlich. Im Finale, das für Argentinien ein Geschenk bedeutete, hätte der Titelverteidiger aber mehr zum Spiel beitragen müssen.

Gewiß, mit Giusti, Olarticoechea, Batista und Caniggia fehlten vier gesperrte Spieler, die nicht gleichwertig ersetzt werden konnten. Doch Defensive darf gerade in einem Endspiel einer Fußballweltmeisterschaft nicht bis zur Zerstörung eines ganzen Spieles ausarten. Am Ende war Diego Maradona der einzige Weltmeister von 1986, der noch in der Mannschaft stand – irgendwo ein Bild von Symbolkraft.

Die Deutschen hatten in der ersten Hälfte keine herausgespielte Chance, sondern nur sich aus einer Feldüberlegenheit zwangsläufig ergebende Möglichkeiten wie die Kopfbälle in Bedrängnis von Völler oder die überraschenden Schüsse von Littbarski. Deutschlands Tormann Illgner wurde nur von einer Rückgabe von Brehme knapp vor der Pause geprüft.

Die erste ganz große Möglichkeit fand Klaus Augenthaler vor, in der 57. Minute allein vor Tormann Goycochea. Matthäus hatte ihn freigespielt, Goycochea rettet, weil Augenthaler zögert.

Die Deutschen wollten ein Foul gesehen haben. Ein klares Foul, wenn auch in der Schärfe nicht beabsichtigt, führte in der 64. Minute zum Ausschluß von Monzon. Er hatte beim Hineingrätschen Klinsmann und nicht den Ball getroffen. Der Druck von Deutschland wird noch größer und erzwingt gleichsam den Siegestreffer. Nach einem Paß von Matthäus fällt Völler im Duell mit Sensini. Der argentinische Verteidiger war bei seiner Attacke bereits seitlich etwas hinter dem Stürmer und traf den Ball nicht. Völler befand sich aber schon in der elfergerechten Vorlage.

Andreas Brehme verwandelt den Elfmeter zum 1:0 – damit ist die BRD Weltmeister.

Um diesen Pokal ging es vier Wochen lang – König Fußball.

Lothar Matthäus mit dem Pokal (oben). Franz Beckenbauer, als Spieler und Trainer Weltmeister, hat es geschafft.

Andreas Brehme verwandelte den Elfmeter mit äußerster Präzision. Tormann Goycochea war in der richtigen Ecke und hätte bei weniger Genauigkeit des Schützen wohl abgewehrt. Vier Minuten vor Schluß wurde Dezotti von dem trotz umstrittener Entscheidungen ausgezeichneten mexikanischen Schiedsrichter Edgardo Codesal Mendez ausgeschlossen. Er hatte Kohler von hinten umgerissen. Dezotti war vor dem Vergehen schon verwarnt worden.

Finale

8. 7. in Rom (Olympiastadion)
73.603 Zus.
SR Edgardo Codesal Mendez/MEX

BR Deutschland – Argentinien 1:0 (0:0)

BRD: Illgner; Augenthaler; Kohler, Buchwald, Berthold (73'/Reuter); Littbarski, Matthäus (cap.), Häßler, Brehme; Völler, Klinsmann. Trainer: Franz Beckenbauer

ARG: Goycoechea; Simon; Serrizuela, Ruggeri (46'/Monzon), Sensini, Lorenzo; Basualdo, Troglio, Maradona (cap.), Burruchaga (54'/Calderon); Dezotti. Trainer: Dr. Carlos Bilardo

Tore: 1:0 (85') Brehme/Elfmeter

Gelbe Karten: Völler; Dezotti, Troglio, Maradona

Rote Karten: Monzon (65'), Dezotti (87')

Die Weltmeister 1990.

Photos in diesem Kapitel: Bongarts 162, 164, 166, 173 Mitte und u., 175, 176. Sven Simon 163, 168, 169, 171, 173 o., 174, 188.

Die FIFA verhängte hohe Geldstrafen für Gelb und Rot. Schiedsrichter Röthlisberger aus der Schweiz schloß im Spiel Argentinien – Jugoslawien Sabanadzovic aus (o. l.), der Tormann Alvez aus Uruguay sah im Spiel gegen Italien die Gelbe Karte (o. r.). Diskutieren lassen sie nicht mit sich: (u. l.) George Courtney bei Italien – Uruguay, Silva Valente (u. r.) bei Irland – Italien.

Brasilien – Argentinien: Tormann Claudio Taffarel springt am höchsten.

Nachdenkliche Zwiesprache mit dem Rasen: Abdel Ghani aus Ägypten (oben) und der Rumäne Rednic.

Zwei Mannschaften, die verblüfften – den Schweden hatte man vor der WM eine Überraschung zugetraut – das Team aus Costa Rica lieferte sie.

Die WM und ihre Auswirkungen auf den Fußball

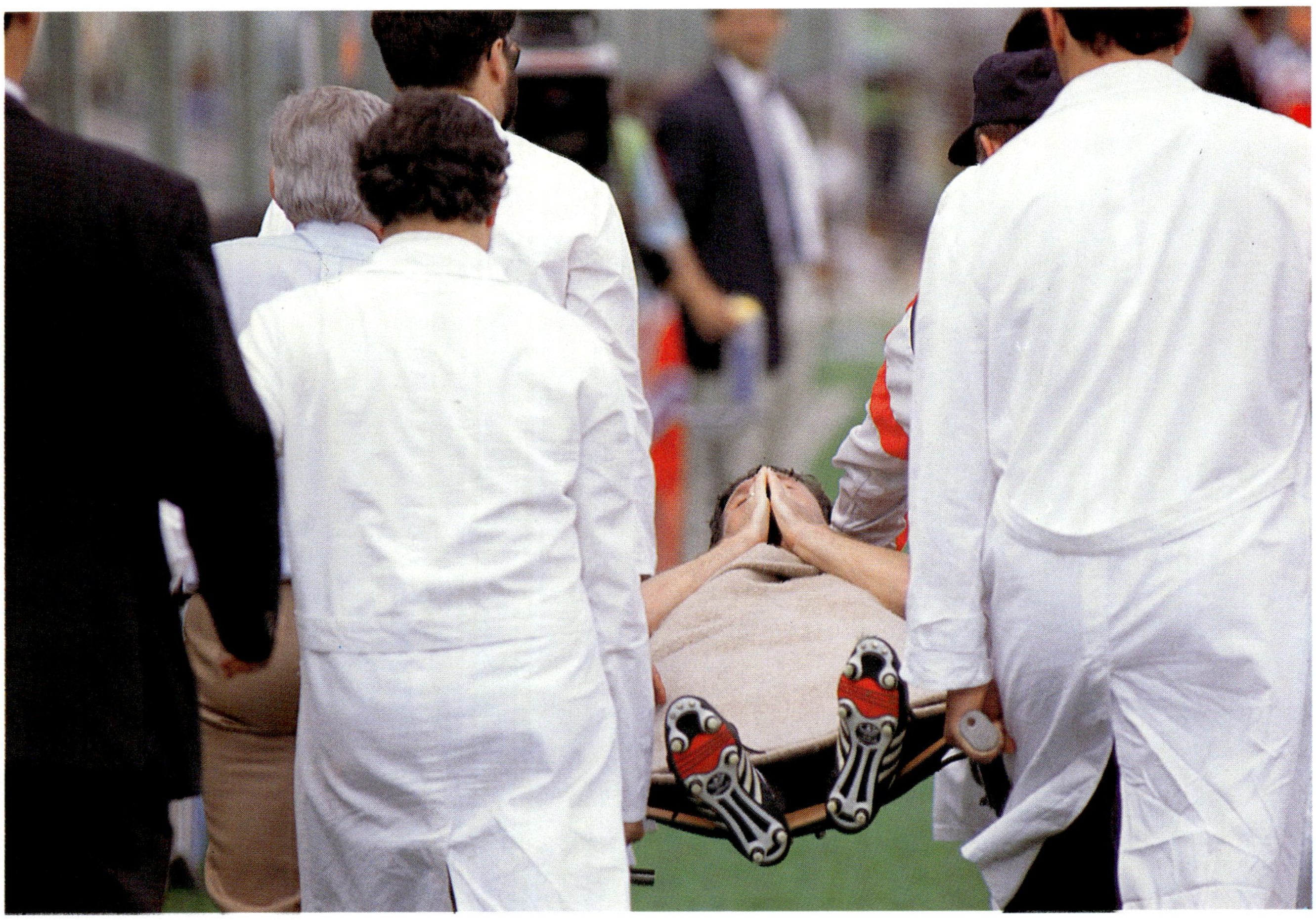

Im Spiel gegen Österreich wird der ČSFR-Spieler Chovanec vom Platz getragen.

Ruud Gullit springt am höchsten (BRD – Niederlande). Pas de deux bei Kamerun – England. (unten)

Zeit und Raum werden immer enger
In Zukunft nur noch zehn Mann?

Bei der 14. Fußball-Weltmeisterschaft in Italien fielen in 52 Spielen nur 115 Tore. Das war die niedrigste Marke aller bisherigen Weltmeisterschaften. In Spanien, als erstmals 24 Mannschaften an der Endrunde teilnahmen, waren es 146 Treffer. Vor vier Jahren in Mexiko nur noch 132 Tore. Der Fußball verliert also an Toren und damit an Attraktion.

Zeit und Raum für das Spiel werden immer geringer und daraus resultiert zwangsläufig die Trefferflaute. Wenn man bedenkt, daß selbst ein so großer Fußballer wie Diego Maradona während der Weltmeisterschaft kein einziges Tor aus dem Spiel erzielt hat, dann bedeutet das ein Alarmzeichen.

Während der Weltmeisterschaft wurde in FIFA-Kreisen der Plan geboren, die Anzahl der Spieler einer Mannschaft von elf auf zehn zu reduzieren. Mir könnte es recht sein, denn bei dem geringen Spielerreservoir in Österreich stiegen damit unsere Chancen. Angeregt wurde diese Idee vor allem vom Spiel Deutschland gegen Holland im Achtelfinale. Das Match gewann an Klasse, nachdem Rudi Völler und Frank Rijkaard ausgeschlossen worden waren.

Vorläufig dürfte diese Idee aber nur Diskussionsstoff liefern. Man weiß, wie zögernd gerade der Internationale Fußballverband von der Tradition abweicht. Lange Zeit wurde die Abschaffung der Abseitsregeln erwogen und sogar ausprobiert. In Rom beschloß die FIFA dann nur eine minimale Veränderung. Gleiche Höhe wird ab der nächsten Saison nicht mehr abseits sein.

Man wird also andere Elemente verbessern müssen, um wieder attraktiveren Fußball zu erreichen. Kamerun setzte da ein Zeichen und muß als Vorbild gewertet werden. Die Ballfertigkeit der Afrikaner machte sie zu den Lieblingen dieser Weltmeisterschaft. Sie schufen sich damit auch den nötigen Spielraum. Und hätten sie in der Endphase des Spiels gegen England nur einen Bruchteil des Sicherheitsdenkens entwickelt, das die meisten Mannschaften bei dieser Endrunde in den Vordergrund schoben, sie wären wahrscheinlich noch über das Viertelfinale hinausgekommen.

Das Technik-Training gehört also forciert. In punkto Athletik und Organisation des Spiels, vor allem des Abwehrspiels, scheint ein Plafond erreicht worden zu sein. Beides ging in den letzten Jahren zulasten der Ballfertigkeit und des Spielwitzes. Es gab nur ganz wenigeSpielmacher, die begeisterten. Einer von ihnen schied etwas unglücklich vorzeitig aus: Enzo Scifo. Ein anderer stand ausgerechnet in der englischen Mannschaft: Paul Gascoigne. Für mich überhaupt der Typ, der Schule machen sollte. Bei Deutschland war Lothar Matthäus ihm sehr ähnlich. Kein Günther Netzer, kein Wolfgang Overath, schon gar nicht ein Franz Beckenbauer, aber doch die moderne Ausgabe eines Spielmachers, laufstark, technisch ohne Makel, schußgewaltig und torgefährlich sowie einfallsreich. Auch im Endspiel machte er die entscheidenden Paßbälle, so zur Chance von Augenthaler und zur Elfmetersituation. Ähnlich auch der Spanier Martin Vasquez.

Bei der immer dichter werdenden Abwehr braucht man gesteigerte Ballsicherheit. Der Fußball gleicht da schon ein wenig dem Handball. Man wird vor allem vor dem gegnerischen Strafraum ähnlich wie vor dem Wurfkreis schneller und perfekter kombinieren müssen, um sich eine Lücke für die Torchance zu eröffnen.

Fast alle Mannschaften – auch Brasilien, England und Schottland – bedienten sich eines Libero. Vor ihm werkten zumeist zwei manndeckende Verteidiger. Das war an und für sich ein Rückschritt gegenüber der Praxis in den besten Klubmannschaften, wie etwa bei AC Milan. Doch für die Raumdeckung fehlt in den Nationalmannschaften das blinde Verständnis, das auf Klubebene erzeugt werden kann.

Eine immer wichtigere Funktion kommt den sogenannten Außenverteidigern zu. Da die meisten Mannschaften mit nur eineinhalb Sturmspitzen spie-

Beim Abspielen der Hymne vor dem Spiel gegen Italien steht die Mannschaft aus Irland noch verkehrt herum (oben), aber dann heizen die Spieler um Jacky Charlton den Hausherren gehörig ein: Niall Quinn gegen Paolo Maldini (unten).

Im Spiel gegen die ČSFR tun sich die Deutschen recht schwer. Klaus Augenthalers Schuß (oben) bringt ebensowenig ein wie die Bemühungen von Lothar Matthäus und Andreas Brehme um den Ball.

Ruben Pereira und Roberto Baggio im Spiel Italien – Uruguay (oben). Der Ball ist im Netz: Salinas erzielt bei Spanien – Jugoslawien das 1:1.

len, werden ihre Aufgaben vielfältiger. Für diese Positionen braucht man in Hinkunft Allrounder, Spieler, die verteidigen, aufbauen und angreifen können. Brasilien besaß auf diesen Posten mit Jorginho und Branco die Leitfiguren. Sie eröffneten dem Spiel die Breite.

Mit dem Italiener Salvatore Schillaci wurde der beste Stürmer auch Torschützenkönig. Und zwar mit der gleichen Trefferanzahl, mit der Gary Lineker in Mexiko triumphiert hatte. Er war wohl die Entdeckung der Weltmeisterschaft. Vom Ersatzmann avancierte er zum Goalgetter, Nationalhelden und Superstar. Er brachte alle Eigenschaften eines Klassestürmers mit, schnell, kopfballstark, schußgewaltig und auch mit einer Portion Spielverständnis ausgestattet. Ihm kam natürlich auch zugute, daß er vor dem kombinationsfreudigsten Mittelfeld agierte. Ähnlich wie Tomas Skuhravy seine fünf Tore mit zwei Spielen weniger der Beweglichkeit eines starken Mittelfeldes verdankte.

Vorsicht war insgesamt das erste Gebot der Endrunde. Aus diesem Grund und auch dank der Ausgeglichenheit des Teilnehmerfeldes waren hohe Siege die seltene Ausnahme. Wenn beide Semifinal-Begegnungen einmal durch Elfmeterschießen entschieden werden, dann spricht das Bände. Trotzdem teile ich nicht die Ansicht, man sollte auch die zweite Phase der Endrunde der Weltmeisterschaft nach dem Punktesystem austragen, was wäre diese 14. Weltmeisterschaft ohne das Elferschießen gewesen? Noch weniger Lust und noch mehr Frust.

Für viele ist Brasilien ein sentimentaler Favorit – aber wieder einmal vorzeitig ausgeschieden (Brasilien – Argentinien).

Kopfweh für Ostolaza und Maldini im Spiel Italien – Uruguay (oben) und für den Belgier Claesen im Spiel gegen England.

Gascoigne aus England weiß, wo es langgeht (oben).

Toni Polster wußte es diesmal leider nicht.

Bunte Fußballwelten stoßen aufeinander: Kolumbien – Kamerun, Valderrama gegen N'Dingue.

Photos in diesem Kapitel:
Sven Simon: 177 o. r., unten, 178, 185, 186, 187.
Bongarts: 177 o. l., 179, 180, 183, 189, 190, 191 o., 192.
SPORTMAGAZIN/Roman Zach-Kiesling: 182, 191 u.

Spielerbiographien

Zwei, die wesentlichen Anteil an der Qualifikation der Österreicher hatten, in Italien aber nicht dabei waren – Josef Degeorgi (oben) beim 3:2-Sieg gegen die Türkei am 2. November 1988. Er fiel verletzungsbedingt für die WM-Endrunde aus.

Herbert Prohaska: (unten) in demselben Spiel beendete er seine Laufbahn als Spieler und begleitete die österreichische Mannschaft als „Attaché" nach Italien.

Ernst Aigner (2)

Abwehr
Austria Wien
Geboren am 31. Oktober 1966, 194 cm
Teamdebüt am 31. Mai 1989
gegen Norwegen

Peter Artner (8)

Abwehr
Admira-Wacker
Geboren am 20. Mai 1966, 178 cm
Teamdebüt am 18. November 1987
gegen Rumänien

Michael Baur (12)

Abwehr
FC Tirol
Geboren am 16. April 1969, 180 cm
Teamdebüt am 30. Mai 1990
gegen die Niederlande

Gerald Glatzmayer (19)

Mittelfeld
Vienna
Geboren am 13. Dezember 1968, 179 cm
Teamdebüt am 31. August 1988
gegen Ungarn

Alfred Hörtnagl (11)

Mittelfeld
FC Tirol
Geboren am 24. September 1966, 181 cm
Teamdebüt am 31. Mai 1989
gegen Norwegen

Andreas Herzog (20)

Mittelfeld
Rapid
Geboren am 10. September 1968, 183 cm
Teamdebüt am 6. April 1988
gegen Griechenland

Christian Keglevits (15)

Mittelfeld
Rapid
Geboren am 29. Jänner 1961, 177 cm
Teamdebüt am 8. Oktober 1980
gegen Ungarn

Otto Konrad (22)

Tor
Sturm Graz
Geboren am 1. November 1964, 186 cm
Teamdebüt am 31. Mai 1989
gegen Norwegen

Michael Konsel (21)

Tor
Rapid
Geboren am 6. März 1962, 186 cm
Teamdebüt am 16. Oktober 1985
gegen Jugoslawien

Klaus Lindenberger (1)

Tor
FC Tirol
Geboren am 28. Mai 1957, 188 cm
Teamdebüt am 28. April 1982
gegen die ČSSR

Manfred Linzmaier (10)

Mittelfeld
FC Tirol
Geboren am 27. August 1962, 171 cm
Teamdebüt am 16. Oktober 1985
gegen Jugoslawien

Andreas Ogris (13)

Angriff
Austria Wien
Geboren am 7. Oktober 1964, 178 cm
Teamdebüt am 15. Oktober 1986
gegen Albanien

Anton Pfeffer (4)

Abwehr
Austria Wien
Geboren am 17. August 1965, 185 cm
Teamdebüt am 6. April 1988
gegen Griechenland

Robert Pecl (3)

Abwehr
Rapid
Geboren am 15. November 1965, 189 cm
Teamdebüt am 14. Oktober 1987
gegen Spanien

Heimo Pfeifenberger (17)

Angriff
Rapid
Geboren am 29. Dezember 1966, 185 cm
Teamdebüt am 23. August 1989
gegen Island

Anton Polster (9)

Angriff
FC Sevilla
Geboren am 10. März 1964, 186 cm
Teamdebüt am 17. November 1982
gegen die Türkei

Andreas Reisinger (16)

Mittelfeld
Rapid
Geboren am 14. Oktober 1963, 175 cm
Teamdebüt am 11. April 1989
gegen die ČSSR

Gerhard Rodax (14)

Angriff
Admira-Wacker
Geboren am 29. August 1965, 181 cm
Teamdebüt am 16. Oktober 1985
gegen Jugoslawien

Kurt Russ (7)

Abwehr
Vienna
Geboren am 23. November 1964, 179 cm
Teamdebüt am 27. April 1988
gegen Dänemark

Peter Schöttel (5)

Abwehr
Rapid
Geboren am 26. März 1967, 190 cm
Teamdebüt am 5. Februar 1988
gegen die Schweiz

Manfred Zsak (6)

Mittelfeld
Austria Wien
Geboren am 22. Dezember 1964, 180 cm
Teamdebüt am 15. Oktober 1986
gegen Albanien

Michael Streiter (18)

Abwehr
FC Tirol
Geboren am 19. Jänner 1966, 174 cm
Teamdebüt am 23. August 1989
gegen Island

(Alle Photos in Kap. 10: Votava, Wien)

So kamen wir nach Italien

Mit dem 3:0 über die DDR im Wiener Praterstadion am 15. November 1989 war alles klar: die Österreicher waren wieder bei der Weltmeisterschaft. (Von links: Ogris, Artner, Polster, Aigner, Keglevits, Hörtnagl, Linzmaier, Pfeffer, Pecl, Lindenberger, Zsak).

Österreich – Türkei im Wiener Stadion am 2. November 1988. Das Comebackspiel von Herbert Prohaska (oben) wird durch Tore von Polster und Herzog (unten) zu einem hart erkämpften Sieg der Österreicher.

Die Termine - ein Volltreffer

Wir haben die Qualifikation für die Endrunde in Italien auch auf dem grünen Tisch gewonnen. Mit einer Einladung der Gegner nach Wien fing es an. Ich war erst seit vierzehn Tagen Teamchef, hatte mir aber, wie sich später herausstellen sollte, die richtige Taktik für die Terminkonferenz im Wiener „Marriott“-Hotel zurechtgelegt. Meine Widersacher waren damals Sergej Mosiagin als Vertreter von UdSSR-Teamchef Valeri Lobanowski, Manfred Zapf, Generalsekretär des DDR-Verbandes und späterer Teamchef, Tinaz Tirpan, der Coach der Türkei, und mein Freund aus Offenbacher Tagen, Sigi Held, der für Island verhandelte.

Ich ging mit der Grundüberlegung, die entscheidenden Heimspiele so spät wie möglich auszutragen, in das Match um die besten Termine. Meine Mannschaft brauchte noch Zeit, um zu reifen. Nach den verlorenen Qualifikationsrunden für Mexiko 1986 und Deutschland 1988 mußten wir Zeit zum Aufbau gewinnen. Auf Sieg spielen zu müssen, hielt ich damals für verfrüht und eine Überforderung meines jungen Teams. Nur nicht hudeln, lautete also die Devise.

Was lag also näher als mit jenem Match zu beginnen, in dem wir nichts zu verlieren hatten: gegen den Finalisten der Europameisterschaft, gegen die UdSSR auswärts? Eingeplant war in jedem Fall ein Heimsieg gegen die Türkei, die schwer angeschlagen war. Im Frühjahr wollten wir dann zwei Punkte aus den Auswärtsspielen gegen die DDR und Island holen. Und nach der Sommerpause 1989 sollten wir so weit sein, um daheim Island zu schlagen und im Wiener Stadion auch die UdSSR herausfordern zu können. Sollte dann das Auswärtsspiel in der Türkei schiefgehen, bliebe nach meiner Rechnung noch das Heimspiel gegen die DDR, die ich als den unmittelbaren Konkurrenten um Platz zwei betrachtete, um doch noch nach Italien zu gelangen.

Es waren ganz nüchterne Überlegungen, die ich damals anstellte, Überlegungen, die meine Verhandlungspartner nicht durchschauten, weil sie ja über den Zustand meiner Mannschaft nicht so genau Bescheid wußten wie ich. Im nachhinein klingen diese Argumente sehr plausibel, am 9. Jänner 1988 waren sie aber doch nicht für jedermann verständlich. Ich will heute auch nicht als Hellseher dastehen, schon allein deswegen, weil im Fußball wenig voraussehbar ist. Die richtige Einschätzung unserer Situation war aber mitentscheidend für die Teilnahme in Italien.

Die Irrtümer, die uns bei derTerminkonferenz unterliefen, wirkten sich gottlob nicht verheerend aus. So geriet unser programmierter Gegner um Platz zwei, die DDR, schon nach dem zweiten Spiel, dem 1:3 in Istanbul gegen die Türkei, in eine interne Krise, die ihre Chancen reduzierte. Auf der anderen Seite entpuppte sich die Türkei als spielstärker als erwartet. Und Island verzeichnete mit dem 1:1 gegen die UdSSR in Reykjavik und dem gleichen Ergebnis in Istanbul gegen die Türkei einen Start, der den größten Außenseiter zum Mitkonkurrenten emporhob.

Aus dem vermeintlichen Duell mit der DDR war ein Dreikampf geworden, in dem uns aber letztlich die terminlichen Trümpfe und die Tatsache zu Hilfe kamen, daß sich bis zur Entscheidung keiner mit der Rolle des Zuschauers bei der Endrunde anfreunden wollte. Voreilig abgeschriebene Teams kehrten in dieser Qualifikationsrunde wieder zurück, und unbeschriebene Blätter bekamen plötzlich Inhalt.

Wie wichtig Übersicht und Ruhe von außen sind, zeigte sich am Beispiel der DDR. Nach dem 1:3 in der Türkei mußte Teamchef Bernd Stange gehen. Dann erwischte es seinen Nachfolger Manfred Zapf mit einem 0:2 gegen die Türkei und einem 0:3 gegen die UdSSR. Als wir schließlich auf die DDR trafen, war mit Eduard Geyer schon der dritte Mann auf dem Schleudersitz, der sich Betreuerbank nennt. Deshalb behaupte ich: Die DDR hat sich selbst geschlagen.

Auch ich rechnete damit, im Laufe der Qualifikation im Trainer-Out zu landen. Nur so kann ich mir im nachhinein meine vor Beginn der Qualifikationsspiele gemachte Äußerung erklären, in keinem Fall nach Italien zu fahren. Am Samstag vor dem Spiel gegen die UdSSR in Kiew am 19. Oktober 1988 gab's die übliche Pressekonferenz. Und sie war so unergiebig für die Journalisten, daß sie noch nachher nach Neuigkeiten suchten. Und dabei entstand die „Sensation".

Und zwar unter kuriosen Umständen. Karl „Charly" Pointner von der *Kronen-Zeitung* verwies darauf, daß die Sonntags-Ausgaben ohnehin größtenteils gestohlen werden. Wenn die Leser dann auch noch wenig Neues erfahren, müßten sie nicht einmal ein schlechtes Gewissen haben. Also wurde ich über meine Pläne nach der Qualifikation gefragt. Ich hatte mir darüber noch wenig den Kopf zerbrochen. Für den Fall des Scheiterns war auch mein Ende als Teamchef inbegriffen. Auch keine Sensation. Und der Fall der Qualifikation? Da bin ich richtig erschrocken. So ein Riesenerfolg erschien mir damals als ein Geschenk des Himmels, den man dann nicht weiter herausfordern dürfte. Also versprach ich meinen Rücktritt wie andere eine Wallfahrt nach Mariazell.

Ich weiß nicht, ob die „Meldung" ausreichte, um bei Zeitungsdieben ein schlechtes Gewissen zu erzeugen, mich belastete sie jedenfalls schwer. ÖFB-Präsident „Beppo" Mauhart zweifelte an meiner Zurechnungsfähigkeit, und ich mußte unter seinem Druck die Ankündigung zurücknehmen. Ich danke ihm noch heute, daß er mich dazu gezwungen hat. Denn es gibt für keinen Teamchef der Welt etwas Schöneres, als mit einer qualifizierten Mannschaft zur Endrunde einer Weltmeisterschaft zu fahren. Erst jetzt wurde mir so richtig bewußt, was man 1982 Karl Stotz angetan hat, als man ihn nach geschaffter Qualifikation zuhause ließ.

Vorsicht war der Begleiter nach Kiew

Das erste Spiel in der Gruppe 3 am 19. Oktober im Zentralstadion von Kiew habe ich nicht von vornherein verlorengegeben. Schließlich hatte ich am 31. August in Reykjavik das 1:1 Islands gegen die UdSSR gesehen, und dabei war mir aufgefallen, daß der Vizeeuropameister weit von der Form entfernt war, die er in Deutschland ausgespielt hatte. Trotzdem war Vorsicht bei der Aufstellung geboten. Statt Herzog nominierte ich Hörmann im Mittelfeld. In den ersten 45 Minuten gerieten wir dann auch nie unter Druck, wurden aber auch selbst nicht torgefährlich. Hunderttausend Zuschauer verstummten in dem Riesenstadion. Die Stimmung paßte sich dem trostlosen Wetter in der Ukraine an. Wäre nicht 42 Sekunden nach Wiederbeginn der Führungstreffer durch den überragenden Michailitschenko gefallen, hätten wir unser Traumziel, die Qualifikationsrunde mit einem Punkt gegen den Topfavoriten zu beginnen, wahrscheinlich erreicht. Ich erinnere mich noch genau: Auf der linken Seite konnten zwei Österreicher, einer war Willfurth, die Flanke nicht verhindern, Sawarow verlängerte, und Michailitschenko verwertete mit dem Kopf aus kurzer Distanz. Jetzt kam das Spiel der UdSSR auf Touren, und offen blieb noch die Höhe der Niederlage. Auch der Wechsel Herzog für Hörmann brachte nichts. Fünf Minuten danach nützte Sawarow einen Fehler Degeorgis zum 2:0. Ein Glück, daß es nicht noch schlimmer kam.

Vor dem Spiel hatte ich insgeheim auf gefährliche Konter durch Keglevits und Polster gehofft. Aber es war kein Spiel für derartige Überraschungen.

Prohaska – der Pfeil im Köcher

Trotzdem fuhren wir aus Kiew mit einem recht guten Gefühl nach Hause. Zum einen hatte am selben Tag die DDR gegen Island ebenfalls mit 2:0 gewonnen und damit diese Überraschungsmannschaft vorerst gestoppt. Zum anderen wußte ich um Herbert Prohaskas Bereitschaft, im Heimspiel gegen die Türkei am 2. November in die Nationalmannschaft zurückzukehren. Das hatte ich mit ihm schon vor dem UdSSR-Match vereinbart. Wir hielten beide das

Heimspiel gegen die Türkei für die bessere Gelegenheit zum Comeback als das Auswärtsspiel in Kiew. Und nach der erwarteten Niederlage gegen die UdSSR war der in Hochform spielende Prohaska genau der richtige Mann, an dem sich die Mannschaft orientieren konnte.

Und das ist er dann auch gewesen, obwohl er im Spiel nicht die Leistung brachte, die er sich vorgestellt und ich ihm gewünscht hatte. Doch allein seine Rückkehr sorgte für eine positive Stimmung. Mit ihm verband man automatisch den Erfolg gegen die Türkei, hatte er doch zwölf Jahre zuvor in Izmir das Tor geschossen, das Österreich nach zwanzig Jahren wieder in eine Endrunde bei einer Weltmeisterschaft gebracht hatte. Schon im Trainingslager zeigte sich diese beinahe charismatische Wirkung von Prohaska: Die jungen Spieler glaubten an seine Symbolkraft. Mit ihm in ihrer Mitte fühlten sie sich siegessicher. Auch die Türken konzentrierten sich auf ihn – aber die zwei Tore in der 42. und 54. Minute schoß Andi Herzog. Daß mit diesem Spiel der Anschluß zu erfolgreicheren Zeiten hergestellt wurde, bewies auch Toni Polsters erstes Länderspieltor – nach 493 Minuten Ladehemmung – in der 38. Minute.

Bei 3:0 beging dann ich einen entscheidenden Fehler. Ich brachte Peter Pacult anstelle von Willfurth ins Spiel. Es lag zwar nicht an Pacult, daß wir die Partie nach dem 1:3 durch Feyyaz in der 61. Minute nicht mehr unter Kontrolle brachten, aber der Tausch hatte die Balance der Mannschaft durcheinandergebracht. Hatte sie zuvor mit einer optimalen Chancenauswertung 3:0 geführt, bekam sie nun Angst, doch noch einen Punkt zu verlieren. Und die Türken spürten ihre technische Überlegenheit. Der eingewechselte Tanju Colak brachte die Gäste neun Minuten vor Schluß auf 2:3 heran.

Doch bei Prohaskas Comeback konnte und durfte letztendlich nichts schiefgehen. Noch dazu, wo es sich um sein 80. Spiel in der Nationalmannschaft handelte. Die Türkei nahm ihren Schwung aus dem Praterstadion mit in die folgenden Begegnungen gegen die DDR. Noch im selben Jahr, am 30. November 1988, schlug sie am Bosporus die Deutschen mit 3:1, wobei der Angriff mit Ridvan und Tanju Colak imponierte. Im Rückspiel am 12. April 1989 siegte die Türkei in Magdeburg mit 2:0. Die DDR hatte ihren Teamchef Bernd Stange durch den Generalsekretär Manfred Zapf ersetzt. Die Unsicherheit der Führung übertrug sich auf die Mannschaft, die vor allem nach der Pause viele Chancen aus Nervosität vergab. Unter anderem auch einen Elfer.

Nach diesem Spiel beobachtete ich Auflösungstendenzen bei unserem vermeintlichen Gegner um Platz zwei. Unter mysteriösen Gründen weigerten sich Stammspieler, in Kiew gegen die UdSSR anzutreten. Und die UdSSR führte schon zur Pause gegen die Rumpfmannschaft mit dem späteren Endergebnis von 3:0. Als die UdSSR dann auch noch in Istanbul die Türkei schlug – deutlicher als es das 1:0 besagte –, standen die Vorzeichen für unsere schweren Auswärtsspiele im Frühjahr günstig.

Meine Zuversicht wirkte unglaubwürdig

Zwei Punkte hatte ich aus den beiden Auswärtsbegegnungen gegen die DDR und Island eingeplant. Und ich war eigentlich überzeugt, daß dieses Plansoll schon in Leipzig erfüllt sein würde. Ich schaltete alle Signale auf Sieg in der DDR und versuchte, meine Spieler von der Gunst des Augenblicks zu überzeugen, stieß aber offensichtlich auf taube Ohren. In den Medien war es anders zu lesen. Der Hickersberger übertreibt diesmal die Zuversicht, hieß es dort. Und man legte mir meine wirkliche Überzeugung als Flucht nach vorne aus. Der Tenor in der Öffentlichkeit lautete: Warum sollten wir gerade mit dieser Mannschaft erstmals auswärts gegen die DDR gewinnen?

Das Spiel selbst gab mir recht, meine Eindrücke vom Zustand der DDR-Mannschaft hatten gestimmt. Österreich führte nicht nur nach drei Minuten durch ein Tor Polsters mit 1:0, sondern spielte auch in takti-

Mit dem 1:1 gegen die DDR in Leipzig stimmt der Fahrplan: Zwei Punkte aus den Auswärtsspielen gegen die DDR und Island sollen es sein.

scher Hinsicht sehr gut. Das Team war aber von dem Sieg doch nicht so überzeugt, wie ich es ihm einzuimpfen versucht hatte. Andernfalls hätte die Mannschaft energischer nachsetzen und dem angeschlagenen Gegner den Todesstoß versetzen müssen. Die DDR schoß in 90 Minuten zweimal auf unser Tor. Einmal hielt Lindenberger. Der zweite Schuß, drei Minuten vor Spielende, war der Ausgleich.

Nach dem Schlußpfiff war ich über das Resultat nicht so unglücklich wie andere, aber doch sehr verunsichert. Wenn es bei einem guten Spiel so schief läuft, wenn man so knapp vor Schluß unverdient den Ausgleich bekommt, dann kann sich das für eine Qualifikation für Italien nicht ausgehen. Und ich dachte schon, die 87. Minute von Leipzig wäre der Schlußpunkt hinter unsere Hoffnungen. Dazu kam dann noch das 1:1 der Isländer am 31. Mai in Moskau. Das Glück, das man im Fußball nun einmal braucht, schien uns zu verlassen.

Danke, Herbert Prohaska

Um so erfreuter war ich, als sich das Glück in Reykjavik Mitte Juni wieder uns zuwendete. Dieser 14. Juni war für uns der ungünstigste Termin in der ganzen Qualifikation. Nach dem Ende der Meisterschaft verspürten die Spieler mehr Lust auf Urlaub als auf Island. Als sie dann beim Abflug noch einige Kollegen trafen, die mit ihren Familien in die Ferien flogen, ergriff so manchen eine Art Selbstmitleid. Viele dachten wohl, es wäre gescheiter, nach Italien auf Urlaub zu fahren anstatt vage auf eine Teilnahme an der WM-Endrunde zu hoffen.

Und so spielten sie dann auch. Spielen ist zuviel gesagt. Sie versteckten sich förmlich. Und der holprige Platz trug auch noch dazu bei, daß kaum einer seine Normalform erreichte. Nur „Schneckerl" Prohaska bewies das Format des Fußballprofis und Klassemanns. In seinem letzten Spiel war er so oft am Ball wie selten zuvor, scheute keine Verantwortung und strahlte Ruhe und Übersicht aus. Auch Heribert Weber und Pecl stemmten sich mit aller Kraft gegen die stets drohende Niederlage. Ich hatte vorher gesagt, daß es ein schreckliches Spiel werden würde. Und wäre es nicht beim 0:0 geblieben, hätte man das Match auch vergessen können. So aber nahmen wir einen Punkt mit. Ich muß dem Herbert Prohaska auch an dieser Stelle noch einmal danken. Für seine Leistung und für seine Vorbildwirkung. Wenn aller guten Dinge drei sind, dann waren die drei Spiele, die er für Österreich an seine Karriere angehängt hat, eben sprichwörtlich. Sein Abschied hatte wehgetan, aber im nachhinein besehen, kam er genau im richtigen Augenblick wieder zu uns und wählte auch den richtigen Zeitpunkt für das Ende einer vorbildlichen Karriere.

In der Fußballfestung Salzburg

Jetzt konnten und mußten die jungen Spieler allein gelassen werden. Jetzt lag es an ihnen, die Reife für die Endrunde zu beweisen. Vier Spiele standen noch aus. Davon waren drei Heimspiele. Und wir befanden uns immer noch auf Kurs Richtung Italien. War Prohaska eine Art Symbolfigur für den Erfolg, so war Salzburg der Boden für einen Erfolg. Dort hatte das österreichische Team alle Länderspiele bisher zu Null gewonnen. Dort war jenes Publikum zu Hause, das wie kein anderes in Österreich seine Begeisterung auf die Mannschaft übertragen kann. Ganz bewußt hatten wir uns für das Spiel gegen Island am 23. August 1989 für Salzburg entschieden.

Niemand konnte vorhersehen, daß es in Salzburg vor dem Spiel zu einem Konflikt um die Aufstellung von Toni Polster kommen könnte. Und dabei kehrte sich jener Fanatismus, den wir eigentlich für einen Sieg gegen Island hatten ausnützen wollen, in eine Belastung um. Ein Teil des Fußballpublikums – und ich bin heute noch davon überzeugt, daß es nur ein Bruchteil war –, griff in die Aufstellung ein. Dieser

Das Schönste an dem 0:0 gegen Island in Rejkjavik ist der Auswärtspunkt. Andreas Ogris in Aktion (oben). Anders sieht es beim Rückspiel in Salzburg aus. In einem hochklassigen Spiel holen die Österreicher ein 2:1. Heimo Pfeifenberger erzielt das 1:0.

Beim Spiel gegen die UdSSR im Wiener Stadion gibt es zwar rasante Szenen, Herzog (oben) und Linzmaier (unten) sorgen für Druck, aber es fallen keine Tore.

Teil wollte um jeden Preis den Salzburger Heimo Pfeifenberger anstelle des Wieners aus Sevilla, Toni Polster, ins Team hieven. Die Art und Weise, wie das geschehen ist, stimmte mich traurig. Ja noch mehr: ich war fassungslos! Was mir zumindest vor dem Spiel als Verbeugung vor Publikumsterror ausgelegt wurde, war in Wirklichkeit kühlste Überlegung. Ich nominierte Pfeifenberger, um Toni Polster zu schützen. Er wurde mit der Situation nicht fertig. Er, der schon zwei wichtige Tore in der WM-Qualifikation erzielt hatte, konnte es einfach nicht begreifen, daß er in Trainingsspielen in Salzburg zur Zielscheibe irregeleiteter Fanatiker geworden war, und er verfiel in eine resignative Stimmung. Vielleicht auch, weil er wußte, daß er nicht stark genug war, es allen zu zeigen.

Polster wies einen Trainingsrückstand auf, weil in Spanien die Meisterschaft noch nicht begonnen hatte. Falls ihm gleich zu Beginn etwas mißlungen wäre, hätten ihn die zu erwartenden „Heimo-Heimo!"-Rufe vollends außer Tritt gebracht. Und aus dieser Vorahnung heraus entschied ich mich damals für Pfeifenberger.

Und dennoch war es Polster, der mir in Salzburg mein schönstes Erlebnis in der ganzen Qualifikation verschaffte. Als Heimo Pfeifenberger in der 48. Minute nach einer Flanke von Linzmaier das 1:0 erzielte, jubelte Toni so, als hätte er selbst diesen Treffer geschossen. Er hat sich wirklich von Herzen gefreut und damit bestätigt, daß er die richtige Einstellung für den Mannschaftssport Fußball aufbringt.

Der Jubel ergriff damals das ganze Team und verursachte auch das einzige Black-Out in diesem Match. Nach einem Foul von Arnthorsson an Streiter holte Margeirsson unser Team mit dem Ausgleichstreffer auf den Boden zurück. Und jetzt zeigte sich das Salzburger Publikum wirklich von seiner besten Seite. Es trieb Österreich förmlich zum Sieg, den Manfred Zsak endlich mit einem Weitschuß in der 62. Minute fixierte.

Der zwölfte Mann, das Salzburger Publikum, wurde belohnt. Die Spieler warfen ihre Dressen auf die Ränge. Und das hatte Symbolcharakter, wie selten bei einem Länderspiel: Österreich hatte gewonnen!

Waffenstillstand im Wiener Stadion

Der nächste Gegner war die UdSSR, am 6. September im Wiener Stadion. Die Weichen für dieses Spiel waren auf ein Unentschieden gestellt, ein Resultat, das beiden nützte. Der sowjetische Teamchef Valeri Lobanowski und ich waren auf einer Wellenlänge. Und auch die Spieler vertrauten dem gemeinsamen Nenner, der schließlich 0:0 hieß. Ich ließ durchblicken, daß wir nicht auf Teufel komm' raus attackieren würden. Und auch die Sowjets wollten nichts mehr riskieren.

In den Zeitungen wurde nachher dieses Match mit dem 0:1 Österreichs gegen die BRD bei der Weltmeisterschaft 1982 in Gijon verglichen. Der Vergleich stimmt nicht ganz. Im Stadion wurde ein „Waffenstillstand" bei ausgeglichenem Kräfteverhältnis geschlossen. Die Russen hatten Respekt vor uns und wir vor dem Europameisterschaftszweiten. Nach 70 Minuten hätte man dieses Match abbrechen können. Da war allen klar, daß wohl nichts mehr passieren würde. Passiert ist hingegen etwas in Reykjavik. Dort siegte die DDR am selben Tag mit 3:0. Island schlug später die Türkei mit 2:1, und die DDR meldete sich mit dem gleichen Ergebnis in Karl Marx-Stadt gegen die UdSSR als Italien-Kandidat zurück. Der Sieg der DDR war ähnlich glücklich wie ihr Unentschieden gegen uns in Leipzig. Zwei Fehler von Tormann Viktor Tschanow in den letzten zehn Minuten machten ihn möglich. Aber im Unterschied zu unserem 1:1 verschwendete ich nicht mehr den leisesten Gedanken daran, daß dieser Sieg uns die Endrundenteilnahme kosten könnte.

Mein schwerster Fehler

Im Gegenteil: Ich war von einem Sieg im Ali-Sami-Yen-Stadion von Istanbul überzeugt. Er hätte uns

Manfred Linzmaiers Angriff nützt nichts – gegen die Türkei gibt es in Istanbul ein bitteres 0:3.

vorzeitig nach Italien gebracht. Und selbst bei einem Unentschieden wäre unsere Ausgangsposition für das letzte Heimspiel gegen die DDR besser gewesen, als wir es bei der Terminkonferenz vorausgesehen hatten: Ein Remis hätte dann gegen die DDR genügt.

Doch Fußball bleibt eben unberechenbar. Wir boten in der ersten Hälfte in Istanbul unsere beste Auswärtsleistung in der ganzen Qualifikation. Wir konnten technisch mit den Türken besser mithalten als beim Wiener Spiel. Wir hatten mehr Chancen als bei den drei Toren in Wien. Und diese Überlegenheit verführte mich zum wahrscheinlich schwersten taktischen Schnitzer in der ganzen Qualifikation. Zur Pause ersetzte ich Peter Artner durch Gerhard Rodax und pokerte mit drei Sturmspitzen. Ich muß zugeben, mich hat damals eine gewisse Ungeduld befallen. Ich wollte schneller nach Italien, als es der Vernunft entsprach. Mit meiner Maßnahme störte ich das Gleichgewicht zwischen Defensive und Offensive, und dafür bekamen wir die Rechnung serviert. Vorne standen einander Ogris, Polster und Rodax im Weg, hinten wurde ohne Artner kaum noch ein Zweikampf gewonnen. Dazu kamen schreckliche individuelle Fehler. Herzog startete wie so oft ein Dribbling in der eigenen Hälfte, die anderen liefen sich frei, es fehlte die Rückendeckung. Fehlpaß von Herzog, Longpaß auf Ridvan, und der stand völlig allein vor Lindenberger. Dieses 2:0 war der Anfang vom Ende in Istanbul. War das 1:0 der Türken in der 15. Minute noch glücklich gefallen – irgendwie senkte sich Ridvans Kopfball, für Lindenberger unhaltbar, ins Tor –, so entsprangen die Tore nach Seitenwechsel meiner und unserer Sorglosigkeit. Pfeffer patzte vor dem 3:0 durch Feyyaz in der 54. Minute. Wir mußten froh sein, nicht noch mehr Verlusttore zu kassieren.

Polsters Antwort auf unverantwortliche Pfiffe

Durch diese Niederlage entstand eine Vertrauenskrise zwischen Öffentlichkeit und Nationalmannschaft. Toni Polster wurde wieder einmal zum Sündenbock gestempelt, obwohl sich andere für Kritik angeboten hätten. Etwa Heribert Weber, der zum ersten Mal in der Nationalmannschaft Verschleißerscheinungen zeigte. Oder Andreas Herzog, dessen Fitneß zu wünschen übrig ließ. Als ich den Finger auf diese Wunde legte, bekam es Rapid-Trainer Hans Krankl in die falsche Kehle und reagierte aggressiv. Statt Herzog auf seine Verantwortung für seine persönliche Fitneß hinzuweisen, fühlte er sich angegriffen. Fitneß hat nämlich mit Kondition nichts zu tun. Und das verwechselte auch Hans Krankl.

Statt die Spieler vor dem für den österreichischen Fußball wohl wichtigsten Spiel der letzten sieben Jahre aufzubauen, wurde auf ihnen herumgehackt. Ein übriges tat noch die Sendung *Sport am Montag*, der die sexuelle Ausstrahlung unserer Fußballer reizvoller erschien als ihre professionelle Aufgabe. Was Gerti Senger da von sich gab, schadete dem Image mehr, als es der wichtigen Situation nützte. Aber indirekt hat es doch geholfen. Die Spieler waren über die unsachliche Behandlung des Themas und die mangelnde Solidarität mit ihnen so erbost, daß sie die Dinge wieder auf die richtige Ebene bringen wollten: die Leistung auf dem Fußballfeld.

Es bildete sich erneut eine verschworene Gemeinschaft, aus der zu meinem Leidwesen nur einer ausbrach – der Teamkapitän. Er ließ jene Vorbildwirkung vermissen, die ich nun einmal vom Spielführer verlange. Zuerst versäumte er wegen eines gezogenen Zahnes die Trainingseinheiten. Dann meldete er sich während des freien Wochenendes aus Salzburg krank. Nach 39 Grad Fieber am Wochenende fühlte er sich am Dienstag wieder fit. Entweder hatte das Fieberthermometer nicht gestimmt, oder seine Aussage war falsch gewesen. Ich entschloß mich jedenfalls, auf ihn von Beginn an zu verzichten. Als dann Herzog erkrankte, gerieten wir in eine Notsituation. Weber sollte auf der Ersatzbank sitzen und Herzog als siebzehnter Mann auf der Tribüne. Doch Weber weigerte sich, vielleicht eingewechselt zu werden und teilte

Österreich – DDR 3:0.
Polster (oben), Ogris (u. l.), Artner (u. r.).

von sich aus Herzog mit, daß er mit ihm Platz tauschen solle. Mir war schließlich ein geschwächter Herzog, der spielen wollte, auf der Bank lieber, als ein Weber, der nicht bereit war, im Ernstfall zu spielen. Nur als Sitznachbarn brauchte ich ihn nicht.

Für das Verhalten von Weber gab es für mich nur eine Erklärung: Er war vom positiven Ausgang dieses Spiels nicht so überzeugt wie ich und die anderen Spieler. Er baute sich eine Krücke auf. Hätte ich ihn aufgestellt, wäre er im Fall des Sieges der Held gewesen, der sich trotz gesundheitlicher Probleme aufgeopfert hat. Wäre es schief gelaufen, wäre ich der Trottel gewesen, der einen von Fieber geschwächten Teamkapitän nominiert hat. Mir blieb keine andere Wahl, als ihn aus dem Teamkader zu eliminieren. Mein Angebot, mit einer gemeinsamen Presseerklärung die Situation zu entschärfen, nahm er nicht an. Er hat sich durch sein Verhalten selbst für immer aus der Mannschaft gestellt.

Noch mehr als Webers Einstellung schockierte mich die Feindseligkeit einiger Zuschauer gegenüber Polster. Die Drohungen gegen mich selbst für den Fall der Nominierung von Polster nahm ich nicht ernst. Aber die Pfiffe gegen ihn vor dem Spiel erschütterten mich, weil sie Zeugnis von einer gefährlichen Perversion sportlicher Gesinnung ablegten. So etwas hätte ich nicht für möglich gehalten, obwohl ich im Fußball schon einiges erlebt habe.

Ich selbst hatte keine Sekunde daran gedacht, Polster nicht aufzustellen. Und meine Risikobereitschaft im Fall Weber übertrug sich auf die ganze Mannschaft. Sie ging mit der Überzeugung in das Spiel, die WM-Qualifikation nicht mehr verlieren zu können.

Zur gleichen Zeit wie Österreich gegen die DDR spielte in Simferopol auf der Halbinsel Krim die UdSSR gegen die Türkei. Die Türkei durfte nicht gewinnen. Ich konzentrierte mich erst gar nicht auf den Eventualfall eines türkischen Erfolges. Obwohl Bestechungsversuche liefen, vertraute ich ganz auf die Korrektheit meines Kollegen Valeri Lobanowski. Auch ihm waren Manipulationsgerüchte zu Ohren gekommen. Und er hatte darauf mit einer Drohung an seine Spieler reagiert: „Wer sich auch nur irgendwie verdächtig macht, fährt nicht mit nach Italien!"

Im Wiener Stadion lief alles wie am Schnürchen. Toni Polster schoß schon in der 2. Minute das 1:0 und beschämte die Zuschauer, die gegen ihn Stellung bezogen hatten. In diesem Augenblick war mir klar, daß wir an diesem Abend zurückschlagen und die Scharte von Istanbul auswetzen würden. Keglevits wurde von Stahmann gefoult. Elfmeter! Polster übernahm wie vorgesehen die Verantwortung. Mit einem Fehlschuß hätte er sich wieder alles zerstören können. Aber er dachte nicht an sich, sondern an den Gesamterfolg. Er verwandelte sicher und übernahm damit die Führungsrolle in einer Mannschaft, die wie Polster nur auf ein Ziel eingestellt war: Offensive bis zum Triumph.

Ernst Aigner, der Ersatzmann für Weber, spielte so, als hätte er schon immer zu diesem Team gehört. Trotzdem beging er jenes Foul an Thom, das die DDR noch einmal ins Match zurückbringen hätte können. Doch da bewährte sich ein anderer, dem man auch nicht immer das volle Vertrauen geschenkt hatte: Tormann Klaus Lindenberger wehrte in der 30. Minute den Elfer von Steinmann ab.

Nach vielen guten Chancen krönte Polster mit seinem dritten und schönsten Tor seinen Sturmlauf gegen die Verunglimpfung. Und nach diesem Tor brach die innere Empörung über das ihm angetane Unrecht hervor wie aus einem Vulkan. Ich konnte ihn auch noch verstehen, als er, der große Held des Abends, die Ehrenrunde nicht mitlief.

Schon vor dem Schlußpfiff wußten wir um den 2:0-Erfolg der UdSSR gegen die Türkei in Simferopol. Zwei Tore von Protassow, das erste erst in der 68. Minute, machten endgültig den Weg frei nach Italien. Das Glück, das wir empfanden, war so unbeschreiblich, daß ich selbst es nicht nach außen brachte.

Toni Polster behält die Nerven. 2. Minute. Foul. Elfmeter. Tor. 1:0.

Was ich hinter verschlossener Tür nicht ahnte

Das Bild, das wir der Öffentlichkeit im Augenblick des Triumphes boten, entsprach nicht unserer Absicht und entsprang auch keiner Überheblichkeit, wie es vielfach ausgelegt wurde. Wir feierten hinter verschlossener Kabinentür und konnten nicht wissen, daß ein herausgerissenes Fernsehleitungskabel uns von der Fußballöffentlichkeit vorzeitig getrennt hatte.

Ich stand sofort nach dem Spiel Rede und Antwort. Ebenso die Spieler Manfred Zsak, Christian Keglevits und Andreas Herzog. Hätte ich gewußt, daß diese Interviews am Spielfeldrand nicht gesendet werden konnten, ich wäre noch einmal hinausgegangen und hätte auch einige meiner Spieler mitgenommen. Aber im Freudenbad mit den Spielern bekam ich das alles nicht mit. Auch nicht, daß es ORF-Reporter Peter Elstner war, der so eindringlich in die Kabine wollte. Ich kam mir nachher richtig schäbig vor, gerade ihn nicht hereingelassen zu haben, war er doch einer der wenigen gewesen, der bei meiner Bestellung zum Teamchef für mich positive Worte gefunden hatte. Es war an jenem 23. Dezember 1987, als im Wiener Tabakmuseum der Presse die Weihnachtsüberraschung beschert wurde. Nicht Otto Baric, sondern der „farblose" Josef Hickersberger war in Beppo Mauharts Weihnachtspapier. Und dabei hatten sich doch alle so sehr den anderen gewünscht. Es war für mich die bitterste Stunde meiner Karriere im Fußball. Ich überlegte schon, zu verzichten. Doch da durchfuhr mich der Gedanke: „So schlecht, wie die alle tun, kannst du gar nicht sein!" Und ich entschloß mich, es zu beweisen.

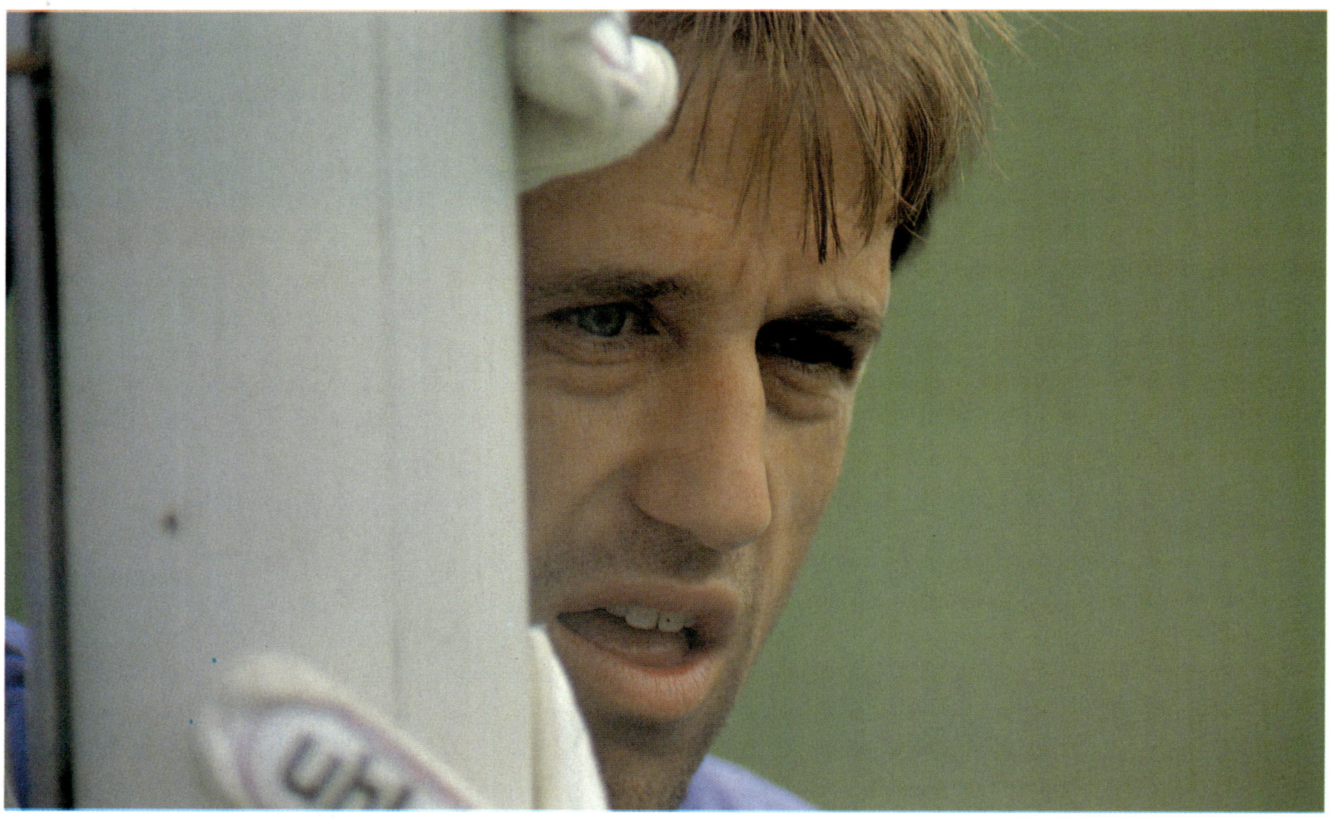

Ein Turm in vielen Schlachten: Klaus Lindenberger.

Fotos in Kapitel 11: Votava, Wien 208, 209, 213, 215 o., 217, 221 r. u. 223, 225, 227, 233, 234. Sündhofer, Wien: 215 u. 216, 219, 221 o. l., o. r., u. l. SPORTMAGAZIN/Roman Zach-Kiesling: 224.

Das kämpferische Spiel der Österreicher (im Bild Manfred Zsak) bescherte den Zuschauern und dem österreichischen Fußball eine Sternstunde: die Qualifikation zur WM in Italien.

Das 3:0 gegen die DDR war das Sensationsspiel des Toni Polster.

ÖSTERREICH DDR
3 : 0
16:22
Commodore
PROGRESS
TELENORMA

14. Fußball-WM 1990 in Italien – Qualifikation

112 Nennungen, 110 (Q) +2, tatsächlich 103 10% + 2 (22)
Argentinien als Weltmeister 1986 (Titelverteidiger) und Italien als Veranstalter automatisch qualifiziert.

Europa

(32 Nennungen, 4 Gruppen à 5 Mannschaften: 1–2 qualifiziert für 13 WM-Plätze 3 Gruppen à 4 Mannschaften: Sieger qualifiziert, die beiden „besten" Zweitplazierten qualifiziert)

Gruppe 1

1. Rumänien	6	4	1	1	10: 5	9
2. Dänemark	6	3	2	1	15: 6	8
3. Griechenland	6	1	2	3	3:15	4
4. Bulgarien	6	1	1	4	6: 8	3

19. 10. 88 (Sofia)
Bulgarien – Rumänien 1:3 (1:1)
(Athen)
Griechenland – Dänemark 1:1 (1:0)
2. 11. 88 (Bukarest)
Rumänien – Griechenland 3:0 (2:0)
(Kopenhagen)
Dänemark – Bulgarien 1:1 (1:1)
26. 4. 89 (Sofia)
Bulgarien – Dänemark 0:2 (0:1)
(Athen)
Griechenland – Rumänien 0:0
17. 5. 89 (Bukarest)
Rumänien – Bulgarien 1:0 (1:0)
(Kopenhagen)
Dänemark – Griechenland 7:1 (2:1)
11. 10. 89 (Varna)
Bulgarien – Griechenland 4:0 (0:0)
(Kopenhagen)
Dänemark – Rumänien 3:0 (2:0)
15. 11. 89 (Athen)
Griechenland – Bulgarien 1:0 (0:0)
(Bukarest)
Rumänien – Dänemark 3:1 (2:1)
Rumänien qualifiziert, Dänemark als drittbester Zweitplazierter (8 Punkte) ausgeschieden.

Gruppe 2

1. Schweden	6	4	2	0	9: 3	10
2. England	6	3	3	0	10: 0	9
3. Polen	6	2	1	3	4: 8	5
4. Albanien	6	0	0	6	3:15	0

19. 10. 88 (Chorzow)
Polen – Albanien 1:0 (0:0)
(London)
England – Schweden 0:0
5. 11. 88 (Tirana)
Albanien – Schweden 1:2 (1:0)
8. 3. 89 (Tirana)
Albanien – England 0:2 (0:1)
26. 4. 89 (London)
England – Albanien 5:0 (2:0)
7. 5. 89 (Stockholm)
Schweden – Polen 2:1 (0:0)
3. 6. 89 (London)
England – Polen 3:0 (1:0)
6. 9. 89 (Stockholm)
Schweden – England 0:0
8. 10. 89 (Stockholm)
Schweden – Albanien 3:1 (1:1)
11. 10. 89 (Chorzow)
Polen – England 0:0
25. 10. 89 (Chorzow)
Polen – Schweden 0:2 (0:1)
15. 11. 89 (Tirana)
Albanien – Polen 1:2 (0:1)
Schweden und **England** (zweitbester Zweitplazierter) qualifiziert

Gruppe 4

1. Niederlande	6	4	2	0	8: 2	10
2. BRD	6	3	3	0	13: 3	9
3. Finnland	6	1	1	4	4:16	3
4. Wales	6	0	2	4	4: 8	2

31. 8. 88 (Helsinki)
Finnland – BRD 0:4 (0:2)
14. 9. 88 (Amsterdam)
Niederlande – Wales 1:0 (0:0)
19. 10. 88 (München)
BRD – Niederlande 0:0
(Swansea)
Wales – Finnland 2:2 (2:2)
26. 4. 89 (Rotterdam)
Niederlande – BRD 1:1 (0:0)
31. 5. 89 (Cardiff)
Wales – BRD 0:0
(Helsinki)
Finnland – Niederlande 0:1 (0:0)
6. 9. 89 (Helsinki)
Finnland – Wales 1:0 (0:0)
4. 10. 89 (Dortmund)
BRD – Finnland 6:1 (1:0)
11. 10. 89 (Wrexham)
Wales – Niederlande 1:2 (0:1)
15. 11. 89 (Rotterdam)
Niederlande – Finnland 3:0 (0:0)
(Köln)
BRD – Wales 2:1 (1:1)
Niederlande und **BR Deutschland** (bester Zweitplazierter) qualifiziert.

Gruppe 5

1. Jugosl.	8	6	2	0	16: 6	14
2. Schottl.	8	4	2	2	12:12	10
3. Frankreich	8	3	3	2	10: 7	9
4. Norwegen	8	2	2	4	10: 9	6
5. Zypern	8	0	1	7	6:20	1

14. 9. 88 (Oslo)
Norwegen – Schottland 1:2 (1:1)
28. 9. 88 (Paris)
Frankreich – Norwegen 1:0 (0:0)
19. 10. 88 (Glasgow)
Schottland – Jugoslawien 1:1 (1:1)
22. 10. 88 (Nikosia)
Zypern – Frankreich 1:1 (0:1)
2. 11. 88 (Limassol)
Zypern – Norwegen 0:3 (0:0)
19. 11. 88 (Belgrad)
Jugoslawien – Frankreich 3:2 (1:1)
11. 12. 88 (Belgrad)
Jugoslawien – Zypern 4:0 (3:0)
8. 2. 89 (Limassol)
Zypern – Schottland 2:3 (1:1)*
8. 3. 89 (Glasgow)
Schottland – Frankreich 2:0 (1:0)
26. 4. 89 (Glasgow)
Schottland – Zypern 2:1 (1:0)
29. 4. 89 (Paris)
Frankreich – Jugoslawien 0:0
21. 5. 89 (Oslo)
Norwegen – Zypern 3:1 (3:1)
14. 6. 89 (Oslo)
Norwegen – Jugoslawien 1:2 (0:1)
5. 9. 89 (Oslo)
Norwegen – Frankreich 1:1 (0:1)
6. 9. 89 (Zagreb)
Jugoslawien – Schottland 3:1 (0:1)
11. 10. 89 (Paris)
Frankreich – Schottland 3:0 (1:0)
(Sarajevo)
Jugoslawien – Norwegen 1:0 (1:0)
28. 10. 89 (Athen/GRE!)*
Zypern – Jugoslawien 1:2 (1:1)
15. 11. 89 (Glasgow)
Schottland – Norwegen 1:1 (1:0)
18. 11. 89 (Toulouse)
Frankreich – Zypern 2:0 (1:0)
Jugoslawien und **Schottland** qualifiziert.

* Wegen Ausschreitungen bei Zypern – Schottland mußte Zypern nächstes Heimspiel auf neutralem Platz austragen.

Gruppe 6

1. Spanien	8	6	1	1	20: 3	13
2. Irland	8	5	2	1	10: 2	12
3. Ungarn	8	2	4	2	8:12	8
4. Nordirland	8	2	1	5	6:12	5
5. Malta	8	0	2	6	3:18	2

21. 5. 88 (Belfast)
Nordirland – Malta 3:0 (3:0)
14. 9. 88 (Belfast)
Nordirland – Irland 0:0
19. 10. 88 (Budapest)
Ungarn – Nordirland 1:0 (0:0)
16. 11. 88 (Sevilla)
Spanien – Irland 2:0 (0:0)
11. 12. 88 (Valletta)
Malta – Ungarn 2:2 (0:1)
21. 12. 88 (Sevilla)
Spanien – Nordirland 4:0 (1:0)
22. 1. 89 (Valletta)
Malta – Spanien 0:2 (0:1)
8. 2. 89 (Belfast)
Nordirland – Spanien 0:2 (0:1)
8. 3. 89 (Budapest)
Ungarn – Irland 0:0
23. 3. 89 (Sevilla)
Spanien – Malta 4:0 (1:0)
12. 4. 89 (Budapest)
Ungarn – Malta 1:1 (0:1)
26. 4. 89 (Valletta)
Malta – Nordirland 0:2 (0:0)
(Dublin)
Irland – Spanien 1:0 (1:0)
28. 5. 89 (Dublin)
Irland – Malta 2:0 (1:0)
4. 6. 89 (Dublin)
Irland – Ungarn 2:0 (1:0)
6. 9. 89 (Belfast)
Nordirland – Ungarn 1:2 (0:2)
11. 10. 89 (Dublin)
Irland – Nordirland 3:0 (1:0)
(Budapest)

Ungarn – Spanien 2:2 (1:2)
15. 11. 89 (Sevilla)
Spanien – Ungarn 4:0 (3:0)
(Valletta)
Malta – Irland 0:2 (0:1)
Spanien und **Irland** qualifiziert.

Gruppe 7

1. Belgien	8	4	4	0	15: 5	12
2. ČSSR	8	5	2	1	13: 3	12
3. Portugal	8	4	2	2	11: 8	10
4. Schweiz	8	2	1	5	10:14	5
5. Luxemb.	8	0	1	7	3:22	1

21. 9. 88 (Luxemburg)
Luxemburg – Schweiz 1:4 (0:3)
18. 10. 88 (Esch)
Luxemburg – ČSSR 0:2 (0:2)
19. 10. 88 (Brüssel)
Belgien – Schweiz 1:0 (1:0)
16. 11. 88 (Preßburg)
ČSSR – Belgien 0:0
(Porto)
Portugal – Luxemburg 1:0 (1:0)
15. 2. 89 (Lissabon)
Portugal – Belgien 1:1 (0:0)
26. 4. 89 (Lissabon)
Portugal – Schweiz 3:1 (0:0)
29. 4. 89 (Brüssel)
Belgien – ČSSR 2:1 (1:1)
9. 5. 89 (Prag)
ČSSR – Luxemburg 4:0 (1:0)
1. 6. 89 (Lille/FRA)
Luxemburg – Belgien 0:5 (0:1)
7. 6. 89 (Bern)
Schweiz – ČSSR 0:1 (0:1)
6. 9. 89 (Brüssel)
Belgien – Portugal 3:0 (1:0)
20. 9. 89 (Neuenburg)
Schweiz – Portugal 1:2 (1:0)
6. 10. 89 (Prag)
ČSSR – Portugal 2:1 (1:0)
11. 10. 89 (Saarbrücken/BRD)
Luxemburg – Portugal 0:3 (0:1)
(Basel)
Schweiz – Belgien 2:2 (0:0)
25. 10. 89 (Brüssel)
Belgien – Luxemburg 1:1 (0:0)
(Prag)
ČSSR – Schweiz 3:0 (1:0)
15. 11. 89 (St. Gallen)
Schweiz – Luxemburg 2:1 (0:1)
(Lissabon)
Portugal – ČSSR 0:0
Belgien und **ČSSR (ČSFR)** qualifiziert.

Asien

(25 Nennungen, 22 Teilnahmen)
für 2 WM-Plätze

1. Runde

Gruppe 1

1. Qatar	6	3	3	0	8: 3	9
2. Irak	6	3	2	1	11: 5	8
3. Jordanien	6	2	1	3	5: 7	5
4. Oman	6	0	2	4	2:11	2

6. 1. 89 (Doha)
Qatar – Jordanien 1:0 (1:0)
(Maskat)
Oman – Irak 1:1 (1:1)
13. 1. 89 (Maskat)
Oman – Qatar 0:0
(Amman)
Jordanien – Irak 0:1 (0:0)
20. 1. 89 (Doha)
Qatar – Irak 1:0 (1:0)
(Amman)
Jordanien – Oman 2:0 (2:0)
27. 1. 89 (Amman)
Jordanien – Qatar 1:1 (0:0)
(Bagdad)
Irak – Oman 3:1 (1:0)
3. 2. 89 (Doha)
Qatar – Oman 3:0 (1:0)
(Bagdad)
Irak – Jordanien 4:0 (2:0)
10. 2. 89 (Maskat)
Oman – Jordanien 0:2 (0:0)
(Bagdad)
Irak – Qatar 2:2 (1:1)
Qatar für Finalturnier qualifiziert

Gruppe 2

1. Saudi-Arab.	4	3	1	0	7:4	7
2. Syrien	4	2	1	1	7:5	5
3. Jemen	4	0	0	4	0:5	0

– Bahrain verzichtete.
10. 3. 89 (Sana)
Jemen – Syrien 0:1 (0:1)
15. 3. 89 (Jeddah)
Saudi-Arabien – Syrien 5:4 (2:1)
20. 3. 89 (Sana)
Jemen – Saudi-Arabien 0:1 (0:0)
25. 3. 89 (Latakia)
Syrien – Jemen 2:0 (1:0)
30. 3. 89 (Latakia)
Syrien – Saudi-Arabien 0:0
5. 4. 89 (Jeddah)
Saudi-Arabien – Jemen 1:0 (1:0)
Saudi-Arabien für Finalturnier qualifiziert.

Gruppe 3

1. V. A. Emirate	4	3	0	1	12: 4	6
2. Kuwait	4	3	0	1	6: 3	6
3. Pakistan	4	0	0	4	1:12	0

– Südjemen verzichtete
6. 1. 89 (Islamabad)
Pakistan – Kuwait 0:1 (0:1)
13. 1. 89 (Kuwait)
Kuwait – V. A. Emirate 3:2 (1:0)
20. 1. 89 (Abu Dhabi)
V. A. Emirate – Pakistan 5:0 (2:0)
27. 1. 89 (Kuwait)
Kuwait – Pakistan 2:0 (1:0)
3. 2. 89 (Sharjah)
V. A. Emirate – Kuwait 1:0 (0:0)
10. 2. 89 (Islamabad)
Pakistan – V. A. Emirate 1:4 (0:3)
Vereinigte Arabische Emirate für Finalturnier qualifziert.

Gruppe 4
(23.– 27. 5. in Seoul, 3.– 7. 6. in Singapur)

1. Südkorea	6	6	0	0	25: 0	12
2. Malaysia	6	3	1	2	8: 8	7
3. Singapur	6	2	1	3	12: 9	5
4. Nepal	6	0	0	6	0:28	0

– Indien verzichtete, stattdessen wurde Nepal von Gruppe 5 in Gruppe 4 versetzt.
23. 5. 89
Malaysia – Nepal 2:0 (0:0)
Südkorea – Singapur 3:0 (2:0)
25. 5. 89
Südkorea – Nepal 9:0 (5:0)
Malaysia – Singapur 1:0 (0:0)
27. 5. 89
Singapur – Nepal 3:0 (1:0)
Südkorea – Malaysia 3:0 (1:0)
3. 6. 89
Singapur – Malaysia 2:2 (2:1)
Südkorea – Nepal 4:0 (3:0)
5. 6. 89
Südkorea – Malaysia 3:0 (3:0)
Singapur – Nepal 7:0 (4:0)
7. 6. 89
Malaysia – Nepal 3:0 (1:0)
Singapur – Südkorea 0:3 (0:1)
Südkorea für Finalturnier qualifiziert.

Gruppe 5

1. China	6	5	0	1	13: 3	10
2. Iran	6	5	0	1	12: 5	10
3. Bangladesh	6	1	0	5	4: 9	2
4. Thailand	6	1	0	5	2:14	2

19. 2. 89 (Bangkok)
Thailand – Bangladesh 1:0 (0:0)
23. 2. 89 (Kanton)
China – Bangladesh 2:0 (0:0)
(Bangkok)
Thailand – Iran 0:3 (0:2)
27. 2. 89 (Dacca)
Bangladesh – Iran 1:2 (0:1)
28. 2. 89 (Bangkok)
Thailand – China 0:3 (0:0)
4. 3. 89 (Dacca)
Bangladesh – China 0:2 (0:1)
8. 3. 89 (Dacca)
Bangladesh – Thailand 3:1 (2:0)
17. 3. 89 (Teheran)
Iran – Bangladesh 1:0 (0:0)
30. 5. 89 (Teheran)
Iran – Thailand 3:0 (2:0)
15. 7. 89 (Shenyang)
China – Iran 2:0 (0:0)
22. 7. 89 (Teheran)
Iran – China 3:2 (2:0)
29. 7. 89 (Shenyang)
China – Thailand 2:0 (2:0)
China für Finalturnier qualifiziert.

Gruppe 6

1. Nordkorea	6	4	1	1	11: 5	9
2. Japan	6	2	3	1	7: 3	7
3. Indonesien	6	1	3	2	5:10	5
4. Hongkong	6	0	3	3	5:10	3

21. 5. 89 (Jakarta)
Indonesien – Nordkorea 0:0
22. 5. 89 (Hongkong)
Hongkong – Japan 0:0
27. 5. 89 (Hongkong)
Hongkong – Nordkorea 1:2 (0:2)

28. 5. 89 (Jakarta)
Indonesien – Japan 0:0
4. 6. 89 (Hongkong)
Hongkong – Indonesien 1:1 (1:0)
(Tokio)
Japan – Nordkorea 2:1 (0:0)
11. 6. 89 (Tokio)
Japan – Indonesien 5:0 (4:0)
18. 6. 89 (Kobe)
Japan – Hongkong 0:0
25. 6. 89 (Pjöngjang)
Nordkorea – Japan 2:0 (1:0)
(Jakarta)
Indonesien – Hongkong 3:2 (0:1)
2. 7. 89 (Pjöngjang)
Nordkorea – Hongkong 4:1 (2:1)
9. 7. 89 (Pjöngjang)
Nordkorea – Indonesien 2:1 (1:0)

Nordkorea für Finalturnier qualifiziert.

Finalturnier in Singapur

1. Südkorea	5	3	2	0	5:1	8
2. Vereinigte Arab. Em.	5	1	4	0	4:3	6
3. Qatar	5	1	3	1	4:5	5
4. China	5	2	0	3	5:6	4
5. Saudi-Arab.	5	1	2	2	4:5	4
6. Nordkorea	5	1	1	3	2:4	3

12. 10. 89
V. A. Emirate – Nordkorea 0:0
China – Saudi-Arabien 2:1 (0:1)
13. 10. 89
Südkorea – Qatar 0:0
16. 10. 89
Qatar – Saudi-Arabien 1:1 (0:1)
Südkorea – Nordkorea 1:0 (1:0)
17. 10. 89
V. A. Emirate – China 2:1 (0:0)
20. 10. 89
Nordkorea – Qatar 2:0 (2:0)
Südkorea – China 1:0 (0:0)
21. 10. 89
Saudi-Arabien – V. A. Emirate 0:0
24. 10. 89
V. A. Emirate – Qatar 1:1 (1:1)
China – Nordkorea 1:0 (0:0)
25. 10. 89
Südkorea – Saudi-Arabien 2:0 (1:0)
28. 10. 89
Saudi-Arabien – Nordkorea 2:0 (1:0)
V. A. Emirate – Südkorea 1:1 (1:1)
Qatar – China 2:1 (0:0)

Südkorea und **Vereinigte Arabische Emirate** qualifiziert.

Südamerika

(9 Nennungen)
für 2–3 WM-Plätze

Gruppe 1

1. Uruguay	4	3	0	1	7:2	6
2. Bolivien	4	3	0	1	6:5	6
3. Peru	4	0	0	4	2:8	0

20. 8. 89 (La Paz)
Bolivien – Peru 2:1 (1:1)
27. 8. 89 (Lima)
Peru – Uruguay 0:2 (0:0)
3. 9. 89 (La Paz)
Bolivien – Uruguay 2:1 (1:0)
10. 9. 89 (Lima)
Peru – Bolivien 1:2 (0:1)
17. 9. 89 (Montevideo)
Uruguay – Bolivien 2:0 (2:0)
24. 9. 89 (Montevideo)
Uruguay – Peru 2:0 (1:0)

Uruguay qualifiziert.

Gruppe 2

1. Kolumbien	4	2	1	1	5:3	5
2. Paraguay	4	2	0	2	6:7	4
3. Ekuador	4	1	1	2	4:5	3

20. 8. 89 (Barranquilla)
Kolumbien – Ekuador 2:0 (1:0)
27. 8. 89 (Asunción)
Paraguay – Kolumbien 2:1 (0:0)
3. 9. 89 (Guayaquil)
Ekuador – Kolumbien 0:0
10. 9. 89 (Asunción)
Paraguay – Ekuador 2:1 (1:0)
17. 9. 89 (Barranquilla)
Kolumbien – Paraguay 2:1 (0:1)
24. 9. 89 (Guayaquil)
Ekuador – Paraguay 3:1 (1:1)

Kolumbien für Entscheidungsspiel gegen Sieger Ozeanien-/Israel-Gruppe qualifiziert.

15. 10. 89 (Baranquilla)
Kolumbien – Israel 1:0 (0:0)
30. 10. 89 (Tel Aviv)
Israel – Kolumbien 0:0

Kolumbien qualifiziert.

Gruppe 3

1. Brasilien	4	3	1	0	13: 1	7
2. Chile	4	2	1	1	9: 4	5
3. Venezuela	4	0	0	4	1:18	0

30. 7. 89 (Caracas)
Venezuela – Brasilien 0:4 (0:1)
6. 8. 89 (Caracas)
Venezuela – Chile 1:3 (0:2)
13. 8. 89 (Santiago de Chile)
Chile – Brasilien 1:1 (0:0)*
20. 8. 89 (Sao Paulo)
Brasilien – Venezuela 6:0 (4:0)
27. 8. 89 (Mendoza/ARG*)
Chile – Venezuela 5:0 (3:0)

* wegen Ausschreitungen bei Chile – Brasilien mußte Chile nächstes Heimspiel auf neutralem Boden austragen.

3. 9. 89 (Rio de Janeiro) Brasilien – Chile 2:0 strafverifiziert**

** Spiel beim Stand von 1:0 abgebrochen, da Chile sich weigerte, Spiel fortzusetzen (Tormann Rojas gab vor, von Geschoß getroffen worden zu sein – stellte sich später als Betrugsversuch heraus).

Brasilien qualifiziert.

Ozeanien/Israel

(5 Nennungen)
für 0–1 WM-Plätze

1. Runde

11. 12. 88 (Wellington/NZL)
Taiwan – Neuseeland 0:4 (0:2)
15. 12. 88 (Auckland)
Neuseeland – Taiwan 4:1 (3:0)

Neuseeland für 2. Runde qualifiziert.

26. 11. 88 (Nadi)
Fiji-Inseln – Australien 1:0 (0:0)
3. 12. 88 (Newcastle)
Australien – Fiji-Inseln 5:1 (2:0)

Australien für 2. Runde qualifiziert.

2. Runde

1. Israel	4	1	3	0	5:4	5
2. Australien	4	1	2	1	6:5	4
3. Neuseeland	4	1	1	2	5:7	3

5. 3. 89 (Tel Aviv)
Israel – Neuseeland 1:0 (1:0)
12. 3. 89 (Sydney)
Australien – Neuseeland 4:1 (2:0)
19. 3. 89 (Tel Aviv)
Israel – Australien 1:1 (0:0)
2. 4. 89 (Auckland)
Neuseeland – Australien 2:0 (1:0)
9. 4. 89 (Auckland)
Neuseeland – Israel 2:2 (2:2)
16. 4. 89 (Sydney)
Australien – Israel 1:1 (0:1)

Israel für Entscheidungsspiel gegen Sieger Südamerika-Gruppe 2 qualifiziert.

CONCACAF-Gruppe

(Nord-, Mittelamerika-Karibik)
(15 Nennungen, 14 Teilnehmer)
für 2 WM-Plätze

1. Runde

17. 4. 88 (Georgetown)
Guyana – Trinidad/Tobago 0:4 (0:2)
8. 5. 88 (Port-of-Spain)
Trinidad/Tobago – Guyana 1:0 (0:0)
30. 4. 88 (Havanna)
Kuba – Guatemala 0:1 (0:1)
15. 5. 88 (Guatemala)
Guatemala – Kuba 1:1 (0:1)
12. 5. 88 (Kingston)
Jamaika – Puerto Rico 1:0 (1:0)
29. 5. 88 (San Juan)
Puerto Rico – Jamaika 1:2 (0:1)
19. 6. 88 (St. John's)
Antigua – Niederländische Antillen 0:1 (0:0)
29. 7. 88 (Curaçao)
Niederländische Antillen – Antigua 3:1 (0:1, 0:1) n. V.
17. 7. 88 (Alajuela)
Costa Rica – Panama 1:1 (1:1)
31. 7. 88 (Panama City)
Panama – Costa Rica 0:2 (0:2)

Trinidad/Tobago, Guatemala, Jamaika, Niederländische Antillen und **Costa Rica** für 2. Runde qualifiziert.

2. Runde

1. 10. 88 (Curaçao)
Niederländische Antillen – El Salvador 0:1 (0:0)
16. 10. 88 (San Salvador)
El Salvador – Niederländische Antillen 5:0 (2:0)
30. 10. 88 (Port-of-Spain)
Trinidad/Tobago – Honduras 0:0
13. 11. 88 (Tegucigalpa)
Honduras – Trinidad/Tobago 1:1 (1:0) (Auswärtstorregel)
9. 10. 88 (Guatemala)
Guatemala – Kanada 1:0 (1:0)
15. 10. 88 (Burnaby)
Kanada – Guatemala 3:2 (0:2)* (Auswärtstorregel)
24. 7. 88 (Kingston)
Jamaika – USA 0:0
13. 8. 88 (St. Louis)
USA – Jamaika 5:1 (1:0)
El Salvador, Trinidad/Tobago, Guatemala, USA und Costa Rica (kampflos, da Mexiko von FIFA wegen Einsatz nichtberechtigter Spieler bei Junioren-WM-Qualifikation ausgeschlossen wurde) für Finalrunde qualifiziert.

Finalrunde

1. Costa Rica	8	5	1	2	10:6	11
2. USA	8	4	3	1	6:3	11
3. Trinidad/Tobago	8	3	3	2	7:5	9
4. Guatemala	6	1	1	4	4:7	3
5. El Salvador	6	0	2	4	2:8	2

19. 3. 89 (Guatemala)
Guatemala – Costa Rica 1:0 (1:0)
2. 4. 89 (San José)
Costa Rica – Guatemala 2:1 (1:0)
16. 4. 89 (San José)
Costa Rica – USA 1:0 (1:0)
30. 4. 89 (Fenton)
USA – Costa Rica 1:0 (0:0)
13. 5. 89 (Torrance)
USA – Trinidad/Tobago 1:1 (0:0)
28. 5. 89 (Port-of-Spain)
Trinidad/Tobago – Costa Rica 1:1 (0:0)
11. 6. 89 (San José)
Costa Rica – Trinidad/Tobago 1:0 (1:0)
17. 6. 89 (New Britain)
USA – Guatemala 2:1 (1:1)
25. 6. 89 (San Salvador)
El Salvador – Costa Rica 2:4 (1:1) abgebrochen
* Wegen Ausschreitungen nach 82' abgebrochen, Spiel mit 2:4 beglaubigt, El Salvador mußte weitere Heimspiele auf neutralem Platz austragen.
16. 7. 89 (San José)
Costa Rica – El Salvador 1:0 (0:0)
30. 7. 89 (Port-of-Spain)
Trinidad/Tobago – El Salvador 2:0 (0:0)
13. 8. 89 (Tegucigalpa/HON)*
El Salvador – Trinidad/Tobago 0:0
20. 8. 89 (Guatemala)
Guatemala – Trinidad/Tobago 0:1 (0:0)
3. 9. 89 (Port-of-Spain)
Trinidad/Tobago – Guatemala 2:1 (1:1)
17. 9. 89 (Tegucigalpa/HON)*
El Salvador – USA 0:1 (0:0)
8. 10. 89 (Guatemala)
Guatemala – USA 0:0
5. 11. 89 (Fenton)
USA – El Salvador 0:0
19. 11. 89 (Port-of-Spain)
Trinidad/Tobago – USA 0:1 (0:1)

Die beiden (für die WM-Qualifikation bedeutungslosen Spiele) zwischen Guatemala und El Salvador wurden aus Sicherheitsgründen (politische Lage in El Salvador) nicht mehr ausgetragen.

Costa Rica und **USA** qualifiziert.

Afrika

(24 Nennungen – 21 Teilnahmen)
für 2 WM-Plätze

1. Runde

Zimbabwe – Lesotho w. o.
Zambia – Ruanda w. o.
Gabun – Togo w. o.
3. 6. 88 (Tripolis)
Libyen – Burkina Faso 3:0 (2:0)
4. 7. 88 (Ouagadougou)
Burkina Faso – Libyen 2:0 (0:0)
16. 7. 88 (Kampala)
Uganda – Malawi 1:0 (0:0)
30. 7. 88 (Lilongwe)
Malawi – Uganda 3:1 (2:0)
5. 8. 88 (Tunis)
Tunesien – Guinea 5:0 (2:0)
21. 8. 88 (Conakry)
Guinea – Tunesien 3:0 (1:0)
7. 8. 88 (Luanda)
Angola – Sudan 0:0
11. 11. 88 (Khartum)
Sudan – Angola 1:2 (1:0)
7. 8. 88 (Accra)
Ghana – Liberia 0:0
21. 8. 88 (Monrovia)
Liberia – Ghana 2:0 (1:0)

2. Runde

Gruppe A

1. Algerien	4	3	1	0	6: 1	7
2. Elfenbeinküste	4	1	2	1	5: 1	4
3. Zimbabwe	4	0	1	3	1:10	1
– Libyen w. o.						

(Libyen sagte Spiel gegen Algerien [20. 1.] aus politischen Gründen ab und trat später vom gesamten Turnier zurück.)
6. 1. 89 (Annaba)
Algerien – Zimbabwe 3:0 (2:0)
8. 1. 89 (Abidjan)
Elfenbeinküste – Libyen 1:0 (0:0) – nicht gewertet
20. 1. 89
Libyen – Algerien abgesagt
22. 1. 89 (Harare)
Zimbabwe – Elfenbeinküste 0:0
11. 6. 89 (Abidjan)
Elfenbeinküste – Algerien 0:0
25. 6. 89 (Harare)
Zimbabwe – Algerien 1:2 (0:1)
13. 8. 89 (Abidjan)
Elfenbeinküste – Zimbabwe 5:0 (1:0)
25. 8. 89 (Annaba)
Algerien – Elfenbeinküste 1:0 (0:0)
Algerien für Semifinale qualifiziert.

Gruppe B

1. Ägypten	6	3	2	1	6:2	8
2. Liberia	6	2	2	2	2:3	6
3. Malawi	6	1	3	2	3:4	5
4. Kenia	6	1	3	2	2:4	5

6. 1. 89 (Kairo)
Ägypten – Liberia 2:0 (2:0)
7. 1. 89 (Nairobi)
Kenia – Malawi 1:1 (0:1)
21. 1. 89 (Lilongwe)
Malawi – Ägypten 1:1 (0:0)
22. 1. 89 (Monrovia)
Liberia – Kenia 0:0
10. 6. 89 (Nairobi)
Kenia – Ägypten 0:0
11. 6. 89 (Monrovia)
Liberia – Malawi 1:0 (1:0)
24. 6. 89 (Lilongwe)
Malawi – Kenia 1:0 (0:0)
25. 6. 89 (Monrovia)
Liberia – Ägypten 1:0 (1:0)
11. 8. 89 (Kairo)
Ägypten – Malawi 1:0 (1:0)
12. 8. 89 (Nairobi)
Kenia – Liberia 1:0 (1:0)
26. 8. 89 (Kairo)
Ägypten – Kenia 2:0 (0:0)
(Lilongwe)
Malawi – Liberia 0:0

Ägypten für Semifinale qualifiziert.

Gruppe C

1. Kamerun	6	4	1	1	9:6	9
2. Nigeria	6	3	1	2	7:5	7
3. Angola	6	1	2	3	6:7	4
4. Gabun	6	2	0	4	5:9	4

7. 1. 89 (Enugu)
Nigeria – Gabun 1:0 (1:0)
8. 1. 89 (Yaoundé)
Kamerun – Angola 1:1 (0:1)
22. 1. 89 (Libreville)
Gabun – Kamerun 1:3 (1:2)
(Luanda)
Angola – Nigeria 2:2 (1:0)
10. 6. 89 (Ibadan)
Nigeria – Kamerun 2:0 (1:0)
11. 6. 89 (Luanda)
Angola – Gabun 2:0 (0:0)
25. 6. 89 (Luanda)
Angola – Kamerun 1:2 (1:0)
(Libreville)

Gabun – Nigeria 2:1 (2:0)
12. 8. 89 (Lagos)
Nigeria – Angola 1:0 (1:0)
13. 8. 89 (Yaoundé)
Kamerun – Gabun 2:1 (2:0)
27. 8. 89 (Libreville)
Gabun – Angola 1:0 (1:0)
(Yaoundé)
Kamerun – Nigeria 1:0 (1:0)

Kamerun für Semifinale qualifiziert.

Gruppe D

1. Tunesien	6	3	1	2	5:5	7
2. Zambia	6	3	0	3	7:6	6
3. Zaire	6	2	2	2	7:7	6
4. Marokko	6	1	3	2	4:5	5

8. 1. 89 (Rabat)
Marokko – Zambia 1:0 (1:0)

(Kinshasa)
Zaire – Tunesien 3:1 (2:1)

22. 1. 89 (Tunis)
Tunesien – Marokko 2:1 (2:1)

(Lusaka)
Zambia – Zaire 4:2 (2:1)

11. 6. 89 (Kinshasa)
Zaire – Marokko 0:0

(Lusaka)
Zambia – Tunesien 1:0 (0:0)

25. 6. 89 (Lusaka)
Zambia - Marokko 2:1 (1:0)

(Tunis)
Tunesien – Zaire 1:0 (0:0)

13. 8. 89 (Casablanca)
Marokko – Tunesien 0:0

(Kinshasa)
Zaire – Zambia 1:0 (1:0)

27. 8. 89 (Tunis)
Tunesien – Zambia 1:0 (0:0)

(Kenitra)
Marokko – Zaire 1:1 (0:0)

Tunesien für Semifinale qualifiziert.

Semifinale

8. 10. 89 (Constantine)
Algerien – Ägypten 0:0

17. 11. 89 (Kairo)
Ägypten – Algerien 1:0 (1:0)

8. 10. 89 (Yaoundé)
Kamerun – Tunesien 2:0 (0:0)

19. 11. 89 (Tunis)
Tunesien – Kamerun 0:1 (0:1)

Ägypten und **Kamerun** qualifiziert.

Das Wiener Praterstadion – seit Jahrzehnten Schauplatz großer Spiele, packender Kämpfe, begrabener Hoffnungen – zuletzt aber des Triumphes über die DDR. Die junge österreichische Mannschaft hatte es geschafft.

Meine einzige WM als Spieler 1978

Österreich – Schweden 1:0 (Argentinien 1978), Hickersberger und Hans Krankl.

Freude und Frauen
Wie ich mir meine einzige Weltmeisterschaft als Spieler erschlich und was ich daraus für Italien lernte

Meine einzige WM-Endrundenteilnahme als Spieler habe ich mir förmlich erschlichen. Es war die Weltmeisterschaft in Argentinien, 1978, und wegen eines Muskelfasereinrisses im Unterschenkel konnte ich die direkten Vorbereitungen nicht mitmachen. Doch Teamarzt Dr. Behawetz und Masseur Pepi Flenner versprachen dem Teamchef Helmut Senekowitsch, daß sie mich bis spätestens zum dritten Spiel hinkriegen würden.

Beim Abflug in Schwechat hielt ich mich im Hintergrund und machte keinen schnellen Schritt, um nur ja niemanden auf meine Schmerzen aufmerksam zu machen. Ich wollte nicht den Eindruck erwecken, daß da einer mitfährt, der nicht einmal richtig gehen kann. Und schon gar nicht bei der Presse.

Durch Schonung und gute Behandlung wurde das Bein erstaunlich schnell besser. Vor dem ersten Spiel gegen Spanien bestritten wir ein Trainingsmatch gegen eine Mannschaft von Bäckermeistern aus der Umgebung. Das war für mich der ideale Gegner, um mich für hundertprozentig fit zu erklären, obwohl ich mit dem verletzten Bein nicht einmal richtig schießen konnte. Mein Trainer bei den Kickers Offenbach, Gyula Lorant, hatte mir beigebracht, Verletzungen zu übergehen. „Hast du Zahnweh, mußt du essen, bist du verletzt, mußt du trainieren und spielen", hatte er immer gesagt.

Helmut Senekowitsch baute auf mich, hatte ich doch in der Qualifikation als Stütze gegolten. Nur in Izmir hatte ich wegen einer Blinddarmentzündung gefehlt – und da hatte mein Ersatzmann das entscheidende Tor geschossen, da war der Stern des Herbert Prohaska aufgegangen. Wäre ich jetzt beim ersten Spiel nicht dabeigewesen, und die Mannschaft hätte ohne mich gewonnen, wer weiß, ob ich dann noch einmal zum Einsatz gekommen wäre.

So aber war ich im Velez-Sarsfield-Stadion gegen die Spanier von Anfang an dabei. Wir spielten clever, ließen die Spanier erst einmal kommen und gingen fast spielerisch in der 9. Minute 1:0 in Führung. Pezzey setzte mit einem langen Paß von rechts Walter Schachner ein, und „Schoko", der in Österreich wegen seiner technischen Mängel immer wieder belächelte Schachner, schoß, vielleicht sogar mit geschlossenen Augen, genau ins kurze Kreuzeck. Es war ein wichtiges Tor, vielleicht sogar das entscheidende für unser weiteres Abschneiden bei dieser WM.

Das 1:1 noch vor der Pause für die gegen Wind und Sonne spielenden Spanier war gerecht. Aber damit hatten sie ihre Kraft verbraucht, und nun spielten nur noch wir. Als Hans Krankl in der 76. Minute eine Chance nach einem Schuß von Jara zum 2:1 nützte, war ich nicht mehr auf dem Spielfeld. In der 67. Minute war ich herausgenommen und durch Heribert Weber ersetzt worden.

Wichtige Lektionen

„Noch konsequenter, noch disziplinierter, noch geduldiger", so lautete die Parole vor dem Spiel gegen Schweden. Mit diesem Gegner verband ich besonders düstere Erinnerungen – ein 2:3 in Göteborg und ein 1:2 im Entscheidungsspiel über den Aufstieg zur WM-Endrunde in Deutschland 1974! Doch wir hatten aus diesen Spielen gelernt, waren taktisch gut eingestellt und vor allem in der zweiten Hälfte auch spielerisch hervorragend. Ich kann mich noch genau erinnern, wieviele Chancen Kreuz und Krankl nicht verwerten konnten, oder wie sie von Ronnie Hellström zunichte gemacht wurden. Robert Sara und Bruno Pezzey lieferten damals eine Weltklassepartie.

Das 1:0 war reichlich umstritten, aber trotzdem hoch verdient. Nach einem Paß von Prohaska waren wieder einmal Krankl und sein Bewacher Nordqvist zusammengestoßen, und da es zuvor bereits eine ähnliche Situation gegeben hatte, entschied der holländische Schiedsrichter Corver in der 41. Minute auf Elfmeter. Krankl verwandelte selbst in „seine" Ecke.

Das dritte Spiel wird mir in ewiger Erinnerung bleiben. Nach zwei Siegen hatte Österreich den Aufstieg in die nächste Runde in der Tasche, der dreimalige Weltmeister Brasilien hingegen mußte sich erst noch qualifizieren. Die Fußballwelt stand auf dem Kopf. Plötzlich waren wir die Stars, einige von uns schienen sogar in All-Star-Teams auf, die von Journalisten ermittelt wurden.

Ich war immer schon ein Bewunderer des brasilianischen Fußballs, und mir lief es kalt über den Rükken. In meinem Gedächtnis tauchten meine Begegnungen mit Pele und Co. auf. Als ich mit der Austria einmal in Mozambique gegen Santos spielte, traute ich mich beim Aufwärmen nicht, überhaupt den Ball anzunehmen, um nicht gegen diese Artisten abzufallen. Und als ich beim Abschiedsspiel für Pele in Sao Paulo den Dribbelkünstler Rivelinho zu bewachen hatte, attackierte ich nur mit Rückendeckung durch einen zweiten Verteidiger. Derselbe Rivelinho stand nun da in Mar del Plata und sah uns Österreichern beim Aufwärmen zu, als könnte er von uns etwas lernen...

Das Match holte uns auf den Boden der Tatsachen zurück. Es war unser schlechtestes Spiel bei der Weltmeisterschaft. Wir dachten, daß wir auf dem holprigen Boden im Stehen gewinnen könnten. Alle waren schlecht, ich war der schlechteste und wurde zur Pause völlig zu Recht ausgetauscht. Die Brasilianer hatten auf diesem Platz schon zweimal gespielt und kämpften uns nieder. Von ihrer früheren Technik waren sie auch weit entfernt, aber es reichte zum 1:0 durch Roberto in der 41. Minute. Bei diesem Tor patzte die gesamte Abwehr, und Pezzey fälschte den Ball noch unhaltbar für Koncilia ab.

Und trotzdem – wir waren auf Grund der höheren Anzahl der geschossenen Tore Gruppensieger, und nun sollte die Weltmeisterschaft erst richtig losgehen. Mit Italien, den Niederlanden und Deutschland in der zweiten Finalrunde...

Niederlagen tun weh

Gegen den Vizeweltmeister Niederlande in Córdoba warfen wir alle Geduld und Vorsicht, die uns in den ersten Spielen Erfolg gebracht hatten, über Bord und liefen den von Ernst Happel schlau eingestellten Holländern ins offene Messer. Schon in der 6. Minute lagen wir nach einem Freistoß von Arie Haan und einem Kopfball von Ernie Brandts mit 0:1 zurück. Daraufhin stürmten wir los, aber die Holländer schossen die Tore. Zweimal Rep, Rensenbrink und Willy van de Kerkhof fixierten schließlich das 1:5. Unseren Ehrentreffer schoß Erich Obermayer bei 0:4!

Mit dieser Niederlage zog Unruhe in unser Team ein, nicht zuletzt auch wegen des peinlichen Theaters um unsere Frauen und Freundinnen. Senekowitsch wollte zuerst die Verlierer von Córdoba in unveränderter Aufstellung gegen Italien antreten lassen, quasi um sich zu rehabilitieren. Dann gab er aber dem Druck von außen und innen nach und nahm statt Breitenberger Heinrich Strasser und Schachner statt Jara in die Mannschaft.

Wir wußten, daß wir gegen Holland vom Resultat her schlechter abgeschnitten hatten, als wir tatsächlich gespielt hatten. Also kehrten wir zu unserer Defensiv-Masche zurück. Fast wäre das Rezept aufgegangen. Im Rivar-Plate-Stadion von Buenos Aires verloren wir dann nicht durch mangelnde Einstellung oder falsche Taktik, sondern durch einen Fehler von Heini Strasser. Roberto Bettega wollte für Paolo Rossi spielen, Strasser schien den Ball bereits abgeschirmt zu haben, und Koncilia wartete auf den Rückpaß – da spitzelte der kleine Star von Lanerossi Vicenza den Ball an beiden vorbei zum 1:0 für Italien. Es war in der 13. Minute, und gegen Italien ein frühes Verlusttor aufholen, das ist eine Sisyphusarbeit. Einmal konnte ich den überragenden Robert Sara vor der Pause völlig freispielen, aber er vergab leider. Im Finish machten wir völlig auf und rannten wild drauf los. Friedl Koncilia hatte alle Hände voll zu tun, damit aus dem 0:1 kein Debakel wurde.

Der „historische" Sieg gegen Deutschland

Drei Niederlagen hintereinander – und trotzdem kamen wir in ein Endspiel. Zumindest schien uns das Spiel gegen die Deutschen so. Der Titelverteidiger mußte unbedingt gewinnen, um nicht wie wir vorzeitig die Heimreise anzutreten. Und wir wollten alles daransetzen, gemeinsam im Flugzeug nach Europa zu sitzen.

Siebenundvierzig Jahre lang hatten wir gegen die Deutschen nicht gewonnen. Mein Gegenspieler war Rainer Bonhof von Borussia Mönchengladbach, der ebenfalls während der Vorbereitung verletzt gewesen war. Gegen ihn lieferte ich mein bestes Spiel bei der Weltmeisterschaft.

Die Deutschen gingen zwar in der 19. Minute durch Karl Heinz Rummenigge nach Doppelpaß mit Dieter Müller 1:0 in Führung, aber wir blieben dran. Nach einem Vorstoß von Edi Krieger fabrizierte der zukünftige deutsche Teamchef Berti Vogts ein Eigentor zum 1:1. Und dann kam das erste Krankl-Tor. In der 66. Minute schoß er seinen schönsten Treffer: Nach einer Flanke von Krieger stoppte er sich den Ball mit links und schoß ihn volley ein.

Hölzenbein schaffte mit einem kurzen Kopfball nach Freistoß von Bonhof noch den Ausgleich zum 2:2, aber dann kam noch einmal Krankl, und eine Nation wurde mit Edi Finger naaaarisch: Drei Minuten vor Schluß, Flanke von Robert Sara, Krankl bringt den Ball mit dem Kopf an Rüssmann vorbei, läßt ihn stehen, geht an Kaltz vorbei und schießt unter Sepp Maier hindurch das 3:2! Der erste österreichische Sieg seit so langer Zeit. Ein Sieg, der das Ausscheiden aus der WM überstrahlte.

Im selben Flugzeug mit den Deutschen saßen dann aber nur noch jene von uns, die noch mit den Frauen den Abstecher nach Rio machten. Der Sekt floß, der Schmäh rannte. Schließlich kannten wir uns gut, vor allem die Bundesligalegionäre waren mit den Deutschen vertraut. Ich spürte damals, welches Glück Fußballerfolge vermitteln können. Ich lernte aber auch, daß sich die wahre menschliche Größe in der Niederlage zeigt.

Helmut Schön, der so erfolgreiche deutsche Bundestrainer – Weltmeister 1974, Vizeweltmeister 1966, Europameister 1972 – gratulierte uns beim Aussteigen in Rio zu unserer Leistung. Ich empfand tiefe Bewunderung für den Mann, der am Ende seiner Karriere stand und sie mit einer solchen Niederlage abschließen mußte.

Diese Größe möchte auch ich einmal in einer bitteren Stunde als Trainer aufbringen. Das war eine der Lehren aus Argentinien. Und für heuer, für Italia '90, nahm ich mir vor, meinen Spielern unsere Fehler in der unterm Strich für Österreich so erfolgreichen WM vor Augen zu führen.

In der Endrunde ist jedes Spiel so ernstzunehmen wie ein Finale. Erfolge müssen genauso unmittelbar aufgearbeitet werden wie Niederlagen. Auch wenn sich der Modus in der Zwischenzeit geändert hat, darf man weder auf Wolken schweben noch in Katzenjammer verfallen. Selbst der krasseste Außenseiter muß immer auf Sieg spielen. Natürlich ist das leichter gesagt als getan.

Das Thema Frauen

Und man muß vor einer Endrunde alle Dinge bis ins Detail planen. Auch die Besuche der Frauen und Freundinnen der Spieler. Was uns in Argentinien durch die gutgemeinte Großzügigkeit eines Bankinstitutes widerfahren ist, durfte sich in Italien nicht wiederholen. Noch heute treibt es mir die Schamröte ins Gesicht, wenn ich an das unwürdige Spiel zurückdenke, das damals mit den Frauen der Spieler getrieben wurde.

Als sie endlich da waren, durften wir sie nicht umarmen. Bei unserer Rückkehr vom 1:5 gegen die Niederlande stürzte eine aufgeregte Erika Senekowitsch in unser Flugzeug und flüsterte mit ihrem Mann, als wäre etwas Schreckliches geschehen. Wir erhielten die Anweisung, mit Rücksicht auf die wartende Reporterschar, unsere Frauen auf dem Flugplatz von Buenos Aires nur kurz zu begrüßen. Küsse und andere Gefühlsäußerungen waren streng verboten. Alles nur, damit keine falschen Bilder um die Welt gehen könnten.

Ich war einer von denen, die sich nicht an die Anweisungen des Teamchefs hielten, und ich gab meiner Frau Brigitte tatsächlich einen Kuß. Ich war auch einer von denen, die nach der Nacht in Moreno gegenüber Journalisten zugaben, daß die Frauen bei uns übernachtet und wir miteinander geschlafen hatten. Und daß es zu einer Mißstimmung gekommen war, als die Frauen unser Quartier mit dem bezeichnenden Namen Sindicato Seguro wieder verlassen mußten.

Die Einstellung zu Sex im allgemeinen und Sex und Sport hat sich in den letzten zwölf Jahren grundsätzlich geändert. Es darf einfach nicht wieder vorkommen, daß Spieler darum pokern, wer mit seiner Frau als erster aufs Zimmer geht. Für Italien lautete daher die Parole in Sachen Liebe: Wer seine Frau nach Italien nachkommen läßt, der wird auch Gelegenheit finden, sie zu treffen. Im Quartier der Spieler waren die Frauen stets willkommen. Zu einem Kaffee. Wer allein sein wollte, sollte es sich in der Freizeit außerhalb des Mannschaftsquartiers einrichten.

In Italien keineswegs hinter Gittern: Herzog & Co.

(Foto: SPORTMAGAZIN/Roman Zach-Kiesling)

Superlative und Kuriosa

Fans aus Kamerun.

Rekorde, Skandale, Kuriosa

Zuschauer und Einnahmen

Paarungen	Zuschauer	Einnahmen
Argentinien – Kamerun	73.780	57,985.550,–
UdSSR – Rumänien	42.907	15,724.700,–
Italien – Österreich	73.303	43,085.920,–
VAEmirate – Kolumbien	30.791	21,065.360,–
USA – ČSFR	33.266	19,186.860,–
Brasilien – Schweden	62.628	37,071.760,–
Deutschland – Jugoslawien	74.765	41,946.400,–
Costa Rica – Schottland	30.867	15,318.820,–
England – Irland	35.238	21,147.480,–
Belgien – Südkorea	32.790	19,177.720,–
Holland – Ägypten	33.421	12,797.320,–
Uruguay – Spanien	35.713	18.777.300,–
Argentinien – UdSSR	55.759	31,422.300,–
Jugoslawien – Kolumbien	32.257	16,485.980,–
Italien – USA	73.423	44,085.920,–
Kamerun – Rumänien	38.687	18,801.860,–
Österreich – ČSFR	38.962	24,006.160,–
Deutschland – VA Emirate	71.169	38,320.400,–
Brasilien – Costa Rica	58.007	32,598.360,–
Schweden – Schottland	31.823	16,271.320,–
England – Holland	35.267	21,179.880,–
Irland – Ägypten	33.288	12,797.320,–
Belgien – Uruguay	33.759	19,971.520,–
Südkorea – Spanien	32.733	16,707.100,–
Argentinien – Rumänien	52.733	29,248.800,–
Kamerun – UdSSR	17.307	18,391.200,–
Deutschland – Kolumbien	72.510	39,661.400,–
Jugoslawien – VA Emirate	28.833	13,474.080,–
Italien – ČSFR	73.303	43,085.920,–
Österreich – USA	34.857	21,269.700,–
Brasilien – Schottland	62.502	36,964.560,–
Schweden – Costa Rica	30.223	15,264.820,–
Belgien – Spanien	35.950	22,169.320,–
Südkorea – Uruguay	29.039	15,344.680,–
England – Ägypten	34.959	20,873.880,–
Irland – Holland	33.288	12,797.320,–
Vorrunde: 36 Spiele	**1,620.107**	**904,379.060,–**
Kamerun – Kolumbien	50.026	40,737.550,–
ČSFR – Costa Rica	47.673	36,711.880,–
Brasilien – Argentinien	61.381	51,708.680,–
Deutschland – Holland	74.559	59,037.200,–
Irland – Rumänien	31.818	23,863.410,–
Italien – Uruguay	73.303	58,069.110,–
Spanien – Jugoslawien	35.500	30,560.340,–
England – Belgien	34.520	26,148.740,–
Achtelfinale: 8 Spiele	**408.780**	**326,842.050,–**
Argentinien – Jugoslawien	38.971	34,580.080,–
Irland – Italien	72.303	58,069.110,–
ČSFR – Deutschland	73.347	57,501.340,–
Kamerun – England	55.205	45,152.200,–
Viertelfinale: 4 Spiele	**240.826**	**195,302.730,–**
Argentinien – Italien	59.978	69,666.800,–
Deutschland – England	62.630	71,114.770,–
Halbfinale: 2 Spiele	**122.606**	**143,113.530,–**
Italien – England	51.426	56,401.030,–
Argentinien – Deutschland	73.603	85,785.760,–
Finale: 2 Spiele	**125.029**	**142.184.290,–**
Insgesamt:	**2,617.348**	**1.711.822.170,–**

Südkorea – Uruguay (oben), BRD – ČSFR (unten).

Die Torjäger

Schillaci Torschützenkönig

6 Tore: Schillaci (Italien)
5 Tore: Skuhravi (ČSFR)
4 Tore: Matthäus (BRD)
Milla (Kamerun)
Michel (Spanien)
Lineker (England)
3 Tore: Völler (BRD)
Klinsmann (BRD)
Platt (England)
Brehme (BRD)
2 Tore: Caniggia (Argentinien)
Careca (Brasilien)
Muller (Brasilien)
Bilek (ČSFR)
Baggio (Italien)
Jozic (Jugoslawien)
Pancev (Jugoslawien)
Stojkovic (Jugoslawien)
Redin (Kolumbien)
Lacatus (Rumänien)
Balint (Rumänien)
1 Tor: Abdelghani (Ägypten)
Burruchaga (Argentinien)
Troglio (Argentinien)
Monzon (Argentinien)
Degryse (Belgien)
de Wolf (Belgien)
Clijsters (Belgien)
Vervoort (Belgien)
Scifo (Belgien)
Ceulemans (Belgien)
Flores (Costa Rica)
Medford (Costa Rica)
Cayasso (Costa Rica)
Gonzales (Costa Rica)
Hansek (ČSFR)
Luhovy (ČSFR)
Kubik (ČSFR)
Bein (BRD)
Littbarski (BRD)
Wright (England)
Sheedy (Irland)
Quinn (Irland)
Giannini (Italien)
Serena (Italien)
Susic (Jugoslawien)
Prosinecki (Jugoslawien)
Omam Biyik (Kamerun)
Kunde (Kamerun)
Ekeke (Kamerun)
Valderrama (Kolumbien)
Rincon (Kolumbien)
Kieft (Niederlande)
Gullit (Niederlande)
Ronald Koeman (Niederlande)
Andreas Ogris (Österreich)
Rodax (Österreich)
McCall (Schottland)
Johnston (Schottland)
Brolin (Schweden)
Strömberg (Schweden)
Edström (Schweden)
Gorriz (Spanien)
Salinas (Spanien)
Kwan Hwangbo (Südkorea)
Protassow (UdSSR)
Sigmantowitsch (UdSSR)
Sawarow (UdSSR)
Dobrowolski (UdSSR)
Bengoechea (Uruguay)
Fonseca (Uruguay)
Caligiuri (USA)
Murray (USA)
Ismail Mubarak (Vereinigte Arabische Emirate)
Thani Jumaa (Vereinigte Arabische Emirate)

Fontaine unerreicht
Die bisherigen Torschützenkönige

1930 in Uruguay: Guillermo Stabile (Argentinien) 8 Tore
1934 in Italien: Oldrich Nejedly (TCH) 5 Tore
1938 in Frankreich: Leonidas (Brasilien) 8 Tore
1950 in Brasilien: Ademir (Brasilien) 9 Tore
1954 in der Schweiz: Sandor Kocsis (Ungarn) 11 Tore
1958 in Schweden: Just Fontaine (Frankreich) 13 Tore
1962 in Chile: Garrincha (Brasilien) 4 Tore
1966 in England: Eusebio (Portugal) 9 Tore
1970 in Mexiko: Gerd Müller (BRD) 10 Tore
1974 in der BRD: Grzegorz Lato (Polen) 7 Tore
1978 in Argentinien: Mario Kempes (Argentinien) 6 Tore
1982 in Spanien: Paolo Rossi (Italien) 6 Tore
1986 in Mexiko: Gary Lineker (England) 6 Tore
1990 in Italien: Salvatore Schillaci (Italien) 6 Tore

Der Torschützenkönig der WM '90: Salvatore Schillaci. Hier erzielt er das 1:0 im Spiel Italien – ČSFR.

2,21 Tore pro Spiel

Jahr	Austragungsort	Gesamtzahl	Spiele	Durchschnitt pro Spiel
1930	Uruguay	70	18	3,89
1934	Italien	70	17	4,12
1938	Frankreich	84	18	4,67
1950	Brasilien	88	22	4,00
1954	Schweiz	140	26	5,30
1958	Schweden	126	35	3,60
1962	Chile	59	32	2,78
1966	England	89	32	2,78
1970	Mexiko	95	32	2,97
1974	Deutschland	97	38	2,55
1978	Argentinien	102	38	2,68
1982	Spanien	146	52	2,80
1986	Mexiko	132	52	2,53
1990	Italien	115	52	2,21
Gesamt		**1442**	**463**	**3,11**

Im Spiel gegen Jugoslawien erzielte der Argentinier Jorge Luis Burruchaga ein Handstor – trotzdem bleibt es eine torarme Weltmeisterschaft.

Jubel! Julio Salinas über das Tor bei der 1:2-Niederlage Spaniens gegen Jugoslawien (o. l.), Flores aus Costa Rica gegen Schweden (o. r.), die Jugoslawen nach dem Schlußpfiff gegen Spanien (u. l.), der Kolumbianer Freddy Rincon Valencia freut sich über das 1:1 gegen die BRD.

Die „Ewige" WM-Torschützenliste

1.	Gerd Müller	BRD	1970–1974	14 Tore
2.	Just Fontaine	Frankreich	1958	13 Tore
3.	Pele	Brasilien	1958–1970	12 Tore
4.	Sandor Kocsis	Ungarn	1954	11 Tore
5.	Helmut Rahn	BRD	1954–1958	10 Tore
	Teofilo Cubillas	Peru	1970–1978	10 Tore
	Grzegorz Lato	Polen	1974–1982	10 Tore
	Gary Lineker	England	1986–1990	10 Tore
9.	Leonidas	Brasilien	1934–1938	9 Tore
	Ademir	Brasilien	1950	9 Tore
	Juan Alberto Schiaffino	Uruguay	1950–1954	9 Tore
	Vava	Brasilien	1958–1962	9 Tore
	Uwe Seeler	BRD	1958–1970	9 Tore
	Eusebio	Portugal	1966	9 Tore
	Jairzinho	Brasilien	1970–1974	9 Tore
	Paolo Rossi	Italien	1978–1986	9 Tore
	Karl-Heinz Rummenigge	BRD	1978–1986	9 Tore
18.	Guillermo Stabile	Argentinien	1930	8 Tore
	Hans Schäfer	BRD	1954–1958	7 Tore
	Lajos Tichy	Ungarn	1958–1962	7 Tore
	Johnny Rep	Holland	1974–1978	7 Tore
	Andrzej Szarmach	Polen	1974–1982	7 Tore
	Diego Maradona	Argentinien	1982–1986	7 Tore
	Careca	Brasilien	1986–1990	7 Tore
26.	Oldrich Nejedly	ČSR	1934–1938	6 Tore
	Josef Hügi	Schweiz	1954	6 Tore
	Max Morlock	BRD	1954	6 Tore
	Erich Probst	Österreich	1954	6 Tore
	Valentin Iwanow	UdSSR	1958–1962	6 Tore
	Helmut Haller	BRD	1962–1970	6 Tore
	Rivelino	Brasilien	1970–1978	6 Tore
	Rob Rensenbrink	Holland	1974–1978	6 Tore
	Mario Kempes	Argentinien	1978	6 Tore
	Zbigniew Boniek	Polen	1978–1986	6 Tore
	Rudi Völler	BRD	1986–1990	6 Tore
	Salvatore Schillaci	Italien	1990	6 Tore

41 Medaillen für 15 Nationen

Jahr	Austragungsort	Erster	Zweiter	Dritter
1930	Uruguay:	Uruguay	Argentinien	kein Spiel
1934	Italien:	Italien	ČSR	Deutschland
1938	Frankreich:	Italien	Ungarn	Brasilien
1950	Brasilien:	Uruguay	Brasilien	Schweden
1954	Schweiz:	BRD	Ungarn	Österreich
1958	Schweden:	Brasilien	Schweden	Frankreich
1962	Chile:	Brasilien	ČSSR	Chile
1966	England:	England	BRD	Portugal
1970	Mexiko:	Brasilien	Italien	BRD
1974	BRD:	BRD	Niederlande	Polen
1978	Argentinien:	Argentinien	Niederlande	Brasilien
1982	Spanien:	Italien	BRD	Polen
1986	Mexiko:	Argentinien	BRD	Frankreich
1990	Italien:	BRD	Argentinien	Italien

„Ewige" Tabelle der Fußball-Weltmeisterschaften

1. Brasilien (14)	66	44	10	12	148:65	98:34
2. (BR) Deutschland (12)	68	42	12	14	145:90	96:40
3. Italien (12)	54	31	11	12	89:54	73:35
4. Argentinien (10)	48	26	7	15	82:59	59:37
5. England (9)	41	18	11	12	55:38	47:35
6. Uruguay (9)	37	15	8	14	61:52	38:36
7. UdSSR (7)	31	15	6	10	53:34	36:26
8. Frankreich (9)	34	16	3	15	71:56	35:33
9. Jugoslawien (7)	33	15	4	14	55:42	34:32
20. Ungarn (9)	32	15	3	14	87:57	33:31
11. Spanien (7)	32	13	6	13	43:38	32:32
12. Polen (5)	25	13	5	7	39:29	31:19
13. Schweden (8)	31	11	6	14	51:52	28:34
14. Tschechoslowakei (8)	30	11	5	14	44:45	27:33
15. Österreich (6)	26	12	2	12	40:43	26:26
16. Holland (5)	20	8	6	6	35:23	22:18
17. Belgien (5)	25	8	3	14	33:49	19:31
18. Chile (6)	21	7	3	11	26:32	17:25
19. Mexiko (9)	29	6	5	18	27:64	17:41
20. Schottland (7)	20	4	6	10	23:35	14:26
21. Portugal (2)	9	6	0	3	19:12	12: 6
22. Schweiz (6)	18	5	2	11	28:44	12:24
23. Nordirland (3)	13	3	5	5	13:23	11:15
24. Peru (4)	15	4	3	8	19:31	11:19
25. Paraguay (4)	11	3	4	4	16:25	10:12
26. Kamerun (2)	8	3	3	2	8:10	9: 7
27. Rumänien (5)	12	3	2	7	16:20	8:16
28. Dänemark (1)	4	3	0	1	10: 6	6: 2
29. DDR (1)	6	2	2	2	5: 5	6: 6
30. USA (4)	10	3	0	7	14:29	6:14
31. Bulgarien (5)	16	0	6	10	11:35	6:26
32. Wales (1)	5	1	3	1	4: 4	5: 5
33. Irland (1)	5	1	3	1	2: 3	5: 5
34. Algerien (2)	6	2	1	3	6:10	5: 7
35. Marokko (2)	7	1	3	3	5: 8	5: 9
36. Costa Rica (1)	4	2	0	2	4: 6	4: 4
37. Kolumbien (2)	7	1	2	4	9:15	4:10
38. Tunesien (1)	3	1	1	1	3: 2	3: 3
39. Kuba (1)	3	1	1	1	5:12	3: 3
40. Nordkorea (1)	4	1	1	2	5: 9	3: 5
41. Türkei (1)	3	1	0	2	10:11	2: 4
42. Honduras (1)	3	0	2	1	2: 3	2: 4
43. Israel (1)	3	1	0	2	1: 3	2: 4
44. Ägypten (2)	4	0	2	2	3: 6	2: 6
45. Kuwait (1)	3	0	1	2	2: 6	1: 5
46. Australien (1)	3	0	1	2	0: 5	1: 5
47. Iran (1)	3	0	1	2	2: 8	1: 5
48. Südkorea (3)	8	0	1	7	5:29	1:15
49. Norwegen (1)	1	0	0	1	1: 2	0: 2
50. Niederl. Antillen (1)	1	0	0	1	0: 6	0: 2
51. Irak (1)	3	0	0	3	1: 4	0: 6
52. Kanada (1)	3	0	0	3	0: 5	0: 6
53. V. A. Emirate (1)	3	0	0	3	2:11	0: 6
54. Neuseeland (1)	3	0	0	3	2:12	0: 6
55. Haiti (1)	3	0	0	3	2:14	0: 6
56. Zaire (1)	3	0	0	3	0:14	0: 6
57. Bolivien (2)	3	0	0	3	0:16	0: 6
58. El Salvador (2)	6	0	0	6	1:22	0:12

Trauer: Dragan Stojkovic nach seinem verschossenen Elfmeter gegen Argentinien, die Italiener nach dem Ausscheiden gegen Argentinien (Mitte), und auch die Kolumbianer lassen nach der Niederlage gegen Kamerun die Köpfe hängen (unten).

Tore – Elfmeter – Rote Karten

Die 14. Fußball-Weltmeisterschaft auf einen Blick

	1990 Italien	1986 Mexiko	1982 Spanien
Tore:	115	132	146
Schnitt:	2,21	2,54	2,81
Elfmeter:	18	16	8
Rote Karten:	16	8	5
Gelbe Karten:	164	131	100
Zuschauer:	2,517.348	2,407.431	1,856.277
Schnitt:	48.411	46.297	35.698

Rote Karten

8. 6.	ARG – CMR	Andre Kana Biyik/CMR
		Benjamin Massing/CMR
10. 6.	TCH – USA	Eric Wynalda/USA
13. 6.	ARG – URS	Wladimir Bessonow/URS
17. 6.	BEL – URU	Eric Gerets/BEL
19. 6.	YUG – UAE	Ghanim Khalil Mubarak/UAE
19. 6.	AUT – USA	Peter Artner/AUT
21. 6.	URU – KOR	Yoon Deuk-Yeo/KOR
24. 6.	ARG – BRA	Ricardo Gomez/BRA
24. 6.	BRD – HOL	Rudolf Völler/BRD
		Frank Rijkaard/HOL
30. 6.	ARG – YUG	Refik Sabanadzovic/YUG
1. 7.	BRD – TCH	Lubomir Moravcik/TCH
3. 7.	ARG – ITA	Ricardo Giusti/ARG
8. 7.	BRD – ARG	Pedro Monzon/ARG
		Gustavo Dezotti/ARG

Der Argentinier Giusti wird gegen Italien ausgeschlossen.

Fans aus Brasilien (oben) und Argentinien.

13 von 18 Elfmetern verwandelt

Rom (sid) 18 Elfmeter verhängten die Schiedsrichter bei der Fußball-Weltmeisterschaft 1990 in Italien, 15mal wegen Foul- und dreimal wegen Handspiels. Elf „Exekutoren" verwandelten 13 Elfmeter. Drei Strafstöße wurden von Enzo Scifo (Belgien), Gianluca Vialli (Italien) und Ruben Sosa (Uruguay) verschossen. Zweimal entschieden die Torhüter Tony Meola (USA) und Rene Higuita (Kolumbien) das Duell gegen den Schützen für sich. Gleich drei Elfmeter wurden im Viertelfinalmatch Kamerun – England (2:3 nach Verlängerung) verhängt, die auch alle verwandelt wurden. – Die Elfmeter der „Coppa del Mondo Italia '90" auf einen Blick:

9. Juni, UdSSR – Rumänien: Lacatus (Rumänien) verwandelt Handelfmeter
10. Juni, USA – ČSFR: Bilek (ČSFR) verwandelt Foulelfmeter
10. Juni, USA – ČSFR: Meola (USA) hält Foulelfmeter von Bilek
12. Juni, Holland – Ägypten: Abd el Ghani (Ägypten) verwandelt Foulelfmeter
13. Juni, Uruguay – Spanien: Sosa (Uruguay) schießt Handelfmeter über das Tor
14. Juni, Jugoslawien – Kolumbien: Higuita (Kolumbien) hält Handelfmeter von Hadzibegic
14. Juni, Italien – USA: Vialli (Italien) schießt Foulelfmeter an den Pfosten
15. Juni, Österreich – ČSFR: Bilek (ČSFR) verwandelt Foulelfmeter
16. Juni, Schweden – Schottland: Johnston (Schottland) verwandelt Foulelfmeter
21. Juni, Belgien – Spanien: Michel (Spanien) verwandelt Foulelfmeter
21. Juni, Belgien – Spanien: Scifo (Belgien) schießt Foulelfmeter an die Latte
24. Juni, Deutschland – Holland: Ronald Koeman (Holland) verwandelt Foulelfmeter
1. Juli, ČSFR – Deutschland: Matthäus (BRD) verwandelt Foulelfmeter
1. Juli, Kamerun – England: Kunde (Kamerun) verwandelt Foulelfmeter
1. Juli, Kamerun – England: Lineker (England) verwandelt Foulelfmeter
1. Juli, Kamerun – England: Lineker (England) verwandelt Foulelfmeter
7. Juli, Italien – England: Schillaci (Italien) verwandelt Foulelfmeter
9. Juli, Argentinien – Deutschland: Brehme (BRD) verwandelt Foulelfmeter

Kamerun verabschiedete sich im englischen Trikot von dieser WM: Milla, Ekeke, Makanaky, Tataw (v. l.).

Die größten Ausschreitungen

Cagliari: In der Nacht auf Montag, den 11. Juni, wurden 19 englische Hooligans festgenommen, die tätliche Auseinandersetzungen mit sardischen Jugendlichen angezettelt hatten.

Mailand: Etwa 300 deutsche und jugoslawische Fußballanhänger demolierten am Sonntag, 10. Juni, rund um den Mailänder Dom parkierende Autos und schlugen Fensterscheiben ein. Es kam auch zu Schlägereien zwischen Deutschen, Jugoslawen und den Sicherheitskräften. Nach dem Spiel Deutschland – Jugoslawien kam es auf dem Mailänder Bahnhof erneut zu Schlägereien zwischen Polizei und Rowdys.

Insgesamt wurden über 60 Personen verhaftet, einige von Schnellrichtern sofort abgeurteilt und mit Strafen von zwei Jahren ohne Bewährung belegt.

Rimini: In der Nacht auf Dienstag, 26. Juni, kam es im Badeort Rimini zu schweren Ausschreitungen englischer Fans. Wieder wurden Autos und Auslagen beschädigt. 80 Hooligans und 4 Polizisten wurden verletzt.

Turin: Vor dem Halbfinale Deutschland – England gerieten sowohl deutsche und englische wie englische und italienische Fans aneinander. Die Italiener suchten Rache für die 31 italienischen Toten unter den 39 Opfern der Katastrophe vom Heyselstadion 1985.

Alkoholverbot: An Spieltagen herrschte an den Spielorten ein Alkoholverbot von 24 Stunden, in Turin wurde es auf 51 vor England – Deutschland ausgedehnt.

Ausschreitungen englischer Fans in Cagliari.

Die „Dauerbrenner" der WM-Endrunden

21 Einsätze: Uwe Seeler (BRD) 1958–1970, Wladyslaw Zmuda (Polen) 1974–1986

20 Einsätze: Grzegorz Lato (Polen) 1974–1982

19 Einsätze: Wolfgang Overath (BRD) 1966–1974, Berti Vogts (BRD) 1970–1978, Karl-Heinz Rummenigge (BRD) 1978–1986, Diego Maradona (Argentinien) 1982–1990

18 Einsätze: Franz Beckenbauer (BRD) 1966–1974, Sepp Maier (BRD) 1970–1978, Mario Kempes (Argentinien) 1974–1982, Antonio Cabrini (Italien) 1978–1986, Gaetano Scirea (Italien) 1978–1986, Pierre Littbarski (BRD) 1982–1990

17 Einsätze: Karl-Heinz Schnellinger (BRD) 1958–1970, Dino Zoff (Italien) 1974–1982, Peter Shilton (England) 1982–1990

16 Einsätze: Jairzinho (Brasilien) 1966–1974, Lothar Matthäus (BRD) 1981–1990, Jan Ceulemans (Belgien) 1982–1990

15 Einsätze: Hans Schäfer (BRD) 1954–1962, Nilton Santos (Brasilien) 1954–1962, Didi (Brasilien) 1954–1962, Roberto Rivellino (Brasilien) 1970–1978

„Götterdämmerung“ im Meazza-Stadion beim Spiel BRD gegen Vereinigte Arabische Emirate.

Italien

1	Walter Zenga	30	Inter Mailand
2	Franco Baresi	30	AC Milan
3	Giuseppe Bergomi	26	Inter Mailand
4	Luigi De Agostini	29	Juventus Turin
5	Ciro Ferrara	22	Napoli
6	Riccardo Ferri	26	Inter Mailand
7	Paolo Maldini	21	AC Milan
8	Pietro Vierchowod	31	Sampdoria Genua
9	Carlo Ancelotti	31	AC Milan
10	Nicolo Berti	23	Inter Mailand
11	Fernando De Napoli	26	Napoli
12	Stefano Tacconi	33	Juventus Turin
13	Giuseppe Giannini	25	Roma
14	Giancarlo Marocchi	24	Juventus Turin
15	Roberto Baggio	23	Fiorentina
16	Andrea Carnevale	29	Napoli
17	Roberto Donadoni	26	AC Milan
18	Roberto Mancini	25	Sampdoria Genua
19	Salvatore Schillaci	25	Juventus Turin
20	Aldo Serena	29	Inter Mailand
21	Gianluca Vialli	25	Sampdoria Genua
22	Gianluca Pagliuca	23	Sampdoria Genua

Teamchef: Azeglio Vicini (57)

ČSFR

1	Jan Stejskal	28	Sparta Prag
2	Julius Bielik	28	Sparta Prag
3	Miroslav Kadlec	26	TJ Witkowitz
4	Ivan Hasek	26	Sparta Prag
5	Jan Kocian	32	St. Pauli
6	Frantisek Straka	32	Bor. Mönchengladbach
7	Michal Bilek	25	Sparta Prag
8	Jozef Chovanec	30	PSV Eindhoven
9	Lubos Kubik	26	Fiorentina
10	Tomas Skuhravy	24	Sparta Prag
11	Lubomir Moravcik	24	Plastika Nitra
12	Peter Fieber	26	Inter Preßburg
13	Jiri Nemec	24	Dukla Prag
14	Vladimir Weiss	25	Inter Preßburg
15	Vladimir Rinier	32	Slovan Preßburg
16	Viliam Hyravy	27	Banik Ostrau
17	Ivo Knoflicek	28	St. Pauli
18	Milan Luhovy	27	Sporting Gijon
19	Stanislav Griga	28	Feyenoord
20	Vaclav Nemecek	23	Sparta Prag
21	Ludek Miklosko	28	West Ham United
22	Peter Paluch	32	Plastika Nitra

Teamchef: Jozef Venglos (53)

Österreich

1	Klaus Lindenberger	32	FC Tirol
2	Ernst Aigner	23	Austria Wien
3	Robert Pecl	24	Rapid
4	Anton Pfeffer	24	Austria Wien
5	Peter Schöttel	23	Rapid
6	Manfred Zsak	25	Austria Wien
7	Kurt Russ	25	Vienna
8	Peter Artner	24	Admira/Wacker
9	Anton Polster	26	FC Sevilla
10	Manfred Linzmaier	27	FC Tirol
11	Alfred Hörtnagl	23	FC Tirol
12	Michael Baur	21	FC Tirol
13	Andreas Ogris	25	Austria Wien
14	Gerhard Rodax	24	Admira/Atletico Madrid
15	Christian Keglevits	29	Rapid
16	Andreas Reisinger	27	Rapid
17	Heimo Pfeifenberger	23	Rapid
18	Michael Streiter	24	FC Tirol
19	Gerald Glatzmayer	22	Vienna/Admira/ Wacker
20	Andreas Herzog	21	Rapid
21	Michael Konsel	28	Rapid
22	Otto Konrad	25	Sturm Graz

Teamchef: Josef Hickersberger (42)

USA

1	Tony Meola	21	–
2	Steve Trittschuh	25	Tampa Bay Rowdies
3	John Doyle	24	San Francisco Bay Bl.
4	Jimmy Banks	25	Milwaukee Wave
5	M. Windischmann	24	Brooklyn Italians
6	John Harkes	23	Albany Capitals
7	Tab Ramos	23	–
8	Brian Bliss	24	Albany Capitals
9	Christopher Sullivan	25	Raba Eto Györ
10	Peter Vermes	23	Volendam
11	Eric Wynalda	21	San Francisco Bay Bl.
12	Paul Krumpe	27	Real Santa Barbara
13	Eric Eichmann	25	F. Lauderdale Strikers
14	John Stollmeyer	27	–
15	Desmond Armstrong	25	–
16	Bruce Murray	24	Washington Stars
17	Marcelo Balboa	22	San Francisco Bay Bl.
18	Kasey Keller	20	Portland Timbers
19	Chris Henderson	19	UCLA
20	Paul Caligiuri	26	–
21	Neil Covone	20	Wake For. Un.
22	David Vanole	27	Los Angeles Heat

Teamchef: Robert Gansler (48)

Argentinien

1	Nery Alberto Pumpido	32	Betis Sevilla
2	Sergio Daniel Batista	27	River Plate
3	Abel Eduardo Balbo	24	Udinese
4	Jose Horacio Basualdo	27	VfB Stuttgart
5	Edgardo Bauza	32	Vera Cruz/Mex
6	Gabriel H. Calderon	30	Paris SG
7	Jorge Luis Burruchaga	27	Nantes
8	Claudio Paul Caniggia	23	Atalanta
9	Gustavo Abel Dezotti	26	Cremonese
10	Diego A. Maradona	29	Napoli
11	Nestor Ariel Fabbri	22	Avellaneda
12	Sergio J. Goycochea	26	Millonarios/Kol
13	Nestor G. Lorenzo	24	Bari
14	Ricardo Omar Giusti	33	Independiente
15	Pedro D. Monzon	28	Independiente
16	Julio J. Olarticoechea	31	Avellaneda
17	Roberto N. Sensini	23	Udinese
18	Jose T. Serrizuela	28	River Plate
19	Oscar A. Ruggeri	28	Real Madrid
20	Juan E. Simon	30	Boca Juniors
21	Pedro A. Troglio	24	Lazio Rom
22	Fabian O. Cancelarich	24	Ferrocarril

Teamchef: Carlos Salvador Bilardo (52)

Kamerun

1	Joseph Antoine Bell	35	Bordeaux
2	Andre Kana Biyik	24	Metz
3	Jules Denis Onana	21	Canon Yaounde
4	Benjamin Massing	27	Creteil/Fr
5	Bertin Ndingue	27	Tonnerre Yaounde
6	Emmanuel J. Kunde	34	CNPS Yaounde
7	Francois Omam Biyik	24	Laval
8	Emile Mbouh	24	Chenois/Sz
9	Albert Roger Milla	38	St. Pierroise/Fr
10	Louis Paul Mfede	29	Canon Yaounde
11	Eugene Ekeke	30	Valenciennes/Fr
12	A. „Yombi" Ayakan	27	Canon Yaounde
13	Jean Claude Pagal	25	La Roche/Fr
14	Stephen „Tataw" Eta	27	Tonnerre Yaounde
15	Thomas Libiih	27	Tonnerre Yaounde
16	Thomas Nkono	35	Espanol Barcelona
17	Victor Ndip Akem	24	Canon Yaounde
18	Bonaventure Djonkep	32	Union Douala
19	Roger Feutmba	24	Union Douala
20	Cyrille Th. Makanaky	25	SC Toulon/Fr
21	E. „Maboan" Kessak	21	Canon Yaounde
22	Jacques Cel. Songo	27	SC Toulon

Teamchef: Waleri Nepomnjatschi (45)

UdSSR

1	Rinat Dassajew	33	FC Sevilla
2	Wladimir Bessonow	32	Dinamo Kiew
3	Wagis Chidijatullin	31	Toulouse
4	Oleg Kusnetzow	27	Dinamo Kiew
5	Anatoli Demjanenko	31	Dinamo Kiew
6	Wassili Rats	29	Dinamo Kiew
7	Sergej Alejnikow	28	Juventus Turin
8	Gennadi Litowtschenko	27	Dinamo Kiew
9	Alexander Sawarow	29	Juventus Turin
10	Oleg Protassow	26	Dinamo Kiew
11	Igor Dobrowolski	23	Dinamo Moskau
12	Alexander Borodjuk	28	Schalke 04
13	Achrik Tsweba	24	Dinamo Kiew
14	Wladimir Ljuti	27	Schalke 04
15	Ivan Jaremtschuk	29	Dinamo Kiew
16	Viktor Tschanow	31	Dinamo Kiew
17	Andrej Sygmantowitsch	29	Dinamo Minsk
18	Igor Schalimow	21	Spartak Moskau
19	Sergej Fokin	28	ZSKA Moskau
20	Sergej Gorlukowitsch	30	Borussia Dortmund
21	Waleri Broschin	28	ZSKA Moskau
22	Alexander Uwarow	28	Dinamo Moskau

Teamchef: Waleri Lobanowski (51)

Rumänien

1	Silviu Lung	33	Steaua Bukarest
2	Mirceau Rednic	28	Dinamo Bukarest
3	Michael Klein	30	Dinamo Bukarest
4	Ioan Andone	30	Dinamo Bukarest
5	Iosif Rotariu	27	Steaua Bukarest
6	Gheorghe Popescu	22	Uni Craiova
7	Marius Lacatus	26	Steaua Bukarest
8	Ioan Ovidiu Sabau	22	Dinamo Bukarest
9	Rodion Camataru	32	Charleroi/Bel
10	Gheorghe Hagi	25	Steaua Bukarest
11	Danut Lupu	23	Dinamo Bukarest
12	Bogdan Stelea	22	Dinamo Bukarest
13	Andrian Popescu	29	Uni Craiova
14	Florin R. Raducioiu	20	Dinamo Bukarest
15	Dorin Mateut	42	Dinamo Bukarest
16	Daniel Timofte	22	Dinamo Bukarest
17	Ilie Dumitrescu	21	Steaua Bukarest
18	Gavrila Balint	27	Steaua Bukarest
19	Emil Sandoi	25	Uni Craiova
20	Zsolt Musznay	24	Steaua Bukarest
21	Ionut Lupescu	21	Dinamo Bukarest
22	Gheorghe Liliac	31	Ploesti

Teamchef: Emerich Jenei (53)

Brasilien

1	Claudio Taffarel	4	Internacional
2	„Jorginho" Campos	25	Bayer Leverkusen
3	„Ricardo Gomez" Raymundo	25	Benfica Lissabon
4	Carlos „Dunga" Verri	26	Fiorentina
5	R. „Alemao" Brito	28	Napoli
6	Claudio „Branco" Leal	26	FC Porto
7	„Bismark" Faria	20	Vasco da Gama
8	„Valdo" Candido	26	Benfica Lissabon
9	A. „Careca" Oliveira	29	Napoli
10	Paulo „Silas" Pereira	24	Sporting Lissabon
11	„Romario" Faria	24	PSV Eindhoven
12	Acacio „Acacio" Barreto	31	Vasco da Gama
13	Jose Mozer	29	Marseille
14	„Aldair" Santos	24	Benfica Lissabon
15	Luiz „Müller" Costa	24	Torino
16	Jose „Bebeto" Oliveira	26	Vasco da Gama
17	„Renato" Portaluppi	27	Flamengo
18	I. „Marzinho" Nascimento	23	Vasco da Gama
19	Ricardo Rocha	28	Sao Paulo
20	Milton „Tita" Paixao	32	Vasco da Gama
21	Mauro Galvao	28	Botafogo Rio
22	Jose „Ze Carlos" Araujo	28	Flamengo Rio

Teamchef: Sebastiao Lazaroni (39)

Schweden

1	Sven Andersson	26	Örgryte Göteborg
2	Jan Eriksson	22	AIK Stockholm
3	Glenn Hysen	30	Liverpool
4	Peter Larsson	29	Ajax Amsterdam
5	Roger Ljung	24	Young Boys Bern
6	Roland Nilsson	26	Sheffield United
7	Niclas Nyhlen	24	Malmö FF
8	Stefan Schwarz	21	Malmö FF
9	Leif Engqvist	27	Malmö FF
10	Klas Ingesson	21	IFK Göteborg
11	Ulrik Jönsson	22	Östers Växjö
12	Lars Eriksson	24	Norrköping
13	Anders Limpar	25	Cremonese/It
14	Joakim Nilsson	24	Malmö FF
15	Glenn Strömberg	30	Atalanta
16	Jonas Thern	23	Benfica Lissabon
17	Tomas Brolin	20	Norrköping
18	Johnny Ekström	25	Cannes
19	Mats Gren	26	Grasshoppers Z.
20	Mats Magnusson	26	Benfica Lissabon
21	Stefan Pettersson	27	Ajax Amsterdam
22	Thomas Ravelli	30	IFK Göteborg

Teamchef: Olle Nordin (41)

Costa Rica

1	Gabelo Conejo	30	Cartagena
2	Vladimir Quesada	24	Saprissa
3	Roger Flores	33	Saprissa
4	Ronald Gonzalez	20	Saprissa
5	Marvin Obando	30	CS Heriado
6	Jose Carlos Chaves	30	Alajuelense
7	Hernan Medford	22	Saprissa
8	German Chavarria	32	CS Heriado
9	Alexander Guimaraes	30	Saprissa
10	Oscar Ramirez	25	Alajuelense
11	Claudio Jara	31	CS Heriado
12	Roger Gomez	25	Cartagena
13	Miguel Davis	24	Alajuelense
14	Juan Arn. Cayasso	29	Saprissa
15	Ronald Marin	27	CS Heriado
16	Jose Jaukel	24	Saprissa
17	Roy Mayers	22	Limon
18	Geovany Jara	20	CS Heriado
19	Hector Marchena	25	Cartagena
20	Mauricio Montero	26	Alajuelense
21	Hermidio Barrantes	25	Puntarenas
22	Miguel Segura	21	Saprissa

Teamchef: Bora Milutinovic (47)

Schottland

1	James Leighton	31	Manchester United
2	Alex McLeish	31	Aberdeen
3	Roy Aitken	31	Newcastle
4	Richard Gough	28	Glasgow Rangers
5	Paul McStay	25	Celtic Glasgow
6	Maurice Malpas	27	Dundee United
7	Maurice Johnston	27	Glasgow Rangers
8	James Bett	30	Aberdeen
9	Alistair McCoist	27	Glasgow Rangers
10	Murdo MacLeod	31	Borussia Dortmund
11	Gary Gillespie	29	Liverpool
12	Andrew Goram	26	Hibernian Edinburgh
13	Gordon Durie	24	Chelsea
14	Alan McInally	27	Bayern München
15	Craig Levein	25	Heart of Midlothian
16	Stuart McCall	25	Everton
17	Stewart McKimmie	27	Aberdeen
18	John Collins	22	Hibernian Edinburgh
19	David McPherson	26	Heart of Midlothian
20	Gary McAllister	25	Leicester City
21	Robert Fleck	22	Norwich City
22	Bryan Gunn	26	Norwich City

Teamchef: Andy Roxburgh (46)

BRD

1	Bodo Illgner	23	1. FC Köln
2	Stefan Reuter	23	Bayern München
3	Andreas Brehme	29	Inter Mailand
4	Jürgen Kohler	24	Bayern München
5	Klaus Augenthaler	33	Bayern München
6	Guido Buchwald	29	VfB Stuttgart
7	Pierre Littbarski	30	1. FC Köln
8	Thomas Hässler	24	1. FC Köln
9	Rudolf Völler	30	AS Roma
10	Lothar Matthäus	29	Inter Mailand
11	Frank Mill	31	Borussia Dortmund
12	Raimond Aumann	26	Bayern München
13	Karlheinz Riedle	24	Werder Bremen
14	Thomas Berthold	26	AS Roma
15	Uwe Bein	29	Eintracht Frankfurt
16	Paul Steiner	33	1. FC Köln
17	Andreas Möller	22	Borussia Dortmund
18	Jürgen Klinsmann	23	Inter Mailand
19	Hans Pflügler	30	Bayern München
20	Olaf Thon	24	Bayern München
21	Günter Hermann	29	Werder Bremen
22	Andreas Köpke	28	1. FC Nürnberg

Teamchef: Franz Beckenbauer (44)

Jugoslawien

1	Tomislav Ivkovic	27	Sporting Lissabon
2	Vujadin Stanojkovic	27	Partizan Belgrad
3	Predrag Spasic	25	Partizan Belgrad
4	Zoran Vulic	29	Mallorca
5	Faruk Hadzibegic	34	Sochaux
6	Davor Jozic	30	Cesena
7	Dragoljub Brnovic	26	Metz
8	Safet Susic	35	Paris SG
9	Darko Pancev	25	Roter Stern Belgrad
10	Dragan Stojkovic	25	Roter Stern Belgrad
11	Zlatko Vujovic	32	Paris SG
12	Fahrudin Omerovic	29	Partizan Belgrad
13	Srecko Katanec	26	Sampdoria Genua
14	Alen Boksic	20	Hajduk Split
15	Robert Prosinecki	21	Roter Stern Belgrad
16	Refik Sabanadzovic	25	Roter Stern Belgrad
17	Robert Jarni	21	Hajduk Split
18	Mirsad Baljic	28	Sion/Sz
19	Dejean Savicevic	24	Roter Stern Belgrad
20	Davor Suker	22	Dinamo Zagreb
21	Andrej Panadic	21	Dinamo Zagreb
22	Dragoje Lekovic	22	Buducnost Titograd

Teamchef: Ivica Osim (49)

V. Arabische Emirate

1	Abdullah Mussa Abdullah	32	Al-Ahli
2	Khalil Ghanim Mubarak	26	Khaleej
3	Ali Thani Jumaa	22	Sharjah
4	Mubarak Ghanim Mubarak	26	Khaleej
5	Abdullah Ali Sultan	25	Khaleej
6	Abdulrahman Mohamed Adullah	26	Al Nasr
7	Fahad Khamis Mubarak	27	Al Wasl
8	Khalid Ismail Mubarak	25	Al Nasr
9	Abdulaziz Mohamed Ali	24	Sharjah
10	Adnan Khamis Al Taliyani	26	Al Shaab
11	Zuhair Bachit Bilal	23	Al Wasl
12	Hussain Ghalum Abbas	20	Sharja
13	Hassan Mohamed Hussain	22	Al Wasl
14	Nasser Khamis Mubarak	24	Al Wasl
15	Ibrahim Mir Abdulrahman	23	Sharjah
16	Mohamed Salim Mubarak	27	Al Ahli
17	Muhsin Musabbah Faraj	26	Sharjah
18	Fahad Abdulrahman Abdullah	28	Al Wasl
19	Aissa Mir Abdulrahman	22	Sharjah
20	Yousuf Hussain Mohamed	24	Sharjah
21	Abdulrahman Mohamed Al Haddad	23	Sharjah
22	Abdulqadar Hassan Mohamed	28	Al Shabab

Teamchef: Carlos Alberto Parreira (47)

Kolumbien

1	Jose Rene Hiquita	23	Nac. Medellin
2	Andres Escobar Saldarriaga	23	Young Boys Bern
3	Gildardo Biderman Gomez Monsalve	26	Nac. Montevideo
4	Fernando Herrera Arango	27	Nac. Medellin
5	Leon Fernando Villa Arango	30	Nac. Medellin
6	Jose Ricardo Perez Morales	26	Nac. Medellin
7	Carlos Enrique Estrada Mosquera	28	Deportivo Cali
8	Gabriel Jaime Gomez Jaramillo	30	Independiente
9	Miguel Angel Guerrero Paz	22	America Cali
10	Carlos Alberto Valderrama Palacio	28	Montpellier
11	Bernardo Redin Valverde	27	Deportivo Cali
12	Eduardo Nino Garcia	22	Santa Fe
13	Carlos Mario Hoyos Jaramillo	28	Atletico Junior
14	Leonel De Jesus Alvarez Zuleta	24	Nac. Medellin
15	Luis Carlos Perea	21	Nac. Medellin
16	Arnoldo Alberto Iguaran Zuniga	33	Millonarios
17	Geovanis Cassiani	21	Independiente
18	Wilmer Cabrera Linares	22	Atletico Junior
19	Freddy Eusebio Rincon Valencia	23	America Cali
20	Luis Alfonso Fajardo Posada	26	Nac. Medellin
21	Alexis Antonio Mendoza Barrios	28	Atletico Junior
22	Ruben Dario Hernandez Ariza	25	Millonarios

Teamchef: Francisco Maturana (41)

Belgien

1	Michel Preudhomme	31	Mecheln
2	Eric Gerets	36	PSV Eindhoven
3	Philippe Albert	22	Mecheln
4	Leo Clijsters	33	Mecheln
5	Bruno Versavel	22	Mecheln
6	Marc Emmers	24	Mecheln
7	Stephane Demol	24	FC Porto
8	Franky Van der Elst	29	FC Brügge
9	Marc Degryse	24	Anderlecht
10	Enzo Scifo	24	Auxerre
11	Jan Ceulemans	33	FC Brügge
12	Gilbert Bodart	27	Standard Lüttich
13	Georges Grun	28	Anderlecht
14	Nicolaas Claesen	27	Antwerpen
15	Jean-Fr. De Sart	28	FC Lüttich
16	Michel De Wolf	32	Courtrai
17	Pascal Plovie	25	FC Brügge
18	Lorenzo Staelens	26	FC Brügge
19	Marc Van der Linden	26	Anderlecht
20	Filip De Wilde	25	Anderlecht
21	Marc Wilmots	21	Mecheln
22	Patrick Vervoort	25	Anderlecht

Teamchef: Guy Thys (67)

Südkorea

1	Kim Poong-Joo	25	Daewoo
2	Park Kyung-Hoon	29	Posco
3	Choi Kang-Hee	31	Hyundai
4	Yoon Deuk-Yeo	29	Hyundai
5	Chung Yong-Hwan	30	Daewoo
6	Lee Tae-Ho	29	Daewoo
7	Noh Soo-Jin	28	Yukong
8	Chung Hae-Won	25	Daewoo
9	Hwangbo Kwan	25	Yukong
10	Lee Sang-Yoon	23	Posco
11	Byon Byung-Joo	29	Daewoo
12	Lee Heung-Sil	24	Posco
13	Chung Jong-Soo	29	Yukong
14	Choi Soon-Ho	29	Posco
15	Cho Min-Kook	26	Lucky Gold Star
16	Kim Joo-Sung	24	Daewoo
17	Gu Sang-Bum	26	Lucky Gold Star
18	Hwang Seon-Hong	21	Kunkook Univ.
19	Jeong Gi-Dong	29	Posco
20	Hong Myung-Bo	23	Korea University
21	Choi In-Young	24	Hyundai
22	Lee Young-Jin	26	Lucky Gold-Star

Teamchef: Lee Hoe-Taik (43)

Uruguay

1	Fernando Alvez	30	Penarol Montevideo
2	Nelson Gutierrez	28	Verona
3	Hugo De Leon	32	River Plate
4	Jose Herrera	24	Figueras
5	Jose Perdomo	25	Genoa
6	Alfonso Dominguez	24	Penarol Montevideo
7	Antonio Alzamendi	33	Logrones
8	Santiago Ostolaza	27	Nacional Montevideo
9	Enzo Francescoli	28	Marseille
10	Ruben Paz	30	Genoa
11	Ruben Sosa	24	Lazio Rom
12	Eduardo Pereira	36	Independiente/Arg.
13	Felipe Revelez	30	Nacional Montevideo
14	Jose Pintos	26	Nacional Montevideo
15	Carlos Correa	22	River Plate
16	Pablo Bengoechea	24	FC Sevilla
17	Sergio Martinez	21	Defensor Sporting
18	Carlos Aguilera	25	Genoa
19	Daniel Fonseca	21	Nacional Montevideo
20	Ruben Pereira	22	Danubio
21	William Castro	28	Nacional Montevideo
22	Adolfo Zeoli	28	Las Palmas/Spa

Teamchef: Oscar W. Tabarez (43)

Spanien

1	Andoni Zubizarreta Urreta	29	FC Barcelona
2	Miguel „Chendo" Porlan	29	Real Madrid
3	Manuel Jimenez	26	FC Sevilla
4	Genaro „Andrinua" Cortabarria	26	Athl. Bilbao
5	Manuel „Sanchis" Hontiyela	25	Real Madrid
6	Rafael Martin Vazquez	25	Real Madrid
7	Miguel „Paradeza" Pichardo	25	Saragossa
8	Enrique Sanchez Flores	25	FC Valencia
9	Emilio Butragueno Santos	27	Real Madrid
10	„Fernando" Gomez Colomer	25	FC Valencia
11	Francisco Perez Villaroya	24	Saragossa
12	Rafael Alcorta Martinez	22	Athl. Bilbao
13	Juan Carlos „Ablanedo" Iglesias	27	Gijon
14	Alberto „Gorriz" Echarte	32	Real Socied.
15	„Roberto" Fernandez Bonillo	28	FC Barcelona
16	Jose Maria „Bakero" Escudero	27	FC Barcelona
17	Fernando Ruiz Hierro	22	Real Madrid
18	„Rafael Paz" Marin	25	FC Sevilla
19	„Julio Salinas" Fernandez	28	FC Barcelona
20	Manuel „Manolo" Sanchez Delgado	25	Atl. Madrid
21	Miguel „Michel" Gonzalez Martin Del Campo	27	Real Madrid
22	Jose Manuel „Ochotorena" Santa Cruz	29	FC Valencia

Teamchef: Luis Suarez (55)

England

1	Peter Shilton	40	Derby County
2	Gary Stevens	27	Glasgow Rangers
3	Stuart Pearce	28	Nottingham Forest
4	Neil Webb	26	Manchester United
5	Des Walker	24	Nottingham Forest
6	Terry Butcher	31	Glasgow Rangers
7	Bryan Robson	33	Manchester United
8	Chris Waddle	29	Marseille
9	Peter Beardsley	29	Liverpool
10	Gary Lineker	30	Tottenham
11	John Barnes	26	Liverpool
12	Paul Parker	26	Queens Park R.
13	Chris Woods	30	Glasgow Rangers
14	Mark Wright	26	Derby County
15	Tony Dorigo	24	Chelsea
16	Steve McMahon	28	Liverpool
17	David Platt	23	Aston Villa
18	Steve Hodge	27	Nottingham Forest
19	Paul Gascoigne	22	Tottenham
20	Trevor Steven	26	Glasgow Rangers
21	Steve Bull	25	Wolverhampton
22	David Seaman	26	Queens Park R.

Teamchef: Bobby Robson (57)

Irland

1	Patrick Bonner	29	Celtic Glasgow
2	Christopher Morris	26	Celtic Glasgow
3	Stephen Staunton	21	Liverpool
4	Michael McCarthy	31	Millwall
5	Kevin Moran	34	Blackburn
6	Ronald Whelan	28	Liverpool
7	Paul McGrath	30	Aston Villa
8	Raymond Houghton	28	Liverpool
9	John Aldridge	31	Real Sociedad
10	Anthony Cascarino	27	Aston Villa
11	Kevin Sheedy	30	Everton
12	David O'Leary	32	Arsenal
13	Andrew Townsend	26	Norwich
14	Christopher Hughton	31	Tottenham
15	Bernard Slaven	29	Middlesbrough
16	John Sheridan	25	Sheffield W.
17	Niall Quinn	23	Manchester City
18	Francis Stapleton	34	Blackburn R.
19	David Kelly	24	Leicester City
20	John Byrne	29	Le Havre
21	Alan McLoughlin	26	Swindon Town
22	Gerard Peyton	34	Bournemouth

Teamchef: Jack Charlton (54)

Niederlande

1	Hans Van Breukelen	33	PSV Eindhoven
2	Berry Van Aerle	27	PSV Eindhoven
3	Frank Rijkaard	27	AC Milan
4	Ronald Koeman	27	FC Barcelona
5	Adrie Van Tiggelen	33	Anderlecht
6	Jan Wouters	29	Ajax Amsterdam
7	Erwin Koeman	28	Mecheln
8	Gerald Vanenburg	26	PSV Eindhoven
9	Marco Van Basten	25	AC Milan
10	Ruud Gullit	27	AC Milan
11	Richard Witschge	20	Ajax Amsterdam
12	WillemKieft	27	PSV Eindhoven
13	Graeme Rutjes	30	Mecheln/Anderlecht
14	Johnny Van't Schip	26	Ajax Amsterdam
15	Bryan Roy	20	Ajax Amsterdam
16	Joop Hiele	31	Feyenoord
17	Hans Gillhaus	26	Aberdeen
18	Henk Fraeser	24	Roda Kerkrade
19	John Van Loen	25	Roda Kerkrade
20	Aron Winter	23	Ajax Amsterdam
21	Danny Blind	28	Ajax Amsterdam
22	Stanley Menzo	26	Ajax Amsterdam

Teamchef: Leo Beenhakker (47)

Ägypten

1	Ahmed Shobeir	29	Nacional Kairo
2	Ibrahim Hassan	22	Nacional Kairo
3	Rabie Yassein	29	Doha Club/Quatar
4	Hany Ramzy	24	Zamalek
5	Hesham Yakan	27	Zamalek
6	Ashraf Kasem	25	Zamalek
7	Ismail Yousef	24	Zamalek
8	Magdy Abel El Ghani	30	Baira Mar/Portugal
9	Hossam Hassan	22	Nacional Kairo
10	Gamal Abed El Hamid	29	Zamalek
11	Tarek Soliman	28	Bulle/Schweiz
12	Taher Abou Said	28	Nacional Kairo
13	Ahmed Ramzy	24	Zamalek
14	Alaa Maihoub	26	Nacional Kairo
15	Saber Eid	24	Mahalia
16	Magdy Tolba	26	Paok Saloniki/Grie.
17	Ayman Shawky	24	Nacional Kairo
18	Osama Oraby	25	Nacional Kairo
19	Adel Abd El Rahman	25	Nacional Kairo
20	Ahmed Abdou „El Kass“	24	Tersana
21	Ayman Taher	24	Zamalek
22	Sabet El Batal	33	Union Alexandria

Teamchef: Mahmoud El Gohary (52)

...es hat nicht sollen sein...

Photos in diesem Kapitel:
Bongarts 243, 245, 249 o. r., 251 unten, 252.
Sven Simon 247, 248, 249 o. l., unten, 251 oben, Mitte, 253, 254, 255, 256, 257.
SPORTMAGAZIN/Roman Zach-Kiesling 242, 264.

So schnitt Österreich bei den bisherigen Weltmeisterschaften ab

Coca-Cola
JVC
Canon

1934: Im Semifinale und nur Vierter

Österreichs berühmtes „Wunderteam" existierte 1934 nicht mehr. Es war schon der zweite Aufguß, der zur Weltmeisterschaft nach Italien fuhr. Jenes „Schmieranski-Team", das 1931/32 in vierzehn Spielen bei einem Verhältnis von 51:14 ungeschlagen geblieben war, zeigte vor der Weltmeisterschaft Auflösungstendenzen, nachdem es im „Spiel des Jahrhunderts" in London gegen England mit 3:4 die erste Niederlage gegeben hatte. Von den damaligen Stützen fehlten in Italien Walter Nausch und Tormann-Legende Rudi Hiden, der nach Frankreich ausgewandert war.

Der Vater des ersten Wunderteams, Hugo Meisl, bastelte ein zweites. Dieses besiegte am 11. Februar in Turin den späteren Weltmeister Italien mit 4:2. Hugo Meisl sah trotzdem schwarz für die Weltmeisterschaft, weil die Vereine in der Winterpause nicht auf die ermüdenden Wettspielreisen in alle Welt verzichteten. Neben Matthias Sindelar tauchte damals ein neuer Stürmerstar bei den Österreichern auf: Pepi Bican.

Trotzdem reichte es nur zum Semifinale. Zunächst wurde Frankreich erst in der Verlängerung durch Tore von Sindelar, Schall und Bican mit 3:2 besiegt. Im Viertelfinale gab es einen mühevollen 2:1-Sieg über Ungarn mit Toren von Horwath und Zischek.

Das Semifinale fand dann vor 35.000 Zuschauern in Mailand statt. Und Italien genoß dabei Heimvorteil. Der schwedische Schiedsrichter ahndete einen Rempler von Giuseppe Meazza an dem österreichischen Tormann Peter Platzer nicht und anerkannte das irreguläre Tor. Eklind war damals nicht der einzige Schiedsrichter, der die Italiener begünstigte. Zur Belohnung durfte er auch das Finale leiten, das die Italiener in der Verlängerung 2:1 gegen die Tschechoslowakei gewannen. Frantisek Planicka, die Torhüterlegende aus Prag, stand damals im Mittelpunkt.

Österreich verlor das Spiel um Platz 3 gegen Deutschland mit 2:3. Österreichs Treffer schossen Horwath und Sesta. Der deutsche Teamchef war damals „Reichstrainer" Dr. Otto Nerz. Sein Assistent war Sepp Herberger, der Deutschland noch zum ersten Weltmeistertitel führen sollte.

Für die Endrunde 1938 in Frankreich hatte sich Österreich qualifiziert. Doch zum Zeitpunkt der Weltmeisterschaft existierte es nicht mehr. So holte sich Sepp Herberger, der seit 1936 deutscher Teamchef war, acht „Ostmärker" in seinen 22-Mann-Kader: Raftl, Schmaus, Mock, Skoumal, Stroh, Hahnemann, Pesser und Neumer.

Im ersten Spiel im Parc de Prince-Stadion waren von den Österreichern Tormann Rudi Raftl, Willy Schmaus, Hans Mock, Willy Hahnemann und Hans Pesser aufgeboten. Raftl verhinderte dabei eine Niederlage von „Großdeutschland". Nach dem 1:1 war vielen klar, daß aus zwei hervorragenden Nationalmannschaften nicht unbedingt eine Supermannschaft entstehen muß. Hans Pesser wurde übrigens in der Verlängerung ausgeschlossen und fehlte fünf Tage später beim Wiederholungsspiel.

Herberger verzichtete auf Schmaus und Mock, nominierte aber den Rapidler Stefan Skoumal und den Austrianer Poldl Neumer. Willy Hahnemann stellte schon in der 8. Minute auf 1:0. Nach einem Lattenschuß von Neumer führten die Deutschen durch ein Eigentor Lörtschers 2:0. Und doch verloren sie noch 2:4. Coach der Schweizer war damals der Wiener Karl Rappan. Das erste Schweizer Tor erzielte Eugene Walaschek, als Sohn eines russischen Konzertmeisters in Moskau geboren, dem nach zweimaliger Ablehnung am Tag vor dem ersten Spiel die Teilnahmeberechtigung für die Schweiz erteilt worden war.

Gefehlt hat hingegen der Wiener Matthias Sindelar. Ihn hatte Sepp Herberger im April vergebens aufgesucht, um ihn für Deutschland zu gewinnen. Sindelar lehnte mit einem Hinweis auf sein Alter von 35 Jahren ab. Herberger ärgerte sich, weil er den wahren Grund wußte. Sindelar, mit einer „Nichtarierin" befreundet, wollte sich nicht mit dem Nazi-Regime identifizieren. Acht Monate später beging er Selbstmord.

1954: Dritter nach Triumph und Tragödie

Zum zweiten Mal nahm Österreich 1954 an der Endrunde einer Weltmeisterschaft teil. Mit einem 9:1 gegen Portugal und einem 0:0 in Lissabon hatten sich die Österreicher für die Schweiz qualifiziert. Die Vorbereitungen auf dieses Turnier unter dem Betreuer-Trio Walter Nausch, Hans Pesser und Ed. Frühwirth war sorgfältig wie noch nie. In der Sportschule Obertraun wurde sogar der etwas übergewichtige Ernst Stojaspal für die Endrunde in Form gebracht.

Österreich zählte damals mit Ungarn zu den Favorits des Turniers, standen doch Spielerpersönlichkeiten wie Zeman, Happel, Hanappi, Koller, Ocwirk, Stojaspal, Probst, Wagner sowie die Brüder Robert und Alfred Körner zur Verfügung. Viele sprachen schon von einem neuen Wunderteam.

Der Auftakt war eher mühsam: Auf dem Züricher Hardturm schlug Österreich Schottland mit 1:0. Den einzigen Treffer erzielte Erich Probst nach Vorarbeit von Alfred Körner. Das war schon in der 32. Minute. Letztlich war der Sieg aber vor allem Kurt Schmied zu verdanken, der besonders in der letzten Viertelstunde einige Unhaltbare hielt.

Wie aus einem Guß spielte die Mannschaft dann in der Zusammensetzung Schmied, Hanappi, Happel, Barschandt, Ocwirk, Koller, Körner I, Wagner, Stojaspal, Probst und Körner II. Schon nach fünf Minuten führte Österreich durch Tore von Stojaspal und Probst 2:0. Probst erzielte noch zwei Tore, Stojaspal noch eines. Österreich gewann 5:0 (4:0).

Es folgte eines der kuriosesten WM-Spiele überhaupt. In Lausanne traf Österreich im Viertelfinale auf die Schweiz. Nach 18 Minuten lag Österreich durch Tore von Ballaman und Hügi II (2) mit 0:3 im Rückstand. Ein Nachteil, der heute wohl nie mehr aufzuholen wäre. Aber es kam zu einer beispiellosen Aufholjagd. Durch zwei Treffer von Wagner und einen von Alfred Körner glich Österreich aus und ging durch Ocwirk mit 4:3 erstmals in Führung. Alfred Körner erhöhte auf 5:3, Ballan holte vor der Pause noch ein Tor für die Schweiz auf. Schwer benommen wankte Tormann Kurt Schmied in die Kabine. In der Hitze von Lausanne hatte er einen Sonnenstich erlitten und mußte nach Seitenwechsel von Masseur Pepi Ulrich, der hinter dem Tor stand, dirigiert werden: „Kurtl, jetzt kommen's auf der rechten Seite...!" Ein Tausch des Tormannes war damals noch nicht erlaubt. Die Dramatik ging weiter. Wagner stellte mit 6:4 wieder einen Zwei-Tore-Vorsprung her, doch Hügi verkürzte noch einmal auf 5:6, ehe Probst mit seinem ersten Tor den 7:5-Sieg fixierte.

Ausgelaugt von dieser Hitzeschlacht ging es im Halbfinale gegen Deutschland. Statt Kurt Schmied spielte Walter Zeman im Tor, statt Barschandt Walter Schleger als linker Verteidiger gegen Max Morlock. Das Match in Basel wurde zum Triumph für Fritz Walter (4 Tore, davon 2 Elfer), Schäfer und Morlock schossen Deutschlands Tore. Für Österreich war Probst bei 0:2 erfolgreich.

Deutschland besiegte dann im Berner Finale Ungarn mit 3:2, wobei die Magyaren mit 2:0 geführt hatten. Österreich besiegte Uruguay mit 3:1. Im Tor spielte wieder Kurt Schmied, Kollmann wurde als Stopper eingesetzt und Robert Dienst als Mittelstürmer. Ocwirk, der nach dem 1:6 gegen Deutschland schon seine Fußballschuhe an den Nagel hängen wollte, erzielte eines der österreichischen Tore.

Österreich wurde noch Dritter und erreichte damit die bisher beste Plazierung aller Zeiten.

1958: Nur noch ein Abklatsch

Vier Jahre nach dem größten Erfolg war Österreichs Team nur noch ein Abklatsch der Mannschaft von 1954. Einige Spieler wie Zeman, Robert Körner, Stojaspal waren abgetreten, andere gaben dem Teamchef Josef Argauer, einem Sportjournalisten beim *Bildtelegraph* und *Express* einen Korb. Toni Wagner und Erich Hof waren nicht bereit, in der Nationalmannschaft zu spielen. Ernst Ocwirk und Erich Probst, die bei Sampdoria und Wuppertal spielten, wurden nicht einberufen. Mit Rudi Szanwald, Max Horak, den Brüdern Ernst und Paul Kozlicek sowie Buzek und Senekowitsch standen vielversprechende Nachwuchsleute zur Verfügung, für die die WM aber zu früh kam.

In der Gruppe 4 traf Österreich auf durchwegs schwere Gegner: Brasilien, den späteren Weltmeister, die UdSSR und England. Gespielt wurde in den Provinzstädten Uddavalla und Boras. Erster Gegner war in Uddavalla Brasilien. Österreich spielte überraschend stark und war in der ersten Besetzung Szanwald, Halla, Happel, Swoboda, Hanappi, Koller, Horak, Senekowitsch, Buzek und Körner II sogar klar feldüberlegen. Erst knapp vor der Pause erzielte Mazzola nach einem Paß von Didi das 1:0. Nilton Santos und noch einmal Mazzola, der später in Italien unter dem Namen Altafini noch berühmter wurde, schossen noch einen 3:0-Sieg der Brasilianer heraus.

Österreich wußte vor allem mit dem neuen 4-2-4-System der Brasilianer wenig anzufangen. Pele war gegen Österreich nur Ersatz. Aber es genügten Persönlichkeiten wie der krummbeinige Garrincha, Vava und Didi, um Österreich richtig zu verschleppen.

Das 0:3 zerrüttete die österreichische Mannschaft. Es kam zu internen Streitereien und Disziplinlosigkeiten. Vor allem bei den älteren Spielern wie Happel und Hanappi konnte sich das Betreuer-Duo Josef Argauer und Josef Molzer nicht durchsetzen. Und auch die Stimmung zwischen Argauer und seinem Journalistenkollegen war nicht die beste.

In Boras ging es dann gegen die UdSSR. Auch in diesem Match wirkten die Österreicher zusammenhanglos. Kurt Schmied war ins Tor gekommen, Stotz spielte Stopper, weil Happel mit Schmied nicht harmonierte, und die Brüder Kozlicek ersetzten Halla und Schleger. Beim Spielstand 1:0 für die UdSSR wurde Buzek im Stadium gefoult, und der damals 19jährige trat in der 61. Minute selbst zum Schuß an. Lew Jaschin im Tor der UdSSR wehrte den zu leicht geschossenen Ball ab, und Österreich verlor 0:2.

Im letzten Gruppenspiel gegen England kam wieder Szanwald ins Tor, und Ernst Happel konnte sein 50. Länderspiel feiern. Österreich ging in Boras zweimal durch Koller (1:0) und Alfred Körner (2:1) in Führung, mußte sich aber schließlich mit einem 2:2 begnügen.

Der Abschied von der Weltmeisterschaft in Schweden sollte der Beginn einer zwanzigjährigen Abwesenheit Österreichs von einer Endrunde sein. Unter dem Eindruck des schlechten Abschneidens beschloß der ÖFB-Vorstand noch im Herbst des selben Jahres auf Druck der Staatsligavereine, der Weltmeisterschaft 1962 in Chile fernzubleiben. Auch ein späterer Versuch einer Nachnennung wurde von den Vereinen vereitelt. Wie kurzsichtig die Entscheidung damals war, merkte man schon in er Saison 1960/61, als die Nationalmannschaft unter Karl Dekker von Sieg zu Sieg eilte. Nur zur WM durfte sie nicht. Aus vermeintlich sportlichen und finanziellen Gründen.

Es dauerte also bis 1978, bis Österreich wieder zu einer Endrunde gelangte. Diese Weltmeisterschaft in Argentinien, bei der Österreich den siebenten Platz belegte, durfte ich als Spieler selbst miterleben – ausführlicher darüber an anderer Stelle dieses Buches.

1982: Gijon und die Folgen

Nach der Weltmeisterschaft 1978 übernahm Karl Stotz die österreichische Nationalmannschaft. Er schaffte als Zweiter hinter Deutschland und vor Bulgarien, Finnland und Albanien die Qualifikation. Doch nach dem letzten Spiel, einem enttäuschenden 0:0 in Sofia, entschloß sich ÖFB-Präsident Karl Sekanina, nicht mit Stotz zur Endrunde nach Spanien zu fahren. Weil der Wunschkandidat Ernst Happel nicht zu bekommen war – auch die FIFA erhob Einspruch, weil Happel damals in Deutschland, einem der Gruppengegner Österreichs in Spanien, tätig war. So entschied man sich für die halbe Lösung Georg Schmidt, der bis dahin stets ein treuer Diener seiner Herren Teamchefs gewesen war, und Felix Latzke.

Ähnlich wie man dem Erfolg von 1954 befand sich das Team auch nach dem siebenten Platz in Argentinien vor der Endrunde 1982 im Umbau. Koncilia, Obermayer, Pezzey, Prohaska, Schachner, Krankl und Weber waren von der Argentinien-Mannschaft übrig geblieben. Hattenberger, der 1978 bei der Endrunde verletzt wurde, stand wieder zur Verfügung. Jara wurde trotz einer schweren Verletzung mitgenommen. Für die Blutauffrischung sorgten Hintermaier, Kraus, Degeorgi, Baumeister, Welzl, Jurtin, Pregesbauer, Pichler und Hagmayr.

In der WM-Gruppe 2 in Gijon und Oviedo hießen die Gegner Deutschland, Chile und Algerien. Durch ein Tor von Schachner feiert Österreich zu Beginn Chile mit 1:0. Algerien wird durch Treffer von Schachner und Krankl nach der Pause 2:0 geschlagen. Trotz dieser Siege klappt der Aufstieg nicht plangemäß. Deutschland war nämlich mit einer 1:2-Niederlage gegen Algerien aus der Reihe getanzt. Weil Algerien mit 3:2 über Chile so wie Österreich auf vier Punkte gekommen war, durfte Österreich gegen Deutschland nicht höher als mit einem Tor Differenz verlieren. Im Falle eines Unentschiedens wäre Deutschland aus dem Rennen gewesen.

Am 25. Juni 1982 verständigten sich deshalb Deutsche und Österreicher in Gijon auf ein beiden Teams nützliches Resultat. Nach dem 1:0 durch Horst Hrubesch wurde Waffenstillstand geschlossen. Die Schlüsselspieler in beiden Teams verständigten sich darauf. Nicht alle haben aber sofort kapiert, was da gespielt – besser gesagt nicht mehr gespielt – wird. So hat beispielsweise Walter Schachner einmal das deutsche Tor arg gefährdet. Aber im großen und ganzen war es nur noch ein Warten auf den Schlußpfiff.

Die Fußballwelt sprach von einem Skandal. Schließlich war Algerien auf der Strecke geblieben. Die Spieler rechtfertigten sich damit, daß sie nur innerhalb der Regel für sich das Beste herausgeholt hätten, nämlich den Aufstieg in die nächste Runde.

Deutschland kam noch bis ins Finale, wo es Italien 1:3 unterliegt. Österreich litt stärker unter dem Echo auf Gijon. In Madrid unterliegt ein Team, in dem nichts mehr stimmt, gegen Frankreich mit 0:1. Und auch das 2:2 gegen Nordirland, wobei Hintermaier und Pezzey die Tore schossen, bedeutete kein Ruhmesblatt mehr.

Österreich verabschiedete sich wieder für 8 Jahre von der Endrunde in der Fußballweltmeisterschaft.

Statistik

Deutsche Fans in Mailand vor dem Spiel gegen die VAE.

Photo: SPORTMAGAZIN / Roman Zach-Kiesling 266, Bongarts 272.

n. V.: nach Verlängerung
SR: Schiedsrichter
Zus.: Zuschauer
cap.: Kapitän
': Minute
(2): zwei Tore erzielt
x (y): y Austausch für x
x (a'/y): y Austausch für x in a Minute

1. WM 1930 in Uruguay, 13.–30. 7.

(alle Spiele in Montevideo)

Gruppe 1

1. ARG	3	3	0	0	10: 4	6
2. CHI	3	2	0	1	5: 3	4
3. FRA	3	1	0	2	4: 3	2
4. MEX	3	0	0	3	4:13	0

13. 7.
Frankreich – Mexiko 4:1 (3:0)
15. 7.
Argentinien – Frankreich 1:0 (0:0)
16. 7.
Chile – Mexiko 3:0 (1:0)
19. 7.
Argentinien – Mexiko 6:3 (3:0)
Chile – Frankreich 1:0 (0:0)
22. 7.
Argentinien – Chile 3:1 (2:1)

Gruppe 2

1. YUG	2	2	0	0	6:1	4
2. BRA	2	1	0	1	5:2	2
3. BOL	2	0	0	2	0:8	0

14. 7.
Jugoslawien – Brasilien 2:1 (2:0)
17. 7.
Jugoslawien – Bolivien 4:0 (0:0)
22. 7.
Brasilien – Bolivien 4:0 (1:0)

Gruppe 3

1. URU	2	2	0	0	5:0	4
2. RUM	2	1	0	1	3:5	2
3. PER	2	0	0	2	1:4	0

14. 7.
Rumänien – Peru 3:1 (1:0)
18. 7.
Uruguay – Peru 1:0 (0:0)
22. 7.
Uruguay – Rumänien 4:0 (4:0)

Gruppe 4

1. USA	2	2	0	0	6:0	4
2. PAR	2	1	0	1	1:3	2
3. BEL	2	0	0	2	0:4	0

13. 7.
USA – Belgien 3:0 (2:0)
17. 7.
USA – Paraguay 3:0 (2:0)
20. 7.
Paraguay – Belgien 1:0 (1:0)

Semifinale

26. 7.
Argentinien – USA 6:1 (1:0)
27. 7.
Uruguay – Jugoslawien 6:1 (3:1)

Finale

30. 7.
URUGUAY – Argentinien 4:2 (1:2)
76.819 Zus.
SR John Langenus/BEL

Dieses Bild zeigt das Nationalteam im Jahr der Weltmeisterschaft (11. 11. 1934) im Wr. Stadion gegen die Schweiz. (V. l. n. r.) Gschweidl, Kaburek, Skoumal, Pavlicek, Wagner, Zischek, Walzhofer, Gassmann. Sesta, Platzer, Smistik.

URU: Ballesteros; Nasazzi (cap.), Mascheroni, Andrade, Fernandez, Gestido, Dorado, Scarone, Castro, Cea, Iriarte. Trainer: Alberto Supicci

ARG: Botasso; Della Torre, Paternoster, J. Evaristo, Monti, Suarez, Peucelle, Varallo, Stábile, Ferreyra (cap.), M. Evaristo. Trainer: Francisco Olazar.

Tore: 1:0 (12') Dorado, 1:1 (33') Peucelle, 1:2 (35') Stábile, 2:2 (55') Cea, 3:2 (65') Iriarte, 4:2 (90') Castro

Torschützenkönig: Guillermo Stábile/ARG 8 Tore

2. WM 1934 in Italien 27. 5.–10. 6.

Qualifikation u. a.: 25. 4. 1934 in Wien

Österreich – Bulgarien 6:1 (3:0).
AUT: Platzer; Cisar, Sesta, F. Wagner, L. Hofmann, Nausch, Zischek (1 Tor), Bican, Sindelar (1), J. Horvath (3), Viertl (1).

Endrunde:

Achtelfinale

27. 5.
Schweden – Argentinien
(Bologna) 3:2 (1:1)
Spanien – Brasilien
(Genua) 3:1 (3:1)
Tschechoslowakei – Rumänien
(Triest) 2:1 (0:1)
Deutschland – Belgien
(Florenz) 5:2 (1:2)
Italien – USA
(Rom) 7:1 (3:0)
Schweiz – Niederlande
(Mailand) 3:2 (2:1)
Ungarn – Ägypten
(Neapel) 4:2 (2:1)
Österreich – Frankreich
(Turin) 3:2 (1:1, 1:1) n. V.
AUT: Platzer; Cisar, Sesta, F. Wagner, Smistik, Urbanek, Zischek, Bican (1), Sindelar (1), Schall (1), Viertl.

FRA: Thépot; Mairesse, Mattler, Delfour, Verriest (1), Liense, Keller, Alcazar, Nicolas (1), Rio, Aston.

Viertelfinale

31. 5.
Tschechoslowakei – Schweiz
(Turin) 3:2 (1:1)
Deutschland – Schweden
(Mailand) 2:1 (0:0)
Italien – Spanien
(Florenz) 1:1 (0:1, 1:1) n. V.
Italien – Spanien
(Florenz) 1:0 (1:0)
(Wiederholungsspiel, 1. 6.)
Österreich – Ungarn
(Bologna) 2:1 (1:0)
AUT: Platzer; Cisar, Sesta, F. Wagner, Smistik, Urbanek, Zischek (1), Bican, Sindelar, J. Horvath (1), Viertl.

HUN: A. Szabo; Vago, Sternberg, Palotas, Szücs, Szalay, Markos, Avar, Dr. Sarosi (1), Toldi, Kemeny.

Semifinale

3. 6.
Italien – Österreich
(Mailand) 1:0 (1:0)
ITA: Combi; Monzeglio, Allemandi, Ferraris IV, Monti, Bertolini, Guaita (1), Meazza, Schiavio, Ferrari, Orsi.

AUT: Platzer; Cisar, Sesta, F. Wagner, Smistik, Urbanek, Zischek, Bican, Sindelar, Schall, Viertl.

Tschechoslowakei – Deutschland
(Rom) 3:1 (1:0)

Spiel um Platz 3

7. 6.
Deutschland – Österreich
(Neapel) 3:2 (3:1)
GER: Jakob; Janes, Busch, Zielinski, Münzenberg, Bender, Lehner, Siffling, Conen, Szepan (cap.), Heidemann. Trainer: Dr. Otto Nerz.

AUT: Platzer; Cisar, Sesta, F. Wagner, Smistik (cap.), Urbanek, Zischek, Braun, Bican, J. Horvath, Viertl. Trainer: Hugo Meisl.

Tore: 1:0 (1') Lehner, 2:0 (29') Conen, 2:1 (30') J. Horvath, 3:1 (42') Lehner, 3:2 (55') Sesta.

Finale

10. 6. in Rom
ITALIEN – Tschechoslowakei
2: 1 (0:0, 1:1) n. V.
43.818 Zus.
SR Ivan Eklind/SWE

ITA: Combi (cap.); Monzeglio, Allemandi, Ferraris IV, Monti, Bertolini, Guaita, Meazza, Schiavio, Ferrari, Orsi. Trainer: Vittorio Pozzi.

TCH: Planićka (cap.); Zenisek, Ctyroky, Kostalek, Cambal, Krcil, Junek, Svoboda, Sobotka, Nejedly, Puc. Trainer: Karel Petru.

Tore: 0:1 (69') Puc, 1:1 (80') Orsi, 2:1 (95') Schiavio.

Torschützenkönig: Oldrich Nejedly/TCH, 5 Tore.

3. WM 1938 in Frankreich 4.–19. 6.

Qualifikation u. a.: 5. 10. 1937 in Wien

Österreich – Lettland 2:1 (1:1)

AUT: Zöhrer; Andritz, Sesta, Vavra, Pekarek, Nausch, Zischek, Geiter, F. Binder (1), Jerusalem (1), Neumer.

Österreich für Endrunde zwar qualifiziert, durch Anschluß an Deutschland spielte aber großdeutsche Mannschaft mit einigen Österreichern (Raftl, Schmaus, Mock, Hahnemann (1 Tor), Pesser, Stroh, Neumer, Skoumal).

Endrunde:

Achtelfinale

4./5. 6.
4. 6. (Paris)
Schweiz – Deutschland 1:1 (1:1, 1:1) n. V.
9. 6. (Paris)
Schweiz – Deutschland 4:2 (1:2) (Wiederholungsspiel; 1 Tor Hahnemann)
5. 6. (Toulouse)
Kuba – Rumänien 3:3 (0:1, 2:2) n. V.
9. 6. (Toulouse)
Kuba – Rumänien 2:1 (0:1) (Wiederholungsspiel)
5. 6. (Le Hâvre)
Tschechoslowakei – Niederlande 3:0 (0:0, 0:0) n. V.
5. 6. (Paris)
Frankreich – Belgien 3:1 (2:1)
5. 6. (Reims)
Ungarn – Niederländisch-Indien 6:0 (4:0)
5. 6. (Straßburg)
Brasilien – Polen 6:5 (3:1, 4:4) n. V.
5. 6. (Marseille)
Italien – Norwegen 2:1 (1:0, 1:1) n. V.
Schweden kampflos (Österreich)

Viertelfinale

12. 6.
Italien – Frankreich 3:1 (1:1) (Paris)
Schweden – Kuba
(Antibes) 8:0 (4:0)
Ungarn – Schweiz
(Lille) 2:0 (1:0)
Brasilien – Tschechoslowakei
(Bordeaux) 1:1 (1:0, 1:1) n. V.
Brasilien – Tschechoslowakei
(Bordeaux) 2:1 (0:1)
(Wiederholungsspiel am 14. 6.)

Semifinale

16. 6.
Ungarn – Schweden
(Paris) 5:1 (3:1)
Italien – Brasilien
(Marseille) 2:1 (0:0)

Spiel um Platz 3, 19. 6. in Bordeaux

Brasilien – Schweden 4:2 (1:2)

BRA: Batatais; Domingos da Guia, Machado, Zeze, Brandao, Alfonsinho, Roberto, Romeu (1), Leonidas (cap.) (2), Peracio (1), Patesko. Trainer: Ademar Pimenta.

SWE: Abrahamsson; Eriksson, Nilsson, Almgren, Linderholm, Svanström (cap.), Persson, H. Andersson, Jonasson (1), A. Andersson, Nyberg (1). Trainer: Jozsef Nagy/HUN.

Finale

19. 6. in Paris

ITALIEN – Ungarn 4:2 (3:1)
45.124 Zus.
SR Georges Capdeville/FRA

ITA: A. Olivieri; Foni, Rava, Serantoni, Andreolo, Locatelli, Biavati, Meazza (cap.), Piola, G. Ferrari, Colaussi. Trainer: Vittorio Pozzo.

HUN: Szabo; Polgar, Biro, Szalay, G.Szücs, Lazar, Sas, Vincze, Dr. Sarosi (cap.), Zsengeller, Titkos. Trainer: Dr. Karoly Dietz.

Tore: 1:0 (5') Colaussi, 1:1 (7') Titkos, 2:1 (16') Piola, 3:1 (35') Colaussi, 3:2 (70') Dr. Sarosi, 4:2 (82') Piola.

Torschützenkönig: Leonidas da Silva/BRA 8 Tore.

4. WM 1950 in Brasilien 25. 6.–16. 7.

Gruppe 1

1. BRA	3	2	1	0	8: 2	5
2. YUG	3	2	0	1	7: 3	4
3. SUI	3	1	1	1	4: 6	3
4. MEX	3	0	0	3	2:10	0

24. 6. (Rio de Janeiro)
Brasilien – Mexiko 4:0 (1:0)
25. 6. (Belo Horizonte)
Jugoslawien – Schweiz 3:0 (3:0)
28. 6. (Porto Alegre)
Jugoslawien – Mexiko 4:1 (2:0)
(São Paulo)
Brasilien – Schweiz 2:2 (2:1)
1. 7. (Rio de Janeiro)
Brasilien – Jugoslawien 2:0 (1:0)
2. 7. (Porto Alegre)
Schweiz – Mexiko 2:1 (2:0)

Gruppe 2

1. ESP	3	3	0	0	6:1	6
2. ENG	3	1	0	2	2:2	2
3. CHI	3	1	0	2	5:6	2
4. USA	3	1	0	2	4:8	2

24. 6. (Rio de Janeiro)
England – Chile 2:0 (1:0)
25. 6. (Curitiba)
Spanien – USA 3:1 (0:1)
29. 6. (Belo Horizonte)
USA – England 1:0 (1:0)
(Rio de Janeiro)
Spanien – Chile 2:0 (2:0)
2. 7. (Rio de Janeiro)
Spanien – England 1:0 (0:0)
(Recife)
Chile – USA 5:2 (2:0)

Gruppe 3

1. SWE	3	1	1	0	5:4	3
2. ITA	3	1	0	1	4:3	2
3. PAR	3	0	1	1	2:4	1

25. 6. (São Paulo)
Schweden – Italien 3:2 (2:1)
29. 6. (Curitiba)
Schweden – Paraguay 2:2 (2:1)
2. 7. (São Paulo)
Italien – Paraguay 2:0 (1:0)

Gruppe 4

1. URU	1	1	0	0	8:0	2
2. BOL	1	0	0	1	0:8	0

2. 7. (Recife)
Uruguay – Bolivien 8:0 (4:0)

Finalrunde der Gruppensieger

1. URU	3	2	1	0	7: 5	5
2. BRA	3	2	0	1	14: 4	4
3. SWE	3	1	0	2	6:11	2
4. ESP	3	0	1	2	4:11	1

9. 7. (Rio de Janeiro)
Brasilien – Schweden 7:1 (3:0)
(São Paulo)
Spanien – Uruguay 2:2 (2:1)
13. 7. (Rio de Janeiro)
Brasilien – Spanien 6:1 (3:0)
(São Paulo)
Uruguay – Schweden 3:2 (1:2)
16. 7. (São Paulo)
Schweden – Spanien 3:1 (2:0)

SWE: Svensson; Samuelsson, E. Nilsson, Andersson, Johansson, Gärd, Sundqvist, Mellberg (1), Rydell, Palmer (1), Johnsson (1). Trainer: George Raynor/ENG.

ESP: Eizaguirre; Asensi, Alonso, Silva, Parra, Puchades, Basora, Hernandez, Zarra (1), Panizo, Juncosa. Trainer: Guillermo Eizaguirre Olmos.

Entscheidendes Gruppenspiel
16. 7. in Rio de Janeiro/Maracana-Stadion

URUGUAY – Brasilien 2:1 (0:0)
199.854 Zus.
SR George Reader/ENG

URU: Maspoli; M. Gonzalez, Tejera, Gambetta, Varela (cap.), V. Andrade, Ghiggia, Perez, Miguez, Schiaffino, Moran. Trainer: Juan López.

BRA: Barbosa; Augusto (cap.), Juvenal, Bauer, Danilo, Bigode, Friaça, Zizinho, Ademir, Jair, Chico. Trainer: Flavio Costa.

Tore: 0:1 (47'), Friaça, 1:1 (66') Schiaffino, 2:1 (81') Ghiggia.

Torschützenkönig: Ademir Marquez de Menezes/BRA 9 Tore

5. WM 1954 in der Schweiz 16. 6.–4. 7.

Qualifikation u. a.

27. 9. 53 (Wien)
Österreich – Portugal 9:1 (4:1)

AUT: Zeman; Stotz, Happel (1), Hanappi, Ocwirk (1), Golobic, R. Körner, T. Wagner (1), Dienst (1), Probst (5), A. Körner.

29. 11. 53 (Lissabon)
Portugal – Österreich 0:0

AUT: Zeman; Stotz, Kollmann, Hanappi, Ocwirk, Golobic, Melchior, T. Wagner, Dienst, Probst, Haummer.

Endrunde:

Gruppe 1

1. BRA	2	1	1	0	6:1	3
2. YUG	2	1	1	0	2:1	3
3. FRA	2	1	0	1	3:3	2
4. MEX	2	0	0	2	2:8	0

16. 6. (Genf)
Brasilien – Mexiko 5:0 (4:0)
(Lausanne)
Jugoslawien – Frankreich 1:0 (1:0)
19. 6. (Genf)
Frankreich – Mexiko 3:2 (1:0)
(Lausanne)
Brasilien – Jugoslawien 1:1 (0:0, 1:1) n. V.

Gruppe 2

1. HUN	2	2	0	0	17: 3	4
2. BRD*	2	1	0	1	7: 9	2
TUR	2	1	0	1	8: 4	2
4. KOR	2	0	0	2	0:16	0

17. 6. (Bern)
BR Deutschland – Türkei 4:1 (1:1)
(Zürich)
Ungarn – Südkorea 9:0 (4:0)
20. 6. (Genf)
Türkei – Südkorea 7:0 (4:0)
(Basel)
Ungarn – BR Deutschland 8:3 (3:1)

HUN: Grosics; Buzanski, Lorant, Lantos; Bozsik, Zakarias; Toth (1), Kocsis (4), Hidegkuti (2), Puskas (1), Csibor.

BRD: Kwiatkowski; Bauer, Liebrich, Kohlmeyer; Posipal, Mebus, Rahn (1), Eckel, F. Walter, Pfaff (1), Herrmann (1).

23. 6.* (Zürich)
BR Deutschland – Türkei 7:2 (3:1).
* (Entscheidungsspiel)

Gruppe 3

1. URU	2	2	0	0	9:0	4
2. AUT	2	2	0	0	6:0	4
3. TCH	2	0	0	2	0:7	0
4. SCO	2	0	0	2	0:8	0

16. 6. (Bern)
Uruguay – ČSSR 2:0 (0:0)
(Zürich)
Österreich – Schottland 1:0 (1:0)

AUT: Schmied; Hanappi, Happel, Barschandt; Ocwirk, Koller; R. Körner, Schleger, Dienst, Probst (1), A. Körner.

SCO: Martin; Cunningham, Davidson, Aird; Docherty, Cowie; McKenzie, Fernie, Mochan, Brown, Ormond.

19. 6. (Basel)
Uruguay – Schottland 7:0 (2:0)
(Zürich)
Österreich – ČSSR 5:0 (4:0)

AUT: Schmied; Hanappi, Happel, Barschandt; Ocwirk, Koller; R. Körner, T. Wagner, Stojaspal (2), Probst (3), A. Körner.

TCH: Stacho; Novak, Pluskal, Safranek; Hertl, Trnka; Kraus, Pazicky, Kacani, Hemele, Hlavacek.

Gruppe 4

1.	ENG	2	1	1	0	6:4	3
	SUI*	2	1	0	1	2:3	2
	ITA	2	1	0	1	5:3	2
4.	BEL	2	0	1	1	5:8	1

17. 6. (Basel)
England – Belgien 4:4 (2:1, 3:3) n. V.
(Lausanne)
Schweiz – Italien 2:1 (1:1)
20. 6. (Bern)
England – Schweiz 2:0 (1:0)
(Lugano)
Italien – Belgien 4:1 (1:0)
23. 6.* (Basel)
Schweiz – Italien 4:1 (1:0)
* (Entscheidungsspiel)

Viertelfinale

26. 6. (Lausanne)
Österreich – Schweiz 7:5 (5:4)
47.000 Zus.
SR Faultless/SCO

AUT: Schmied; Barschandt, Happel, Hanappi; Koller, Ocwirk, R. Körner, T. Wagner, Stojaspal, Probst, A. Körner.

SUI: Parlier; Bocquet, Neury; Kernen, Eggimann, Casali; Antenen, Vonlanthen, Hügi II, Ballaman, Fatton.

Tore: 0:1 (16') Ballaman, 0:2 (17') Hügi, 0:3 (18') Hügi, 1:3 (25') Wagner, 2:3 (26') A. Körner, 3:3 (28') Wagner, 4:3 (32') Ocwirk, 5:3 (34') A. Körner, 5:4 (36') Fatton, 6:4 (54') Wagner, 6:5 (60') Hügi, 7:5 (77') Probst.

26. 6. (Basel)
Uruguay – England 4:2 (2:1)
27. 6. (Bern)
Ungarn – Brasilien 4:2 (2:1)
27. 6. (Genf)
BR Deutschland – Jugoslawien 2:0 (1:0).

WM 1954: Die österreichische Mannschaft vor dem Spiel gegen die Schweiz. (V. r.) Hanappi, Stojaspal, Körner II, Probst, Koller, Wagner, Barschandt, Körner I, Happel, Schmied, Ocwirk.

Semifinale

30. 6. (Lausanne)
Ungarn – Uruguay 4:2 (1:0, 2:2) n. V.
30. 6. (Basel)
BR Deutschland – Österreich 6:1 (1:0)

BRD: Turek; Kohlmeyer, Liebrich, Posipal; Mai, Eckel; Schäfer, F. Walter, O. Walter, Morlock, Rahn.

AUT: Zeman; Hanappi, Happel, Schleger; Ocwirk, Koller, R. Körner, T. Wagner, Stojaspal, Probst, A. Körner.

Tore: 1:0 (31') Schäfer, 2:0 (47') Morlock, 2:1 (52') Probst, 3:1 (56') F. Walter, 4:1 (62') O. Walter, 5:1 (65') F. Walter, 6:1 (88') F. Walter.

Spiel um Platz 3

4. 7. in Zürich
Österreich – Uruguay 3:1 (1:1)
35.000 Zus.
SR Wyssling/SUI
AUT: Schmied; Hanappi, Kollmann, Barschandt; Ocwirk (cap.), Koller; R. Körner, T. Wagner, Dienst, Stojaspal, Probst. Trainer: Walter Nausch, Edi Frühwirth, Hans Pesser.

URU: Maspoli; Martinez, Carballo, Santamaria; Cruz, V. R. Andrade (cap.), Borges, Schiaffino, Mendez, Hohberg, Abbadie. Trainer: Juan Lopez.

Tore: 1:0 (15') Stojaspal, 1:1 (21') Hohberg, 2:1 (59') Cruz/Eigentor, 3:1 (78') Ocwirk.

Finale

4. 7. in Bern/Wankdorf
BR DEUTSCHLAND – Ungarn 3:2 (2:2)
62.471 Zus.
SR William Ling/ENG
BRD: Turek; Kohlmeyer, Posipal, Liebrich; Eckel, Mai; Rahn, Morlock, O. Walter, F. Walter (cap.), Schäfer. Trainer: Sepp Herberger.
HUN: Grosics; Buzanski, Lorant, Lantos; Bozsik, Zakarias; Czibor, Kocsis, Hidegkuti, Puskas (cap.), Toth. Trainer: Gustav Sebes.

Tore: 0:1 (6') Puskas, 0:2 (8') Czibor, 1:2 (10') Morlock, 2:2 (18') Rahn, 3:2 (84') Rahn.

Torschützen: 1. Sandor Kocsis/HUN 11 Tore. 2. Erich Probst/AUT 6 Tore.

6. WM 1958 in Schweden 8.–29. 6.

Qualifikation u. a.

Europa-Gruppe 5

1. AUT	4	3	1	0	14: 3	7
2. HOL	4	2	1	1	12: 7	5
3. LUX	4	0	0	4	3:19	0

30. 9. 56 (Wien)
Österreich – Luxemburg 7:0 (2:0)
AUT: Engelmeier; O. Fischer, Foreth, Koller, Kollmann, Barschandt, E. Kozlicek (1), T. Wagner (2), Hanappi (2), Walzhofer (1), Haummer (1).
20. 3. 57 (Rotterdam)
Niederlande – Luxemburg 4:1 (2:1)
26. 5. 57 (Wien)
Österreich – Niederlande 3:2 (0:2)
AUT: Schmied; E. Kozlicek, Stotz (1), Barschandt, Hanappi, Koller (1), Halla, Dienst, Buzek (1), Walzhofer, Haummer.
11. 9. 57 (Rotterdam)
Luxemburg – Niederlande 2:5 (0:3)
25. 9. 57 (Amsterdam)
Niederlande – Österreich 1:1 (0:1)
AUT: Schmied; Halla, Happel, F. Swoboda, Hanappi (1), Koller, E. Kozlicek, Senekowitsch, Buzek, A. Körner, Haummer.
29. 9. 57 (Luxemburg)
Luxemburg – Österreich 0:3 (0:1)
AUT: Schmid; Halla, Happel, F. Swoboda, Hanappi, Koller, E. Kozlicek (1), Dienst (1), Buzek, Senekowitsch (1), A. Körner.

Endrunde:
Gruppe 1

1. BRD	3	1	2	0	7: 5	4
2. NIR*	3	1	1	1	4: 5	3
TCH	3	1	1	1	8: 4	3
4. ARG	3	1	0	2	5:10	2

8. 6. (Malmö)
BRD – Argentinien 3:1 (2:1)
(Halmstad)
Nordirland – ČSSR 1:0 (1:0)
11. 6. (Hälsingborg)
BRD – ČSSR 2:2 (0:2)
(Halmstad)
Argentinien – Nordirland 3:1 (1:1)
15. 6. (Malmö)
BRD – Nordirland 2:2 (1:1)
(Hälsingborg)
ČSSR – Argentinien 6:1 (3:1)
17. 6.* (Malmö)
Nordirland – ČSSR 2:1 (1:1, 1:1) n. V.
* (Entscheidungsspiel)

Gruppe 2

1. FRA	3	2	0	1	11: 7	4
2. YUG	3	1	2	0	7: 6	4
3. PAR	3	1	1	1	9:12	3
4. SCO	3	0	1	2	4: 6	1

8. 6. (Västerås)
Jugoslawien – Schottland 1:1 (1:0)
(Norrköping)
Frankreich – Paraguay 7:3 (2:2)
11. 6. (Norrköping)
Paraguay – Schottland 3:2 (2:1)
(Västerås)
Jugoslawien – Frankreich 3:2 (1:1)
15. 6. (Örebro)
Frankreich – Schottland 2:1 (2:0)
(Eskilstuna)
Paraguay – Jugoslawien 3:3 (1:2)

Gruppe 3

1. SWE	3	2	1	0	5:1	5
2. WAL*	3	0	3	0	2:2	3
HUN	3	1	1	1	6:3	3
4. MEX	3	0	1	2	1:8	1

8. 6. (Stockholm)
Schweden – Mexiko 3:0 (1:0)
(Sandviken)
Ungarn – Wales 1:1 (1:1)
11. 6. (Stockholm)
Mexiko – Wales 1:1 (0:1)
12. 6. (Stockholm)
Schweden – Ungarn 2:1 (2:0)
15. 6. (Stockholm)
Schweden – Wales 0:0
(Sandviken)
Ungarn – Mexiko 4:0 (1:0)
17. 6.* (Stockholm)
Wales – Ungarn 2:1 (0:1)
* (Entscheidungsspiel)

Gruppe 4

1. BRA	3	2	1	0	5:0	5
2. URS*	3	1	1	1	4:4	3
ENG	3	0	3	0	4:4	3
4. AUT	3	0	1	2	2:7	1

8. 6. (Göteborg)
Sowjetunion – England 2:2 (2:0)
(Uddevella)
Brasilien – Österreich 3:0 (1:0)
AUT: Szanwald; Halla, F. Swoboda; Happel, Hanappi, Koller; Horak, Senekowitsch, Buzek, A. Körner, Dr. Schleger.

BRA: Gilmar; De Sordi, N. Santos (1); Dino, Bellini, Orlando; Joel, Didi, Mazzola (2), Vavá, Zagalo.

11. 6. (Göteborg)
Brasilien – England 0:0
(Borås)
Sowjetunion – Österreich 2:0 (1:0)
AUT: Schmied; E. Kozlicek, F. Swoboda; Stotz, Hanappi, Koller; Horak, P. Kozlicek, Buzek, A. Körner, Senekowitsch.

URS: Jaschin; Kessarow, Kusnezow; Wolnow, Kirschewskij, Zarew; A. Iwanow, W. Iwanow (1), Simonjan, Salnikow, Iljin (1).

15. 6. (Göteborg)
Brasilien – Sowjetunion 2:0 (1:0)
(Borås)
Österreich – England 2:2 (1:0)
AUT: Szanwald; Kollmann, F.

Swoboda; Happel, Hanappi (cap.), Koller (1); E. Kozlicek, P. Kozlicek, Buzek, A. Körner (1), Senekowitsch. Trainer: Josef Argauer.

ENG: McDonald; Howe, Banks; Clamp, Wright, Slater; Douglas, Robson, Kevan, Haynes, Court.

17. 6.* (Göteborg)
Sowjetunion – England 1:0 (0:0)
* (Entscheidungsspiel)

Viertelfinale

19. 6.
BRD – Jugoslawien
(Malmö) 1:0 (1:0)
Frankreich – Nordirland
(Norrköping) 4:0 (1:0)
Schweden – Sowjetunion
(Stockholm) 2:0 (0:0)
Brasilien – Wales
(Göteborg) 1:0 (0:0)

Semifinale

24. 6.
Schweden – BRD
(Göteborg) 3:1 (1:1)
Brasilien – Frankreich
(Stockholm) 5:2 (2:1)

Spiel um Platz 3, 28. 6. in Göteborg
Frankreich – BR Deutschland 6:3 (3:1)

FRA: Abbés; Kaelbel, Lerond; Penverne (cap.), Lafond, Marcel; Wiesnieski, Douis (1), Kopa (1), Fontaine (4), Vincent. Trainer: Paul Nicolas.

BRD: Kwiatkowski; Stollenwerk, Erhardt; Schnellinger, Wewers, Szymaniak; Rahn (1), Sturm, Kelbassa, Schäfer (cap.) (1), Cieslarczyk (1). Trainer: Sepp Herberger.

Finale

29. 6. in Stockholm/Rasunda-Stadion
BRASILIEN – Schweden 5:2 (2:1)
49.737 Zus.
SR Maurice Gigue/FRA

BRA: Gilmar; D. Santos, N. Santos, Zito, Bellini (cap.), Orlando, Garrincha, Didi, Vavá, Pelé, Zagalo. Trainer: Vicente Feola.

SWE: Svensson; Bergmark, Axbom; Börjesson, Gustafsson, Parling; Hamrin, Gren, Simonsson, Liedholm (cap.), Skoglund. Trainer: George Raynor/ENG.

Tore: 0:1 (4') Liedholm, 1:1 (9') Vava, 2:1 (32') Vava, 3:1 (54') Pelé, 4:1 (67') Zagalo, 4:2 (79') Simonsson, 5:2 (89') Pelé.

Torschützenkönig: Just Fontaine/FRA 13 Tore.

WM 1958: Der österreichische Kader. (V. l. st.) Molzer, Kozlicek II, Tamandl, Szanwald, Hammerl, Engelmeier, Schleger, Kollmann, Knoll, Horak, Teamchef Argauer, Stotz, Barschandt, Hof, Swoboda. (V. l. si.) Ninaus, Schmied, Sgerm, Halla, Buzek, Körner II, Hanappi, Happel, Senekowitsch, Hasenkopf.

7. WM 1962 in Chile 30. 5.–17. 6.

Endrunde:

Gruppe 1 in Arica

1. URS	3	2	1	0	8: 5	5
2. YUG	3	2	0	1	8: 3	4
3. URU	3	1	0	2	4: 6	2
4. COL	3	0	1	2	5:11	1

30. 5.
Uruguay – Kolumbien 2:1 (0:1)
31. 5.
Sowjetunion – Jugoslawien 2:0 (0:0)
2. 6.
Jugoslawien – Uruguay 3:1 (2:1)
3. 6.
Sowjetunion – Kolumbien 4:4 (3:1)
6. 6.
Sowjetunion – Uruguay 2:1 (1:0)
7. 6.
Jugoslawien – Kolumbien 5:0 (2:0)

Gruppe 2
in Santiago de Chile

1. BRD	3	2	1	0	4:1	5
2. CHI	3	2	0	1	5:3	4
3. ITA	3	1	1	1	3:2	3
4. SUI	3	0	0	3	2:8	0

30. 5.
Chile – Schweiz 3:1 (1:1)
31. 5.
BRD – Italien 0:0
2. 6.
Chile – Italien 2:0 (0:0)
3. 6.
BRD – Schweiz 2:1 (1:0)
6. 6.
BRD – Chile 2:0 (1:0)
7. 6.
Italien – Schweiz 3:0 (1:0)

Gruppe 3 in Viña del Mar

1. BRA	3	2	1	0	4:1	5
2. TCH	3	1	1	1	2:3	3
3. MEX	3	1	0	2	3:4	2
4. ESP	3	1	0	2	2:3	2

30. 5.
Brasilien – Mexiko 2:0 (0:0)
31. 5.
ČSSR – Spanien 1:0 (0:0)
2. 6.
Brasilien – ČSSR 0:0
3. 6.
Spanien – Mexiko 1:0 (0:0)
6. 6.
Brasilien – Spanien 2:1 (0:1)
7. 6.
Mexiko – ČSSR 3:1 (2:1)

Gruppe 4 in Rancagua

1. HUN	3	2	1	0	8:2	5
2. ENG	3	1	1	1	4:3	3
3. ARG	3	1	1	1	2:3	3
4. BUL	3	0	1	2	1:7	1

30. 5.
Argentinien – Bulgarien 1:0 (1:0)
31. 5.
Ungarn – England 2:1 (1:0)
2. 6.
England – Argentinien 3:1 (2:0)
3. 6.
Ungarn – Bulgarien 6:1 (4:0)
6. 6.
Ungarn – Argentinien 0:0
7. 6.
England – Bulgarien 0:0

Viertelfinale

10. 6.
Jugoslawien – BRD (Santiago) 1:0 (0:0)
Chile – Sowjetunion (Arica) 2:1 (2:1)
Brasilien – England (Viña del Mar) 3:1 (1:1)
ČSSR – Ungarn (Rancagua) 1:0 (1:0)

Semifinale

13. 6.
ČSSR – Jugoslawien (Viña del Mar) 3:1 (0:0)
Brasilien – Chile (Santiago) 4:2 (2:1)

Spiel um Platz 3

16. 6. in Santiago de Chile
Chile – Jugoslawien 1:0 (0:0)
CHI: Godoy; Eyzaguirre, Rodriguez, Cruz, R. Sanchez (cap.), Rojas (1), Ramirez, Toro, Campos, Tobar, L. Sanchez. Trainer: Fernando Rieira.
YUG: Soskic; Durkovic, Svinjarevic, Radakovic, Markovic, Popovic, Kovacevic, Sekularic, Jerkovic, Galic (cap.), Skoblar. Trainer: Ljubomir Lovric.

Finale

17. 6. in Santiago de Chile
BRASILIEN – ČSSR 3:1 (1:1)
60.000 Zus.
SR Nikolaj Latyschew (URS)
BRA: Gilmar; D. Santos, N. Santos, Zito, Mauro (cap.), Zozimo, Garrincha, Didi, Vavá, Amarildo, Zagalo. Trainer: Aimoré Moreira (Pelé nach 2 Gruppenspielen verletzt).
TCH: Schroif; Tichy, Novak (cap.), Pluskal, Popluhar, Masopust; Pospichal, Scherer, Kadraba, Kvasnak, Jelinek. Trainer: Rudolf Vytlacil.
Tore: 0:1 (15') Kadraba, 1:1 (17') Amarildo, 2:1 (69') Zito, 3:1 (78') Vavá.
Torschützen: Garrincha/BRA 4 Tore (Vavá/BRA, L. Sanchez/CHI, Jerkovic/YUG, Iwanow/URS und Albert/HUN ebenfalls 4 Tore – Garrincha durch Los Torschützenkönig!)

8. WM 1966 in England 11.–30. 7.

Qualifikation u. a.

Europa-Gruppe 6

1. HUN	4	3	1	0	8:3	7
2. DDR	4	1	2	1	5:5	4
3. AUT	4	0	1	3	1:6	1

25. 4. 65 (Wien)
Österreich – DDR 1:1 (0:0)
AUT: Fraydl; Halla, Glechner, Kremser, Sturmberger, Koller, Hirnschrodt, Seitl, Buzek, E. Hof (1), Viehböck.
23. 5. 65 (Leipzig)
DDR – Ungarn 1:1 (1:1)
13. 6. 65 (Wien)
Österreich – Ungarn 0:1 (0:1)
AUT: Szanwald; Halla, H. Binder, Kremser, Sturmberger, Koller, Hirnschrodt, Seitl, Buzek, E. Hof, Viehböck.
5. 9. 65 (Budapest)
Ungarn – Österreich 3:0 (2:0)
AUT: Szanwald; Hirnschrodt, H. Binder, Linhart, Sturmberger, Koller, Nemec, Grausam, Köglberger, Fiala, Viehböck.
10. 10. 65 (Budapest)
Ungarn – DDR 3:2 (1:1)
31. 10. 65 (Leipzig)
DDR – Österreich 1:0 (1:0)
AUT: Fraydl; R. Cejka, Dirnberger, Sturmberger, Ludescher, Hasil, Ullmann, Fritsch, Buzek, Flögel, Macek.

Endrunde

Gruppe 1 in London

1. ENG	3	2	1	0	4:0	5
2. URU	3	1	2	0	2:1	4
3. MEX	3	0	2	1	1:3	2
4. FRA	3	0	1	2	2:5	1

11. 7.
England – Uruguay 0:0
13. 7.
Frankreich – Mexiko 1:1 (0:0)
15. 7.
Uruguay – Frankreich 2:1 (2:1)
16. 7.
England – Mexiko 2:0 (1:0)
19. 7.
Uruguay – Mexiko 0:0
20. 7.
England – Frankreich 2:0 (1:0)

Gruppe 2

1. BRD	3	2	1	0	7:1	5
2. ARG	3	2	1	0	4:1	5
3. ESP	3	1	0	2	4:5	2
4. SUI	3	0	0	3	1:9	0

12. 7. (Sheffield)
BRD – Schweiz 5:0 (3:0)
13. 7. (Birmingham)
Argentinien – Spanien 2:1 (0:0)
15. 7. (Sheffield)
Spanien – Schweiz 2:1 (0:1)
16. 7. (Birmingham)
Argentinien – BRD 0:0
19. 7. (Sheffield)
Argentinien – Schweiz 2:0 (0:0)
20. 7. (Birmingham)
BRD – Spanien 2:1 (1:1)

Gruppe 3

1. POR	3	3	0	0	9:2	6
2. HUN	3	2	0	1	7:5	4
3. BRA	3	1	0	2	4:6	2
4. BUL	3	0	0	3	1:8	0

12. 7. (Liverpool)
Brasilien – Bulgarien 2:0 (1:0)
13. 7. (Manchester)
Portugal – Ungarn 3:1 (1:0)
15. 7. (Liverpool)
Ungarn – Brasilien 3:1 (1:1)
16. 7. (Manchester)
Portugal – Bulgarien 3:0 (2:0)
19. 7. (Liverpool)
Portugal – Brasilien 3:1 (2:0)
20. 7. (Manchester)
Ungarn – Bulgarien 3:1 (2:1)

Gruppe 4

1. URS	3	3	0	0	6:1	6
2. PRK	3	1	1	1	2:4	3
3. ITA	3	1	0	2	2:2	2
4. CHI	3	0	1	2	2:5	1

12. 7. (Middlesbrough)
Sowjetunion – Nordkorea 3:0 (2:0)
13. 7. (Sunderland)
Italien – Chile 2:0 (1:0)
15. 7. (Middlesbrough)
Nordkorea – Chile 1:1 (0:1)
16. 7. (Sunderland)
Sowjetunion – Italien 1:0 (0:0)
19. 7. (Middlesbrough)
Nordkorea – Italien 1:0 (1:0)
20. 7. (Sunderland)
Sowjetunion – Chile 2:1 (1:1)

Viertelfinale

23. 7.
England – Argentinien (London) 1:0 (0:0)
BRD – Uruguay (Sheffield) 4:0 (1:0)
Portugal – Nordkorea (Liverpool) 5:3 (2:3)
Sowjetunion – Ungarn (Sunderland) 2:1 (1:0)

Semifinale

25. 6. (Liverpool)
BRD – Sowjetunion 2:1 (1:0)
26. 6. (London)
England – Portugal 2:1 (1:0)

Spiel um Platz 3, 28. 7. in London/Wembley
Portugal – Sowjetunion 2:1 (1:1)
POR: Pereira; Festa, Baptista, Carlos, Hilario; Graça, Coluna (cap.); Augusto, Eusébio, Torres, Simões. Trainer: Manuel Alfonso.
URS: Jaschin; Ponomarjew, Kornejew, Kurzilawa, Danilow; Woronin (cap.), Sitschinawa; Metreweli, Banischewskij, Malafejew, Serebrjannikow. Trainer: Nikolaj Morosow.
Tore: 1:0 (13') Eusébio, 1:1 (44') Banischewskij, 2:1 (87') Torres.

Finale

30. 7. in London/Wembley
ENGLAND – BR Deutschland 4:2 (1:1, 2:2) n. V.
93.000 Zus.
SR Gottfried Dienst/SUI
ENG: Banks; Cohen, J. Charlton, Moore (cap.), Wilson; Stiles, B. Charlton, Peters; Ball, Hurst, Hunt. Trainer: Sir Alf Ramsey.
BRD: Tilkowski; Höttges, Schulz, Weber, Schnellinger; Beckenbauer, Overath; Haller, Seeler (cap.), Held, Emmerich. Trainer: Helmut Schön.
Tore: 0:1 (12') Haller, 1:1 (19') Hurst, 2:1 (77') Peters, 2:2 (90') Weber, 3:2 (101') Hurst (Lattenpendler – „Wembley-Tor"), 4:2 (120') Hurst.
Torschützenkönig: Eusébio Ferreira/POR 9 Tore.

9. WM 1970 in Mexiko 31. 5.–21. 6.

Qualifikation u. a.

Europagruppe 7

1. BRD	6	5	1	0	20: 3	11
2. SCO	6	3	1	2	18: 7	7
3. AUT	6	3	0	3	12: 7	6
4. CYP	6	0	0	6	2:35	0

19. 5. 68 (Wien)
Österreich – Zypern 7:1 (3:1)
AUT: Harreither; Gebhardt, Glechner, Stamm, Fröhlich, Sturmberger, N. Hof, Parits (Koleznik), E. Hof (5), Siber (1), Redl (1) (Wolny).
13. 10. 68 (Wien)
Österreich – BRD 0:2 (0:1)
AUT: Harreither; Pumm, Sturmberger, Eigenstiller (1 Eigentor), Fak, Hasil, Starek, Ettmayer, Fritsch, Köglberger, Metzler.
BRD: Maier; Vogts, Höttges, Beckenbauer, Schulz, Weber, Dörfel, Ulsaß, G. Müller (1), Netzer, Held.
6. 11. 68 (Glasgow)
Schottland – Österreich 2:1 (1:1)
AUT: Fuchsbichler; Gebhardt, Sturmberger, Eigenstiller, Pumm, Starek (1), Ettmayer, Metzler, Hasil, Siber, Redl (Köglberger).
23. 11. 68 (Nikosia)
Zypern – BRD 0:1 (0:0)
11. 12. 68 (Nikosia)
Zypern – Schottland 0:5 (0:5)
16. 4. 69 (Glasgow)
Schottland – BRD 1:1 (0:1)
19. 4. 69 (Nikosia)
Zypern – Österreich 1:2 (0:1)
AUT: Harreither; Linhart, Sturmberger, Eigenstiller, Fak, Eisele (Ettmayer), Flögel (Wallner), N. Hof, Kreuz (1), Buzek, Redl (1).
10. 5. 69 (Nürnberg)
BRD – Österreich 1:0 (0:0)
BRD: Maier; Patzke, Vogts, Beckenbauer, Schulz, Höttges, B. Dörfel, G. Müller (1), Held (Heynckes); Overath, Brenninger (Volkert).
AUT: Fraydl; Pumm, Sturmberger, Eigenstiller, Fak, Starek, Ettmayer, N. Hof, Köglberger (Kreuz), Siber, Redl.
17. 5. 69 (Glasgow)
Schottland – Zypern 8:0 (3:0)
21. 5. 69 (Essen)
BRD – Zypern 12:0 (7:0)
22. 10. 69 (Hamburg)
BRD – Schottland 3:2 (1:1)
5. 11. 69 (Wien)
Österreich – Schottland 2:0 (1:0)
AUT: Harreither; Wallner, Sturmberger, Schmidradner, Fak, J. Geyer, N. Hof, Ettmayer, Parits, Kaiser (Hickersberger), Redl (2).

Endrunde

Gruppe 1 in Mexico City

1. URS	3	2	1	0	6:1	5
2. MEX	3	2	1	0	5:0	5
3. BEL	3	1	0	2	4:5	2
4. ESA	3	0	0	3	0:9	0

31. 5.
Mexiko – Sowjetunion 0:0
3. 6.
Belgien – El Salvador 3:0 (1:0)
6. 6.
Sowjetunion – Belgien 4:1 (1:0)
7. 6.
Mexiko – El Salvador 4:0 (1:0)
10. 6.
Sowjetunion – El Salvador 2:0 (0:0)
11. 6. Mexiko – Belgien 1:0 (1:0)

Gruppe 2 in Puebla (* und Toluca)

1. ITA	3	1	2	0	1:0	4
2. URU	3	1	1	1	2:1	3
3. SWE	3	1	1	1	2:2	3
4. ISR	3	0	2	1	1:3	2

2. 6.
Uruguay – Israel 2:0 (1:0)
3. 6.*
Italien – Schweden 1:0 (1:0)
6. 6.
Uruguay – Italien 0:0
7. 6.*
Schweden – Israel 1:1 (0:0)
10. 6.
Schweden – Uruguay 1:0 (0:0)
11. 6.*
Italien – Israel 0:0

Gruppe 3 in Guadalajara

1. BRA	3	3	0	0	8:3	6
2. ENG	3	2	0	1	2:1	4
3. RUM	3	1	0	2	4:5	2
4. TCH	3	0	0	3	2:7	0

2. 6.
England – Rumänien 1:0 (0:0)
3. 6.
Brasilien – ČSSR 4:1 (1:1) 6. 6.

Rumänien – ČSSR 2:1 (0:1)
7. 6.
Brasilien – England 1:0 (0:0)
10. 6.
Brasilien – Rumänien 3:2 (2:1)
11. 6.
England – ČSSR 1:0 (0:0)

Gruppe 4 in León

1. BRD	3	3	0	0	10:4	6
2. PER	3	2	0	1	7:5	4
3. BUL	3	0	1	2	5:9	1
4. MAR	3	0	1	2	2:6	1

2. 6.
Peru – Bulgarien 3:2 (0:1)
3. 6.
BRD – Marokko 2:1 (0:1)
6. 6.
Peru – Marokko 3:0 (0:0)
7. 6.
BRD – Bulgarien 5:2 (2:1)
10. 6.
BRD – Peru 3:1 (3:1)
11. 6.
Bulgarien – Marokko 1:1 (1:0)

Viertelfinale

14. 6.
Uruguay – Sowjetunion (Mexico City) 1:0 (0:0, 0:0)
Italien – Mexiko (Toluca) 4:1 (1:1)
Brasilien – Peru (Guadalajara) 4:2 (2:1)
BRD – England (León) 3:2 (0:1, 2:2) n. V.

Semifinale

17. 6. (Guadalajara)
Brasilien – Uruguay 3:1 (1:1) (Mexico City)
Italien – BRD 4:3 (1:0, 1:1) n. V.

ITA: Albertosi; Burgnich, Cera, Rosato (Poletti), Facchetti, Bertini, Domenghini, Mazzola (Rivera), De Sisti, Boninsegna, Riva.

BRD: Maier; Vogts, Schnellinger, Schulz, Patzke (Held), Seeler, Beckenbauer, Overath, Grabowski, G. Müller, Löhr (Libuda).

Tore: 1:0 (8') Boninsegna, 1:1 (91') Schnellinger, 1:2 (96') Müller, 2:2 (100') Burgnich, 3:2 (104') Riva, 3:3 (110') Müller, 4:3 (112') Rivera.

Spiel um Platz 3

20. 6. in Mexico City
BRD – Uruguay 1:0 (1:0)

BRD: Wolter; Patzke, Weber, Schnellinger (Lorenz), Vogts, Seeler (cap.), Fichtel, Overath, Libuda (Löhr), G. Müller, Held. Trainer: Helmut Schön. Tor: Overath (27').

URU: Mazurkiewicz; Ubinas (cap.), Ancheta, Matosas, Mujica, Montero Castillo, Maneiro (Sandoval), Cubilla, Cortez, Fontes (Esparrago), Morales. Trainer: Juan Hohberg.

Finale

21. 6. in Mexico City
Brasilien – Italien 4:1 (1:1)
110.000 Zus.
SR Rudolf Glöckner/DDR

BRA: Felix; Carlos Alberto (cap.), Brito, Piazza, Everaldo; Clodoaldo, Gerson; Jairzinho, Tostão, Pelé, Rivelino. Trainer: Mario Zagalo.

ITA: Albertosi; Burgnich, Cera, Bertini (Juliano), Rosato, Facchetti (cap.); Domenghini, De Sisti, Mazzola; Boninsegna (Rivera), Riva. Trainer: Ferrugio Valcareggi.

Tore: 1:0 (18') Pelé, 1:1 (37') Boninsegna, 2:1 (67') Gerson, 3:1 (71') Jairzinho, 4:1 (87') Carlos Alberto.

Torschützenkönig: Gerd Müller/BRD 10 Tore.

10. WM 1974 in der BR Deutschland, 13. 6.–7. 7.

Qualifikation u. a. Europa-Gruppe 1

1. *SWE	6	3	2	1	15: 8	8
2. *AUT	6	3	2	1	14: 7	8
3. HUN	6	2	4	0	12: 7	8
4. MLT	6	0	0	6	1:20	0

14. 11. 71 (La Valetta)
Malta – Ungarn 0:2 (0:1)
30. 4. 72 (Wien)
Österreich – Malta 4:0 (3:0)

AUT: Stachowicz; Schmidradner, Sturmberger, R. Horvath, Eigenstiller, N. Hof (1), Daxbacher, Hickersberger (3), Kreuz, Parits, Jara.

6. 5. 72 (Budapest)
Ungarn – Malta 3:0 (1:0)
25. 5. 72 (Stockholm)
Schweden – Ungarn 0:0
10. 6. 72 (Wien)
Österreich – Schweden 2:0 (0:0)

AUT: Koncilia; Pumm (1), Sturmberger, R. Horvath, Eigenstiller, Hasil, N. Hof (Hattenberger), Ettmayer (Starek), Hickersberger, Parits (1), Jara.

15. 10. 72 (Wien)
Österreich – Ungarn 2:2 (0:2)

AUT: Stachowicz; Pumm, Schmidradner, R. Horvath, Eigenstiller; Hickersberger, Hasil (1), Starek; Köglberger, Parits, Jara (1).

HUN: Geczi; Pancics, Kovacs, Balint, P. Juhasz; I. Juhasz, Kocsis (2), Szücs, Zambo; Szöke (Fazekas), A. Dunai.

15. 10. 72 (Stockholm)
Schweden – Malta 7:0 (5:0)
25. 11. 72 (La Valetta)
Malta – Österreich 0:2 (0:0)

AUT: Stachowicz; R. Sara, Eigenstiller (N. Hof), Schmidradner, Pumm; Hickersberger, Starek, Gallos; Köglberger (1), Parits, Jara. (1 Eigentor).

29. 4. 73 (Budapest)
Ungarn – Österreich 2:2 (1:2)

HUN: Geczi; Pancics (Fabian), Kovacs, Balint (1), P. Juhasz; Kocsis, Szüsz, Zambo (1), (Varadi); Fazekas, Bene, A. Dunai.

AUT: Koncilia; R. Sara, Schmidradner, Sturmberger, Krieger, Eigenstiller; Hasil, Starek (1), Parits (Hattenberger), Kreuz, Jara (1).

23. 5. 73 (Göteborg)
Schweden – Österreich 3:2 (1:0)

AUT: Stachowicz; R. Sara, Sturmberger, Schmidradner, Krieger, Hasil (Ettmayer), Starek (1), Hickersberger, Kreuz, Parits, Jara (1).

13. 6. 73 (Budapest)
Ungarn – Schweden 3:3 (1:1)
11. 11. 73 (La Valetta)
Malta – Schweden 1:2 (1:2)
27. 11. 73 *(Gelsenkirchen/BRD) – Entscheidungsspiel
Schweden – Österreich 2:1 (2:1)
20.000 Zus.
SR Rudolf Glöckner/DDR

SWE: Hellström; Olsson, Karlsson, Nordqvist, Andersson; Grahn, Larsson (1), Torstensson (Tapper); Kindvall, Edström, Sandberg (1).

AUT: Rettensteiner (Koncilia); Eigenstiller, R. Horvath, Schmidradner, Kriess; Hattenberger (1), N. Hof, Hasil (Stering); Krankl, Kreuz, Jara

Endrunde

Gruppe 1

1. DDR	3	2	1	0	4:1	5
2. BRD	3	2	0	1	4:1	4
3. CHI	3	0	2	1	1:2	2
4. AUS	3	0	1	2	0:5	1

14. 6. (Berlin)
BRD – Chile 1:0 (1:0)
(Hamburg)
DDR – Australien 2:0 (0:0)
18. 6. (Hamburg)
BRD – Australien 3:0 (2:0)
(Berlin)
DDR – Chile 1:1 (0:0)
22. 6. (Berlin)
Australien – Chile 0:0
(Hamburg)
DDR – BRD 1:0 (0:0)

Gruppe 2

1. YUG	3	1	2	0	10: 1	4
2. BRA	3	1	2	0	3: 0	4
3. SCO	3	1	2	0	3: 1	4
4. ZAI	3	0	0	3	0:14	0

13. 6. (Frankfurt)
Brasilien – Jugoslawien 0:0
14. 6. (Dortmund)
Schottland – Zaire 2:0 (2:0)
18. 6. (Gelsenkirchen)
Jugoslawien – Zaire 9:0 (6:0)
(Frankfurt)
Brasilien – Schottland 0:0
22. 6. (Gelsenkirchen)
Brasilien – Zaire 3:0 (1:0)

(Frankfurt)
Jugoslawien – Schottland 1:1 (0:0)

Gruppe 3

1. HOL	3	2	1	0	6:1 5
2. SWE	3	1	2	0	3:0 4
3. BUL	3	0	2	1	2:5 2
4. URU	3	0	1	2	1:6 1

15. 6. (Düsseldorf)
Schweden – Bulgarien 0:0
(Hannover)
Niederlande – Uruguay 2:0 (1:0)
19. 6. (Dortmund)
Niederlande – Schweden 0:0
(Hannover)
Bulgarien – Uruguay 1:1 (0:0)
23. 6. (Dortmund)
Niederlande – Bulgarien 4:1 (2:0)
(Düsseldorf)
Schweden – Uruguay 3:0 (0:0)

Gruppe 4

1. POL	3	3	0	0	12: 3 6
2. ARG	3	1	1	1	7: 5 3
3. ITA	3	1	1	1	5: 4 3
4. HAI	3	0	0	3	2:14 0

15. 6. (München)
Italien – Haiti 3:1 (0:0)
(Stuttgart)
Polen – Argentinien 3:2 (2:0)
19. 6. (München)
Polen – Haiti 7:0 (5:0)
(Stuttgart)
Italien – Argentinien 1:1 (1:1)
23. 6. (München)
Argentinien – Haiti 4:1 (2:0)
(Stuttgart)
Polen – Italien 2:1 (2:0)

Finalrunde Gruppe A

1. HOL	3	3	0	0	8:0 6
2. BRA	3	2	0	1	3:3 4
3. DDR	3	0	1	2	1:4 1
4. ARG	3	0	1	2	2:7 1

26. 6. (Hannover)
Brasilien – DDR 1:0 (0:0)
(Gelsenkirchen)
Niederlande – Argentinien 4:0 (2:0)
30. 6. (Gelsenkirchen)
Niederlande – DDR 2:0 (1:0)
(Hannover)
Brasilien – Argentinien 2:1 (1:1)
3. 7. (Gelsenkirchen)
Argentinien – DDR 1:1 (1:1)
(Dortmund)
Niederlande – Brasilien 2:0 (0:0)

Finalrunde Gruppe B

1. BRD	3	3	0	0	7:2 6
2. POL	3	2	0	1	3:2 4
3. SWE	3	1	0	2	4:6 2
4. YUG	3	0	0	3	2:6 0

26. 6. (Düsseldorf)
BRD – Jugoslawien 2:0 (1:0)
(Stuttgart)
Polen – Schweden 1:0 (1:0)
30. 6. (Düsseldorf)
BRD – Schweden 4:2 (0:1)
(Frankfurt)
Polen – Jugoslawien 2:1 (1:1)
3. 7. (Düsseldorf)
Schweden – Jugoslawien 2:1 (1:1)
(Frankfurt)
BRD – Polen 1:0 (0:0)

Spiel um Platz 3

6. 7. in München/Olympiastadion

Polen – Brasilien 1:0 (0:0)

POL: Tomaszewski; Szymanowski, Gorgon, Zmuda, Musial; Kasperszak (Cmikiewicz), Masczyk, Deyna (cap.); Lato (1), Szarmach (Kapka), Gadocha. Trainer: Kazimierz Gorski.

BRA: Leão; Ze Maria, Mario Marinho, Alfredo, Francisco Marinho (cap.); Rivelino, Paulo Cesar, Ademir (Mirandinha); Valdomiro, Jairzinho, Dirceu. Trainer: Mario Zagalo.

Finale

7. 7. in München/Olympiastadion

BR Deutschland – Niederlande 2:1 (2:1)
79.000 Zus.
SR John Taylor/ENG

BRD: Maier; Vogts, Schwarzenbeck, Beckenbauer (cap.), Breitner; Hoeneß, Bonhof, Overath, Grabowski, G. Müller, Hölzenbein. Trainer: Helmut Schön.

HOL: Jongbloed; Suurbier, Rijsbergen (De Jong), Haan, Krol; Jansen, Van Hanegem, Neeskens; Rep, Cruyff (cap.), Rensenbrinck (R. van de Kerkhof). Trainer: Rinus Michels.

Tore: 0:1 (2') Neeskens (Elfmeter), 1:1 (25') Breitner (Elfmeter), 2:1 (43') G. Müller.

Torschützenkönig: Grzegorz Lato/POL 7 Tore.

11. WM 1978 in Argentinien, 1.–25. 6.

Qualifikation u. a. Europa-Gruppe 3

1. AUT	6	4	2	0	14: 2	10
2. DDR	6	3	3	0	15: 4	9
3. TUR	6	2	1	3	9: 5	5
4. MLT	6	0	0	6	0:27	0

31. 10. 76 (Izmir)
Türkei – Malta 4:0 (1:0)
17. 11. 76 (Dresden)
DDR – Türkei 1:1 (1:1)
5. 12. 76 (La Valetta)
Malta – Österreich 0:1 (0:0)

AUT: Koncilia; R. Sara, Persidis, Pezzey, Strasser, Hattenberger, Hickersberger, Oberhofer, Stering (Prohaska), Krankl (1), Schachner (Pirkner).

2. 4. 77 (La Valetta)
Malta – DDR 0:1 (0:0)
17. 4. 77 (Wien)
Österreich – Türkei 1:0 (1:0)

AUT: Koncilia; R. Sara, Persidis, Pezzey, Breitenberger, Hattenberger, Prohaska, Hickersberger, Stering, Krankl, Schachner (1).

30. 4. 77 (Salzburg)
Österreich – Malta 9:0 (6:0)

AUT: F. Koncilia; R. Sara, Persidis, Strasser, Hickersberger, Hattenberger, Prohaska, Pezzey, Stering (2) (P. Koncilia), Krankl (6), Schachner (Pirkner [1]).

24. 9. 77 (Wien)
Österreich – DDR 1:1 (1:1)
SR Tom Reynolds/WAL

AUT: Koncilia; R. Sara, Pezzey, Krieger, Breitenberger; Stering, Hattenberger, Hickersberger; Jara (Prohaska), Krankl, Kreuz (1).

DDR: Croy; Kische, Dörner, Weise, Weber; Heidler (Riediger), Häfner, Schade, Lindemann; Kotte (Sparwasser), Hoffmann (1).

12. 10. 77 (Leipzig)
DDR – Österreich 1:1 (0:1)

AUT: Koncilia; R. Sara, Pezzey, Krieger, Breitenberger; Hattenberger (1), Prohaska (Obermayer), Hickersberger; Jara, Stering, Kreuz.

29. 10. 77 (Babelsberg)
DDR – Malta 9:0 (3:0)
30. 10. 77 (Izmir)
Türkei – Österreich 0:1 (0:0)

TUR: Eser; Turgay, Fatih, Erol, Erducan; Engin, Volkan, Sedit (Isa), Cemil, Ali Cemal, Mustafa (Gökmen).

AUT: Koncilia; R. Sara, Pezzey, Krieger, Breitenberger; Stering, Hattenberger, Prohaska; Kreuz, Krankl, Jara. Tor: Prohaska (72').

16. 11. 77 (Izmir)
Türkei – DDR 1:2 (0:1)
27. 11. 77 (La Valetta)
Malta – Türkei 0:3 (0:2)

Endrunde

Gruppe 1

1. ITA	3	3	0	0	6:2 6
2. ARG	3	2	0	1	4:3 4
3. FRA	3	1	0	2	5:5 2
4. HUN	3	0	0	3	3:8 0

2. 6. (Buenos Aires)
Argentinien – Ungarn 2:1 (1:1)
(Mar del Plata)
Italien – Frankreich 2:1 (1:1)
6. 6. (Mar del Plata)
Italien – Ungarn 3:1 (2:0)
(Buenos Aires)
Argentinien - Frankreich 2:1 (1:0)
10. 6. (Mar del Plata)
Frankreich – Ungarn 3:1 (3:1)

(Buenos Aires)
Italien – Argentinien 1:0 (0:0)

Gruppe 2

1. POL	3	2	1	0	4: 1	5
2. BRD	3	1	2	0	6: 0	4
3. TUN	3	1	1	1	3: 2	3
4. MEX	3	0	0	3	2:12	0

1. 6. (Buenos Aires)
BRD – Polen 0:0
2. 6. (Rosario)
Tunesien – Mexiko 3:1 (0:1)
6. 6. (Rosario)
Polen – Tunesien 1:0 (1:0)
(Córdoba)
BRD – Mexiko 6:0 (4:0)
10. 6. (Rosario)
Polen – Mexiko 3:1 (1:0)
(Córdoba)
BRD – Tunesien 0:0

Gruppe 3

1. AUT	3	2	0	1	3:2	4
2. BRA	3	1	2	0	2:1	4
3. ESP	3	1	1	1	2:2	3
4. SWE	3	0	1	2	1:3	1

3. 6. (Buenos Aires)
Österreich – Spanien 2:1 (1:1)
49.000 Zus.
SR Karoly Palotai/HUN

AUT: F. Koncilia, Pezzey, R. Sara, Breitenberger, Obermayer; Prohaska, Kreuz, Hickersberger (H. Weber), Jara; Schachner (Pirkner), Krankl.

ESP: Miguel Angel; Marcelino, Pirri, Migueli, San José; De la Cruz, Asensi, Rexach (Quini), Cardenosa (Leal), Dani, Ruben Cano.

Tore: 1:0 (9') Schachner, 1:1 (21') Dani, 2:1 (76') Krankl.

3. 6. (Mar del Plata)
Brasilien – Schweden 1:1 (1:1)
7. 6. (Buenos Aires)
Österreich – Schweden 1:0 (1:0)
49.000 Zus.
SR Charles Corver/HOL

AUT: Koncilia; Obermayer, R. Sara, Pezzey, Breitenberger; Prohaska, Hickersberger, Krieger (H. Weber), Jara; Kreuz, Krankl (42'/Elfmeter).

SWE: Hellström; R. Andersson, Borg, Nordqvist, Erlandsson, Tapper (Torstensson), Bo Larsson, Linderoth (Edström), L. Larsson, Sjöberg, Wendt.

7. 6. (Mar del Plata)
Brasilien – Spanien 0:0
11. 6. (Mar del Plata)
Brasilien – Österreich 1:0 (1:0)
31.000 Zus.
SR Robert Wurtz/FRA

BRA: Leão; Toninho, Amaral, Oscar, Neto; Cerezo (Chico), Batista, Dirceu; Gil, Roberto, Mendonça (Zico). Tor: Roberto (40').

AUT: Koncilia; R. Sara, Obermayer, Pezzey, Breitenberger; Hickersberger (H. Weber), Prohaska, Krieger (Happich), Jara; Kreuz, Krankl.

11. 6. (Buenos Aires)
Spanien – Schweden 1:0 (0:0)

Gruppe 4

1. PER	3	2	1	0	7:2	5
2. HOL	3	1	1	1	5:3	3
3. SCO	3	1	1	1	5:6	3
4. IRN	3	0	1	2	2:8	1

3. 6. (Córdoba)
Peru – Schottland 3:1 (1:1)
(Mendoza)
Niederlande – Iran 3:0 (1:0)
7. 6. (Córdoba)
Iran – Schottland 1:1 (0:1)
(Mendoza)
Niederlande – Peru 0:0
11. 6. (Córdoba)
Peru – Iran 4:1 (3:1)
(Mendoza)
Schottland – Niederlande 3:2 (1:1)

Finalrunde

Gruppe A

1. HOL	3	2	1	0	9:4	5
2. ITA	3	1	1	1	2:2	3
3. BRD	3	0	2	1	4:5	2
4. AUT	3	1	0	2	4:8	2

14. 6. (Buenos Aires)
BRD – Italien 0:0
14. 6. (Córdoba)
Niederlande – Österreich 5:1 (3:0)
40.000 Zus.
SR John Gordon/SCO

HOL: Schrijvers; Poortvliet, Krol, Brandts (Van Kraay), Wildschut; Jansen, Haan, W. van de Kerkhof, R. van de Kerkhof (Schoenmaker); Rep, Rensenbrinck.

AUT: Koncilia; R. Sara, Obermayer, Pezzey, Breitenberger; Prohaska, Hickersberger, Krieger, Jara; Kreuz, Krankl.

Tore: 1:0 (6') Brandts, 2:0 (36') Rensenbrinck (Elfmeter), 3:0 (37') Rep, 4:0 (53') Rep, 4:1 (80') Obermayer, 5:1 (83') W. van de Kerkhof.

18. 6. (Buenes Aires)
Italien – Österreich 1:0 (1:0)
68.000 Zus.
SR Francis Rion/BEL

ITA: Zoff; Gentile, Scirea, Bellugi (Cuccureddu), Cabrini; Tardelli, Benetti, Zaccarelli; Causio, Rossi, Bettega (Graziani). Tor: Rossi (14').

AUT: Koncilia; R. Sara, Obermayer, Pezzey, Strasser, Prohaska, Krieger, Hickersberger, Kreuz; Krankl, Schachner (Pirkner).

18. 6. (Córdoba)
Niederlande – BRD 2:2 (1:1)
21. 6. (Buenos Aires)
Niederlande – Italien 2:1 (0:1)
21. 6. (Córdoba)
Österreich – BRD 3:2 (0:1)
35.000 Zus.
SR Abraham Klein/ISR

AUT: Koncilia; R. Sara (cap)., Obermayer, Pezzey, Strasser; Prohaska, Hickersberger, Kreuz, Krieger; Schachner (Oberacher), Krankl. Trainer: Helmut Senekowitsch.

BRD: Maier; Vogts (cap.), Kaltz, Rüssmann, Dietz; Bonhof, Beer (H. Müller), Hölzenbein, Rummenigge; Abramczik, D. Müller (K. Fischer). Trainer: Helmut Schön.

Tore: 0:1 (19') Rummenigge, 1:1 (59') Vogts (Eigentor), 2:1 (66') Krankl, 2:2 (68') Hölzenbein, 3:2 (88') Krankl.

Gruppe B

1. ARG	3	2	1	0	8: 0	5
2. BRA	3	2	1	0	6: 1	5
3. POL	3	1	0	2	2: 5	2
4. PER	3	0	0	3	0:10	0

14. 6. (Mendoza)
Brasilien – Peru 3:0 (2:0)
(Rosario)
Argentinien – Polen 2:0 (1:0)
18. 6. (Mendoza)
Polen – Peru 1:0 (0:0)
(Rosario)
Argentinien – Brasilien 0:0
21. 6. (Mendoza)
Brasilien – Polen 3:1 (1:1)
(Rosario)
Argentinien – Peru 6:0 (2:0)

Spiel um Platz 3

24. 6. in Buenos Aires/River-Plate-Stadion

Brasilien – Italien 2:1 (0:1)

BRA: Leão (cap.); Amaral, Nelinho (1), Oscar, Neto; Batista, Cerezo (Rivelino), Dirceu (1), Gil (Reinaldo), Roberto, Mendonça. Tr.: Glaucio Coutinho.

ITA: Zoff (cap.); Scirea, Cabrini, Gentile, Cuccureddu; Maldera, Antognoni (C. Sala), P. Sala; Causio (1), Rossi, Bettega. Trainer: Enzo Bearzot.

Finale

25. 6. in Buenos Aires/River-Plate-Stadion

Argentinien – Niederlande 3:1 (1:0, 1:1) n. V.
77.260 Zus.
SR Sergio Gonella/ITA

ARG: Fillol; Olguin, Galvan, Passarella (cap.), Tarantini; Ardiles (Larrosa), Gallego, Kempes; Bertoni, Luque, Ortiz (Houseman). Trainer: Cesar Luis Menotti.

HOL: Jongbloed; Poortvliet, Krol (cap.), Brandts, Jansen (Suurbier); Neeskens, Haan, W. van de Kerkhof; R. van de Kerkhof, Rep (Nanninga), Rensenbrinck. Tr.: Ernst Happel/AUT.

Tore: 1:0 (38') Kempes, 1:1 (82') Nanninga, 2:1 (105') Kempes, 3:1 (116') Bertoni.

Torschützenkönig: 1. Mario Kempes/ARG 6 Tore. (4. Hans Krankl/AUT 4 Tore.)

12. WM 1982 in Spanien 13. 6.–11. 7.

Qualifikation u. a. Europa-Gruppe 1

1. BRD	8	8	0	0	33: 3	16
2. AUT	8	5	1	2	16: 6	11
3. BUL	8	4	1	3	11:10	9
4. ALB	8	1	0	7	4:22	2
5. FIN	8	1	0	7	4:27	2

4. 6. 80 (Helsinki)
Finnland – Bulgarien 0:2 (0:1)
3. 9. 80 (Tirana)
Albanien – Finnland 2:0 (2:0)
24. 9. 80 (Helsinki)
Finnland – Österreich 0:2 (0:1)

AUT: Koncilia; Obermayer, Pregesbauer, Pezzey, Zuenelli; Wartinger (Welzl [1]), Hattenberger, Prohaska, Jara (1); Schachner, Krankl.

19. 10. 80 (Sofia)
Bulgarien – Albanien 2:1 (1:0)
15. 11. 80 (Wien)
Österreich – Albanien 5:0 (3:0)

AUT: Feurer; Obermayer, Dihanich, Pezzey (1), Mirnegg; Hattenberger, Prohaska, Jara; Welzl (1), Krankl (1), Schachner (2) (Keglevits).

3. 12. 80 (Sofia)
Bulgarien – BRD 1:3 (0:2)
6. 12. 80 (Tirana)
Albanien – Österreich 0:1 (0:1)

AUT: Feurer; Obermayer, H. Weber, Pezzey, Mirnegg; Hattenberger, Prohaska, Jara; Welzl (1), Gasselich (Baumeister), Schachner (Jurtin).

1. 4. 81 (Tirana)
Albanien – BRD 0:2 (0:1)
29. 4. 81 (Hamburg)
BRD – Österreich 2:0 (2:0)

BRD: Schumacher; Stielike; Kaltz, K. H. Förster, Briegel; Schuster, Breitner, Magath, H. Müller, K. H. Rummenigge, K. Fischer (1) (Allgöwer).

AUT: Koncilia; Obermayer; Krauss (1 Eigentor), Pezzey, Mirnegg; Prohaska, Hattenberger (H. Weber), Jara, Hintermaier (Baumeister); Welzl, Krankl.

13. 5. 81 (Sofia)
Bulgarien – Finnland 4:0 (1:0)
24. 5. 81 (Lahti)
Finnland – BRD 0:4 (0:3)
28. 5. 81 (Wien)
Österreich – Bulgarien 2:0 (1:0)

AUT: Feurer; Dihanich, H. Weber, Pezzey, Mirnegg; Hattenberger, Prohaska, Jara (1); Welzl, Krankl (1), Keglevits (Schachner).

17. 6. 81 (Linz)
Österreich – Finnland 5:1 (2:0)

AUT: Feurer; H. Weber; Dihanich, Pezzey, Mirnegg; Hattenberger, Prohaska (2) (Kreuz), Jara; Welzl (1) (Schachner), Krankl (1), Jurtin (1).

2. 9. 81 (Volka)
Finnland – Albanien 2:1 (0:0)
23. 9. 81 (Bochum)
BRD – Finnland 7:1 (2:1)
14. 10. 81 (Tirana)
Albanien – Bulgarien 0:2 (0:0)
14. 10. 81 (Wien)
Österreich – BRD 1:3 (1:2)

AUT: Koncilia; H. Weber; Dihanich, Pezzey, Mirnegg; Hattenberger, Prohaska, Jara, Hintermaier (Hagmayr), Schachner (1), Krankl.

BRD: Schumacher; Stielike; Kaltz, K. H. Förster, Briegel; Littbarski (2), Dremmler, Breitner, Magath (1); K. Fischer, K. H. Rummenigge.

11. 11. 81 (Sofia)
Bulgarien – Österreich 0:0

AUT: Feurer; Pezzey; Krauss, H. Weber, Mirnegg (Dihanich); Hattenberger, Jara, Prohaska, Hintermaier; Schachner, Krankl (Hagmayr).

18. 11. 81 (Dortmund)
BRD – Albanien 8:0 (5:0)
22. 11. 81 (Düsseldorf)
BRD – Bulgarien 4:0 (1:0)

Endrunde

Gruppe 1

1. POL	3	1	2	0	5:1	4
2. ITA	3	0	3	0	2:2	3
3. CMR	3	0	3	0	1:1	3
4. PER	3	0	2	1	2:6	2

14. 6. (Vigo)
Polen – Italien 0:0
15. 6. (La Coruña)
Kamerun – Peru 0:0
18. 6. (Vigo)
Italien – Peru 1:1 (1:0)
19. 6. (La Coruña)
Polen – Kamerun 0:0
22. 6. (La Coruña)
Polen – Peru 5:1 (0:0)
23. 6. (Vigo)
Italien – Kamerun 1:1 (0:0)

Gruppe 2

1. BRD	3	2	0	1	6:3	4
2. AUT	3	2	0	1	3:1	4
3. ALG	3	2	0	1	5:5	4
4. CHI	3	0	0	3	3:8	0

16. 6. (Gijón)
Algerien – BRD 2:1 (0:0)
17. 6. (Oviedo)
Österreich – Chile 1:0 (1:0)
20.000 Zus.
SR Ivan Cardellino/URU

AUT: Koncilia; Obermayer, Krauss, Pezzey, Degeorgi (Baumeister); Hattenberger, Prohaska, H. Weber (Jurtin), Hintermaier; Schachner (1), Krankl.

CHI: Osben; Figueroa; Garrido, Valenzuela, Bigorra; Bonvallet, Dubo, Neira (Rojas), Moscoso (Gamboa); Yañez, Caszely.

20. 6. (Gijón)
BRD – Chile 4:1 (1:0)
21. 6. (Oviedo)
Österreich – Algerien 2:0 (0:0)
23.000 Zus.
SR Tony Boskovic/AUS

AUT: Koncilia; Obermayer; Krauss, Pezzey, Degeorgi; Prohaska (H. Weber), Baumeister (Welzl), Hintermaier, Hattenberger; Schachner (1), Krankl (1).

ALG: Cerbah; Guendouz; Merzekane, Kourichi, Mansouri; Belloumi (Bensaoula), Fergani, Zidane, Dahleb (Tlemcani); Madjer, Assad.

24. 6. (Oviedo)
Algerien – Chile 3:2 (3:0)
25. 6. (Gijón)
BRD – Österreich 1:0 (1:0)
43.000 Zus.
SR Robert Valentine/SCO

BRD: Schumacher; Stielike; Kaltz, K. H. Förster, Briegel; Dremmler, Breitner, K. H. Rummenigge (Matthäus), Magath; Hrubesch (1) (K. Fischer), Littbarski.

AUT: Koncilia; Obermayer; Krauss, Pezzey, Degeorgi; Hattenberger, H. Weber, Prohaska, Hintermaier; Schachner, Krankl („Skandalspiel, Nichtangriffspakt“).

Gruppe 3

1. BEL	3	2	1	0	3: 1	5
2. ARG	3	2	0	1	6: 2	4
3. HUN	3	1	1	1	12: 6	3
4. ESA	3	0	0	3	1:13	0

13. 6. (Barcelona)
Belgien – Argentinien 1:0 (0:0)
15. 6. (Elche)
Ungarn – El Salvador 10: 1 (3:0)
18. 6. (Alicante)
Argentinien – Ungarn 4:1 (2:0)
19. 6. (Elche)
Belgien – El Salvador 1:0 (1:0)
22. 6. (Elche)
Belgien – Ungarn 1:1 (0:1)
23. 6. (Alicante)
Argentinien - El Salvador 2:0 (1:0)

Gruppe 4

1. ENG	3	3	0	0	6:1	6
2. FRA	3	1	1	1	6:5	3
3. TCH	3	0	2	1	2:4	2
4. KUW	3	0	1	2	2:6	1

16. 6. (Bilbao)
England – Frankreich 3:1 (1:1)

17. 6. (Valladolid)
ČSSR – Kuwait 1:1 (1:0)
20. 6. (Bilbao)
England – ČSSR 2:0 (0:0)
21. 6. (Valladolid)
Frankreich – Kuwait 4:1 (2:0)
24. 6. (Valladolid)
Frankreich – ČSSR 1:1 (0:0)
25. 6. (Bilbao)
England – Kuwait 1:0 (1:0)

Gruppe 5

1. NIR	3	1	2	0	2:1	4
2. ESP	3	1	1	1	3:3	3
3. YUG	3	1	1	1	2:2	3
4. HON	3	0	2	1	2:3	2

16. 6. (Valencia)
Spanien – Honduras 1:1 (0:1)
17. 6. (Saragossa)
Jugoslawien – Nordirland 0:0
20. 6. (Valencia)
Spanien – Jugoslawien 2:1 (1:1)
21. 6. (Saragossa)
Honduras – Nordirland 1:1 (0:1)
24. 6. (Saragossa)
Jugoslawien – Honduras 1:0 (0:0)
25. 6. (Valencia)
Nordirland – Spanien 1:0 (0:0)

Gruppe 6

1. BRA	3	3	0	0	10: 2	6
2. URS	3	1	1	1	6: 4	3
3. SCO	3	1	1	1	8: 8	3
4. NZL	3	0	0	3	2:12	0

14. 6. (Sevilla)
Brasilien – Sowjetunion 2:1 (0:1)
15. 6. (Málaga)
Schottland – Neuseeland 5:2 (3:0)
18. 6. (Sevilla)
Brasilien – Schottland 4:1 (1:1)
19. 6. (Málaga)
Sowjetunion – Neuseeland 3:0 (1:0)
22. 6. (Málaga)
Sowjetunion – Schottland 2:2 (0:1)
23. 6. (Sevilla)
Brasilien – Neuseeland 4:0 (2:0)

Finalrunde

Gruppe A in Barcelona/Nou Camp

1. POL	2	1	1	0	3:0	3
2. URS	2	1	1	0	1:0	3
3. BEL	2	0	0	2	0:4	0

28. 6.
Polen – Belgien 3:0 (2:0)
1. 7.
Sowjetunion – Belgien 1:0 (0:0)
4. 7.
Polen – Sowjetunion 0:0

Gruppe B in Madrid/Santiago Bernabeu

1. BRD	2	1	1	0	2:1	3
2. ENG	2	0	2	0	0:0	2
3. ESP	2	0	1	1	1:2	1

29. 6.
BRD – England 0:0
2. 7.
BRD – Spanien 2:1 (0:0)
5. 7.
England – Spanien 0:0

Gruppe C in Barcelona/Sarria

1. ITA	2	2	0	0	5:3	4
2. BRA	2	1	0	1	5:4	2
3. ARG	2	0	0	2	2:5	0

29. 6.
Italien – Argentinien 2:1 (0:0)
2. 7.
Brasilien – Argentinien 3:1 (1:0)
5. 7.
Italien – Brasilien 3:2 (2:1)

Gruppe D in Madrid/Vicente Calderón

1. FRA	2	2	0	0	5:1	4
2. AUT	2	0	1	1	2:3	1
3. NIR	2	0	1	1	3:6	1

28. 6.
Frankreich – Österreich 1:0 (1:0)

FRA: Ettori; Trésor; Battiston, Janvion, Bossis; Giresse, Tigana, Genghini (Girard); Soler, Six, Lacombe (Rocheteau). Tor: Genghini (39').

AUT: Koncilia; Obermayer, Krauss, Pezzey, Degeorgi (Baumeister); Hattenberger, Prohaska, Hintermaier, Jara (Welzl); Schachner, Krankl.
25.000 Zus.
SR Karoly Palotai/HUN

1. 7.
Österreich – Nordirland 2:2 (0:1)

AUT: Koncilia; Obermayer; Krauss, Pezzey, Pregesbauer (Hintermaier), Pichler, Prohaska, Baumeister; Schachner, Hagmayr (Welzl), Jurtin.

NIR: Platt; C. Nicholl, J. Nicholl, McIlroy, Nelson; O'Neill, McCreery, McClelland; Hamilton, Armstrong, Whiteside (Brotherston).
22.000 Zus.
SR Adolf Prokop/DDR
Tore: 0:1 (28') Hamilton, 1:1 (51') Pezzey, 2:1 (68') Hintermaier, 2:2 (75') Hamilton.

4. 7.
Frankreich – Nordirland 4:1 (1:0)

Semifinale

8. 7.
(Barcelona/Nou Camp)
Italien – Polen 2:0 (1:0)
(Sevilla)
BRD – Frankreich
3:3 (1:1, 1:1) n. V., Elfmeterschießen 5:4

BRD: Schumacher; Stielike, Kaltz, K. H. Förster, B. Förster; Dremmler, Breitner, Briegel (K. H. Rummenigge), Magath (Hrubesch); Littbarski, K. Fischer.

FRA: Ettori; Trésor; Janvion, Bossis, Amoros; Genghini (Battiston [Lopez]), Tigana, Platini, Giresse; Rocheteau, Six.

Tore: 1:0 (18') Littbarski, 1:1 (27') Platini (Elfmeter), 1:2 (93') Trésor, 1:3 (100') Giresse, 2:3 (104') Rummenigge, 3:3 (110') Fischer. Elfmeterschießen: 0:1 Giresse, 1:1 Kaltz, 1:2 Amoros, 2:2 Breitner, 2:3 Rocheteau, Stielike gehalten, Six gehalten, 3:3 Littbarski, 3:4 Platini, 4:4 Rummenigge, Bossis gehalten, 5:4 Hrubesch.

Spiel um Platz 3

10. 7. in Alicante

Polen – Frankreich 3:2 (2:1)

POL: Mlynarczyk; Zmuda (cap.); Dziuba, Janas, Majewski; Lato, Matysik (Wojcicki), Kupcewicz, Buncol; Boniek, Szarmach. Trainer: Antoni Piechniczek.

FRA: Castaneda; Trésor (cap.); Amoros, Mahut, Janvion (Lopez), Tigana (Six), Girard, Larios; Couriol, Soler, Bellone. Trainer: Michel Hidalgo.

Tore: 0:1 (13') Girard, 1:1 (41') Szarmach, 2:1 (45') Majewski, 3:1 (47') Kupcewicz, 3:2 (73') Couriol.

Finale

11. 7. in Madrid/Santiago Bernabeu

Italien – BR Deutschland 3:1 (0:0)
90.089 Zus.
SR Arnaldo César Coelho /BRA

ITA: Zoff (cap.); Gentile, Scirea, Collovati, Bergomi, Cabrini; Oriali, Tardelli, Conti; Graziani (Altobelli [Causio], Rossi. Trainer: Enzo Bearzot.

BRD: Schumacher; Kaltz, Stielike, K. H. Förster, B. Förster; Dremmler (Hrubesch), Breitner, K. H. Rummenigge (cap.) (H. Müller), Briegel; Littbarski, K. Fischer. Trainer: Jupp Derwall.

Tore: 1:0 (57') Rossi, 2:0 (69') Tardelli, 3:0 (81') Altobelli, 3:1 (83') Breitner.

Torschützenkönig: Paolo Rossi/ITA 6 Tore.

13. WM 1986 in Mexiko, 31. 5.–29. 6.

Qualifikation u. a. Europa-Gruppe 5

1. HUN	6	5	0	1	12: 4	10
2. HOL	6	3	1	2	11: 5	7
3. AUT	6	3	1	2	9: 8	7
4. CYP	6	0	0	6	3:18	0

2. 5. 84 (Nikosia)
Zypern – Österreich 1:2 (0:1)

AUT: Koncilia; Obermayer, Krauss, Pezzey, Pregesbauer; Gisinger (1), H. Weber, Prohaska (1), Hörmann; Schachner, Niederbacher (Willfurth).

26. 9. 84 (Budapest)
Ungarn – Österreich 3:1 (0:1)

AUT: Koncilia; Pezzey, Dihanich, Messlender, Pregesbauer; H. Weber, Prohaska, Gisinger (Drabits), Gasselich (Hörmann); Schachner (1), Polster.

17. 10. 84 (Rotterdam)
Niederlande – Ungarn 1:2 (1:1)
14. 11. 84 (Wien/Hanappistadion)
Österreich – Niederlande 1:0 (1:0)

AUT: Koncilia; Pezzey, H. Weber, Messlender (Lainer); Hörmann, Prohaska, Brauneder, Jara (1); Polster, Schachner, Steinkogler.

HOL: Van Breukelen; Spelbos; Van Tiggelen, Brandts, Ophof; Lokhoff (Been), W. van de Kerkhof, Valke, Boeve (Van der Gijp); Gullit, Van Basten.

17. 11. 84 (Limassol)
Zypern – Ungarn 1:2 (1:0)
23. 12. 84 (Limassol)
Zypern – Niederlande 0:1 (0:0)
27. 2. 85 (Amsterdam)
Niederlande – Zypern 7:1 (3:1)
3. 4. 85 (Budapest)
Ungarn – Zypern 2:0 (0:0)
17. 4. 85 (Wien/Hanappistadion)
Österreich – Ungarn 0:3 (0:2)

AUT: Koncilia; Lainer, H. Weber, Pezzey, Degeorgi (Türmer); Prohaska, Hörmann, Oberacher (Polster), Jara; Schachner, Krankl.

1. 5. 85 (Rotterdam)
Niederlande – Österreich 1:1 (0:0)

AUT: Koncilia; Pezzey, Lainer, Brauneder, Türmer; Hörmann, Prohaska, R. Kienast, Willfurth; Schachner (1), Polster (P. Hrstic).

7. 5. 85 (Graz)
Österreich – Zypern 4:0 (2:0)

AUT: Koncilia; Pezzey; Lainer, Pichler, Brauneder; Hörmann, Prohaska, P. Hrstic (1), Willfurth (1); Schachner (1), Polster (1) (Pacult).

14. 5. 85 (Budapest)
Ungarn – Niederlande 0:1 (0:0)

Endrunde

Gruppe A

1. ARG	3	2	1	0	6:2	5
2. ITA	3	1	2	0	5:4	4
3. BUL	3	0	2	1	2:4	2
4. KOR	3	0	1	2	4:7	1

31. 5. (Mexiko City/Azteken-Stadion)
Bulgarien – Italien 1:1 (0:1)
2. 6. (Mexiko City/Azteken-Stadion)
Argentinien – Südkorea 3:1 (2:0)
5. 6. (Puebla)
Italien – Argentinien 1:1 (1:1)
(Mexiko City/Olimpico-Stadion)
Südkorea – Bulgarien 1:1 (0:1)
10. 6. (Puebla)
Italien – Südkorea 3:2 (1:0)
(Mexiko City/Olimpico-Stadion)
Argentinien – Bulgarien 2:0 (1:0)

Gruppe B

1. MEX	3	2	1	0	4:2	5
2. PAR	3	1	2	0	4:3	4
3. BEL	3	1	1	1	5:5	3
4. IRK	3	0	0	3	1:4	0

3. 6. (Mexiko City/Azteken-Stadion)
Mexiko – Belgien 2:1 (2:1)
4. 6. (Toluca)
Paraguay – Irak 1:0 (1:0)
7. 6. (Mexiko City/Azteken-Stadion)
Mexiko – Paraguay 1:1 (1:0)
8. 6. (Toluca)
Belgien – Irak 2:1 (2:0)
11. 6. (Toluca)
Belgien – Paraguay 2:2 (1:0)
11. 6. (Mexiko City/Azteken-Stadion)
Mexiko – Irak 1:0 (0:0)

Gruppe C

1. URS	3	2	1	0	9:1	5
2. FRA	3	2	1	0	5:1	5
3. HUN	3	1	0	2	2:9	2
4. CAN	3	0	0	3	0:5	0

1. 6. (León)
Frankreich – Kanada 1:0 (0:0)
2. 6. (Irapuato)
Sowjetunion – Ungarn 6:0 (3:0)
5. 6. (León)
Frankreich – Sowjetunion 1:1 (0:0)
6. 6. (Irapuato)
Ungarn – Kanada 2:0 (1:0)
9. 6. (León)
Frankreich – Ungarn 3:0 (1:0)
9. 6. (Irapuato)
Sowjetunion – Kanada 2:0 (0:0)

Gruppe D

1. BRA	3	3	0	0	5:0	6
2. ESP	3	2	0	1	5:2	4
3. NIR	3	0	1	2	2:6	1
4. ALG	3	0	1	2	1:5	1

1. 6. (Guadalajara/Jalisco-Stadion)
Brasilien – Spanien 1:0 (0:0)
3. 6. (Guadalajara/Stadion „3. März")
Algerien – Nordirland 1:1 (0:1)
6. 6. (Guadalajara/Jalisco-Stadion)
Brasilien – Algerien 1:0 (0:0)
7. 6. (Guadalajara/Stadion „3. März")
Spanien – Nordirland 2:1 (2:0)
12. 6. (Guadalajara/Jalisco-Stadion)
Brasilien – Nordirland 3:0 (2:0)
12. 6. (Monterrey)
Spanien – Algerien 3:0 (1:0)

Gruppe E

1. DEN	3	3	0	0	9:1	6
2. BRD	3	1	1	1	3:4	3
3. URU	3	0	2	1	2:7	2
4. SCO	3	0	1	2	1:3	1

4. 6. (Querétaro)
Uruguay – BRD 1:1 (1:0)
4. 6. (Nezahualcóyotl)
Dänemark – Schottland 1:0 (0:0)
8. 6. (Querétaro)
BRD – Schottland 2:1 (1:1)
8. 6. (Nezahualcóyotl)
Dänemark – Uruguay 6:1 (2:1)
13. 6. (Querétaro)
Dänemark – BRD 2:0 (1:0)
13. 6. (Nezahualcóyotl)
Uruguay – Schottland 0:0

Gruppe F

1. MAR	3	1	2	0	3:1	4
2. ENG	3	1	1	1	3:1	3
3. POL	3	1	1	1	1:3	3
4. POR	3	1	0	2	2:4	2

2. 6. (Monterrey/Universitario-Stadion)
Polen – Marokko 0:0
3. 6. (Monterrey/Tecnologico-Stadion)
Portugal – England 1:0 (0:0)
6. 6. (Monterrey/Tecnologico-Stadion)
England – Marokko 0:0
7. 6. (Monterrey/Universitario-Stadion)
Polen – Portugal 1:0 (0:0)
11. 6. (Monterrey/Universitario-Stadion)
England – Polen 3:0 (3:0)
11. 6. (Guadalajara/Stadion „3. März")
Marokko – Portugal 3:1 (2:0)

Achtelfinale

15. 6. (Mexiko City/Azteken-Stadion)
Mexiko – Bulgarien 2:0 (1:0)
15. 6. (León)
Belgien – Sowjetunion 4:3 (0:1, 2:2) n. V.
16. 6. (Guadalajara/Jalisco-Stadion)
Brasilien – Polen 4:0 (1:0)
16. 6. (Puebla)
Argentinien – Uruguay 1:0 (1:0)
17. 6. (Mexiko City/Olimpico-Stadion)
Frankreich – Italien 2:0 (1:0)
17. 6. (Monterrey/Universitario-Stadion)

BRD – Marokko 1:0 (0:0)
18. 6. (Mexiko City/Azteken-Stadion)
England – Paraguay 3:0 (1:0)
18. 6. (Querétaro)
Spanien – Dänemark 5:1 (1:1)

Viertelfinale

21. 6. (Guadalajara/Jalisco-Stadion)
Frankreich – Brasilien 1:1 (1:1, 1:1) n. V.
Elfmeterschießen 4:3
21. 6. (Monterrey/Universitario-Stadion)
BRD – Mexiko 0:0 n. V.
Elfmeterschießen 4:1
22. 6. (Mexiko City/Azteken-Stadion)
Argentinien – England 2:1 (0:0)
22. 6. (Puebla)
Belgien – Spanien 1:1 (1:0, 1:1) n. V.
Elfmeterschießen 5:4

Semifinale

25. 6. (Guadalajara/Jalisco-Stadion)
BRD – Frankreich 2:0 (1:0)
BRD: Schumacher; Jakobs; Brehme (1), K. H. Förster, Eder; Matthäus, Rolff, Magath, Briegel; K. H. Rummenigge (Völler [1]), K. Allofs.
FRA: Bats; Battiston; Ayache, Bossis, Amoros; Fernandez, Platini (cap.), Giresse (Vercruysse), Tigana; Stopyra, Bellone (Xuereb).
25. 6. (Mexiko City/Azteken-Stadion)
Argentinien – Belgien 2:0 (0:0)

Spiel um Platz 3

28. 6. in Puebla
Frankreich – Belgien 4:2 (2:1, 2:2) n. V.
FRA: Rust; Battiston, Bibard, Le Roux (Bossis), Amoros; Tigana (Tusseau), Ferreri, Vercruysse, Genghini; Papin, Bellone. Trainer: Henri Michel.

BEL: Pfaff; Renquin (F. van der Elst), Gerets, Demol, Vervoort; Scifo (L. van der Elst), Grun, Mommens, Ceulemans (cap.); Claesen, Veyt. Trainer: Guy Thys.

Tore: 0:1 (11') Ceulemans, 1:1 (27') Ferreri, 2:1 (43') Papin, 2:2 (72') Claesen, 3:2 (104') Genghini, 4:2 (109') Amoros (Elfmeter).

Finale

29. 6. in Mexiko City/Azteken-Stadion
ARGENTINIEN – BR Deutschland 3:2 (1:0)
114.700 Zus.
SR Romualdo Arppi Filho/BRA
ARG: Pumpido; Brown; Ruggeri, Cuciuffo, Olarticoechea; Giusti, Batista, Maradona (cap.), Enrique, Burruchaga (89'/Trobbiani), Valdano. Trainer: Dr. Carlos Bilardo.
BRD: Schumacher; Jakobs; K. H. Förster, Briegel, Berthold; Eder, Magath (62'/D. Hoeneß), Brehme, Matthäus; K. Allofs (46'/Völler), K. H. Rummenigge (cap.). Trainer: Jupp Derwall.
Tore: 1:0 (23') Brown, 2:0 (56') Valdano, 2:1 (74') Rummenigge, 2:2 (82') Völler, 3:2 (85') Burruchaga.
Torschützenkönig: Gary Lineker/ENG 6 Tore.